序

PREFACE

近几年，我们在很多场合常常能听到一个词，叫“未来已来”。我们的教育已经进入“互联网+”时代，未来的学习是怎样的？未来的课堂是怎样的？未来的教学方式是怎样的？未来的学校是怎样的？对于这样一系列问题，大家讨论的热情十分高涨。越来越多的地区和学校积极行动，开展了面向未来的探索和实践，比如加快信息化教与学环境的改造，通过数据采集、数字画像来精准了解学生，培养学生社会情感学习能力，等等。

2020年春，新冠疫情暴发，各级各类学校延期开学，全国亿万师生“停课不停学”，通过在线方式，继续开展教育教学。长达几个月的在线教学，客观上推动着我们的教育加速走向我们之前所讨论的未来。在这个过程中，既有像上海这样以“空中课堂”+师生互动为基本形式的实施模式，也有各个区域和学校基于实际需求的一区一策和一校一策，更有无数教师在每一节云端课堂中的智慧创造——用什么硬件设备效果最佳？用哪些软件有利于教学？怎样设计教学流程会更吸引学生？可以设计哪些学生能在家进行的科学实验？如何让学生从心理上强化与老师和同学的社会连接？思考与解决一个个新问题的过程，也是我们感受、理解、实践“未来学习”的过程。

现在，各级各类学校已相继复学复课，在线教学是否就此告一段落了呢？我认为，我们的教学不可能再回到原来的状态。“未来”是真的“已来”，我们必须让疫情中尝试的线上学习中，一些符合信息化背景下人的学习规律的实践得到充分的发扬，以更好地迈向未来。

第一，未来的学习，将是面对面学习和在线学习同时并存、互为补充的混合学习模式。这些年我们提出了很多概念和策略，比如以学定教、翻转课堂、自适应学习，等等，“停课不停学”期间，处于在线教学的环境下，很多教师自然而然地就开始使用这些策略，并且发现有些内容使用这些策略进行教学，效果非常好。我们常说，面对面教学和在线教学各有优势和短板，经历了这次大规模在线教学之后，教师对此有了切身的体会。未来的教师，需要思考如何充分发挥两种教学场景各自的优势，提高教学效率。同时，要善于和学生一道，运用多样化的终端，进行有意义的学习。

第二，未来的学习，教与学的流程需要再造。在互联网环境下，以前高度结构化的课堂学习不再是唯一的方式，学习可以不受课堂时间、教室空间限制，且随时、随处可以进行。这就对教学设计提出了新的要求。翻转课堂、视频教学、自适应学习等，都可以通过设计来实施，改变以讲授和操练为主的学习方式。上海市市西中学2016年已经启动数学课的教学流程再造，教师们录制了一套基于核心概念与方法的教学微视频，编制了一套基础性题库，建构了“目标引领—视频先导—自主学习—练习反馈—释疑深化—思辨提升”的教学流程。

第三，未来的学习，评价的方式需要变革。教育数据是可采集、可分析的，基于数据，可以了解学生，洞悉学生，进行综合素质评价。发达国家都在全面推进基于大数据的教育数据挖掘与学习分析，用数据改进管理，用数据提高教学效率，用数据为学生提供服务。上海市闵行区每学年发布《闵行区学生电子成长档案数据分析白皮书》，从身心健康、学业进步、个性技能、成长体验等维度进行分析，数据分析的结果可以可视化呈现。

第四，未来的学习，需要给教师和学生提供有效的支持。从教师的角度来讲，信息技术应用能力是新时代高素质教师的核心素养，我们要提升教师的信息素养，为教师提供多样化的教学资源、教学工具、教学设计案例、评价工具等，帮助教师在各种有差异的教学情境下，会运用资源和工具，为学生设计并

未来学习

你准备好了吗？

在线教学与教育新常态

Integration,

Transformation,

Innovation:

The Practices and Exploration of
On-line Study

陈 骁
官芹芳
徐 星
编著

上海教育出版社
SHANGHAI EDUCATIONAL
PUBLISHING HOUSE

组织实施丰富、多样、有效的学习活动，促进学生深度学习。从学生的角度来讲，我们要把建设学习管理系统提到议事日程上来，为学生提供多样化的学习资源、学习工具、自我评价工具等，帮助学生实现学习方式的变革。

未来到底是怎样一幅图景，没有人能精确预言，只有行动起来，我们才有可能离未来更近。这次“停课不停学”期间，我们也看到，那些在前期已经积极行动的学校和教师，他们的在线教学开展得明显更加从容。希望有更多的教育工作者在实践行动中探寻未来的学习，着手相应的准备，当新的变化来临，让我们从容以对。

尹后庆

上海市教育学会会长

目　录

CONTENTS

第 1 章

未来学习的一场预演

突如其来的一场疫情，令全国大中小学的学生延期返校，由此开启了一次全国范围的在家学习大规模试验。虽然“停课不停学”是应急之举，也是暂时之举，但在教育界掀起了一场大波澜。“停课不停学”，应该学什么，怎么学？这场试验中有各种解读、各种做法，引发了极为广泛的讨论和思考。

虽然是突发的情况，“停课不停学”为我们重新反思教育问题、变革教学模式、构想未来学习图景提供了一次很好的契机。

全国学生在家学习，原本高度结构化、统一步调的学校经典教学场景不复往昔，而教育学者们描绘的“时时能学、处处可学”的未来学习场景似乎以一种意外的方式加快走向我们。我们不敢说未来已来，毕竟“停课不停学”是非常时期的非常状态，但可以说它就像是一场未来学习的短暂预演，让我们得以通过审视这场预演中可圈可点之处与暴露出的问题，思考未来如何更好地开展在线学习，如何让线上和线下的学习无缝衔接，真正走向代表未来教育方向的混合式学习。

“停课不停学”，一次在家学习的大规模试验[①]

对于全中国的大中小学生来说，2020年的寒假恐怕是他们学校生涯中最难忘的一个寒假：新型冠状病毒在中国大地上肆虐，导致所有学校延期开学。教育部要求疫情防控期间中小学校“停课不停教、不停学”，为学生在家上学提供资源和支持。

“停课不停学”来得过于突然，令人措手不及，甚至一开始乱象丛生，一些焦虑的家长、逐利的机构、唯成绩是瞻的学校将“停课不停学”的经念歪了。令人欣喜的是，在教育部多次“拨乱反正”之后，理性的思考和行动开始更多地出现，各地出台的方案和细则渐趋科学与冷静，一些学校设计的在线教学和在家学习方案令人耳目一新。

超2亿学生、超千万教师，第一次如此大规模在家学习，无论从心理上还是硬件上，出现问题是很正常的。但危中有机，此次“停课不停学”引爆了教育界的大讨论，不失为我们反思教育问题、推动教育变革的一次良好契机，有很多问题值得我们去思考和研究。

在线教育的新年“大考”

2020年的春节，全中国迎来新冠疫情大考的同时，在线教育也迎来一场“大考”。“教育部倡议‘停课不停学’，积极组织力量，引导各级教育部门和学校开展网上教学，这个初衷肯定是好的，”全国政协委员、上海市教委副主任倪闽景在他发表于2月12日的文章中这样写道，“但是从基层理解情况来看，大家对于这个‘学’字理解偏窄了，基本上就认为是学科类文化课的学习。正因为

① 本文作者：《上海教育》记者徐星。

如此，很多学校甚至在没有开学前就开始了线上上课，反而加重了学生负担。”

一窝蜂地找平台，一股脑地忙注册，把教师赶上线，把课表原封不动地搬到线上……一些学校兴师动众地忙出了“教师皆尬”“家长皆崩”的场景。另一方面，几乎所有校外教育机构或平台都趁热打铁，推出几百项在线免费课程以吸引流量，一些家长要求孩子大量学习此类课程，让孩子苦不堪言。21世纪教育研究院副院长熊丙奇认为，“这是教育被功利地理解为知识教育的结果”。

针对各种乱象，教育部出面明确“停课不停学”的科学内涵：“不是指单纯意义上的网上上课，也不只是学校课程的学习，而是一种广义的学习，只要有助于学生成长进步的内容和方式都是可以的。”教育部还强调，“没有必要普遍要求教师去录播课程，充分利用好现有的优质网络课程资源……不得强行要求学生每天上网‘打卡’”。

在三令五申之下，各地也陆续出台实施方案，做了具体规定。上海的中小学于3月2日起开展在线教育。市教委组织了全市各学段、各学科1 000多名优秀骨干教师按照课程标准录制了相关课程，涵盖中小学所有学科，包括体育、音乐、美术、劳技等。课程以电视播放为主，每个年级一个频道，也可以通过电脑、平板、手机等多种终端听课。听课后，学生还可通过多种信息平台与本校教师进行交流互动。为了防止学生视力下降，同时给学生留下自主学习的空间，录播课时长有严格控制，比如小学的上线课程每节课20分钟，每天5~6节课。

市教委相关负责人还特别表示，市教委提供的是托底方案，对各区校不做强制要求。全市16个区均制定了详细的线上教育方案，全市近1 600家中小学校也都按照“一校一策”的方针制定了在线教育方案，其中不乏亮点。

比如，浦东新区第六师范附属小学制定了“线上教学五环节”实施细则，保证市层面课程的有效落实，从备课、上课、作业、辅导、评价五个环节对教师、教研组长、年级主任、课程部、学生和家长分别明确了职责，以确保在线教学的实际效果。此外，学校还特别设计了在线德育课程，分为班会课、晨仪课、洒扫课、社会实践课、行规教育课和健身健心课六大部分。每周一上午8点，3 600多名学生准时参加线上班会课。校长沈晨曦表示，特殊时期，充分利用班会课对学生进行居家健康教育和自主学习教育是学校在线德育的重要组成部分。

嘉定区第一中学自行开发在线课程，并与市录像资源相互融合、相互补充，采用每个年级同一课表、同一授课教师、同一时间，统一使用钉钉平台开展在线教学。除学科教学外，学校还采用集中和自主两种方式，在班级和年级钉钉群，积极开展升旗仪式、主题班会、心理活动、社团活动、体育健身等项目，倡导师生、生生在线互动交流，注重发挥学生的主观能动性和自主管理意识。

上海交通大学附属中学针对学生学习水平高、学习能力强、思维活跃度高的特点，采用了本校教师网络直播课和市级课程点播相结合的在线教学模式。学生主要课程的学习以原班级、原教师在线直播的形式开展。任课教师熟悉学生的整体学习情况及不同思维个性，在自身原有授课风格的基础上结合线上直播的特点，展现教师个人独特的教学魅力，并结合手写板、高拍仪、多屏幕互动等多种手段强化与学生的互动。学生在熟悉的师生环境中学习，配合在线交互的便捷性，迸发出积极活跃的学习思维。有学生表示："课堂互动丰富且参与人数多，注意力偶尔有分散，但很快又被带回到课堂，真的很有气氛，和面授几乎没有差别，手机都不想玩了。"

浙江大学课程与学习科学系副教授刘徽认为，如果我们带着一种发现的眼光去看，这种疫情之下的不得已同时也带来一些新的认识，让我们感受到了"无边界的学校"；隔屏的师生交流实际上带来了范梅南所说的远距离的"亲密"，你和面前的屏幕构成了一个空间，这个空间专属于你和那个学生。

此次"停课不停学"对在线教育来说，既是一次"大考"，也是一次绝佳的发展良机。正如中国教育学会副会长、格致教育集团理事长张志敏所言：

“让我们看到了大规模、常态化实施在线教学蕴藏着的巨大能量，也让我们看到未来学习变革的新模式，展现了推进教育均衡化和教育现代化的美好前景。”

探索“不停学”的更多可能

“不停学”不能局限于对学科知识的学习，那么孩子们还应该学什么呢？还可以获得什么样的成长呢？

在全民抗“疫”的特殊时节，人民教育家陶行知先生的真知灼见“生活即教育，社会即学校”在一些教育者的头脑中显得格外清晰。他们不约而同地认为，此次疫情正是学生在这个特殊寒假里可以好好阅读的一本“无字大书”，可以好好研究的一个“重大课题”。

华东师范大学课程与教学研究所副所长陈霜叶表示，我们可以把当下的疫情理解为一个“可教的时机”，我们应该考虑，如何将这样一种重大社会生活事件、所有社会成员共同经历的危机事件，以一种用心和专业的课程设计，把个体的、碎片化的感性认识转换成为一种理性的、有深度思考的集体和个人经验、品格和素养。

复旦大学附属中学已经围绕疫情设计了一套全新的在线政治课程——“和高中生聊聊公共参与”。参与课程设计的政治特级教师阎俊讲述了开发这套课程的初衷：“特殊时期我们给学生准备什么样的课程内容，这与我们要培养什么样的人密切相关。选择的内容在这个时期学是无可替代的、是有用的；或者说，这个内容，它在这个时期学是最好的，过了这个时期再学它，效果可能没那么好，那我们就要把这个内容建设好。”根据高中生的生理、心理特点及已有的知识结构，老师们选择和学生聊聊公共参与。“当下，沉重的疫情，为学生学习公共参与创造了真实的学习场景。”阎俊表示，因为是一门在线课程，需要综合考虑在线资源获取、隔着屏幕互动等因素的影响，所以这一次的课程建设和实施几乎是同时进行的，边建设、边实施、边改进，真正考验了教师的课程创生力。

居家学习期间，学生自由支配的时间增多了，曹杨中学组织13名特色教师，加强对学生研究性课题的线上指导。为了更好地拓宽学生视野，学校积极引进高校和研究机构的优质资源，与中国极地研究中心、同济大学数十位专家共同策划，通过直播和录播形式面向中学生开设“极地”系列公益讲座。对有兴趣且展示出特长的学生，专家们还进一步提供在线指导。学校利用自建平台、开放特色慕课资源“古艺新韵”等，支持学生自主学习。学校的学生会在教师指导下，牵头组织学生拍摄了12门适合初、高中学生的心理辅导系列课程、学生健身系列课程、学生居家学习生活指南系列课程。

难得的加长版寒假如何度过才不浪费？倪闽景认为，“阅读、劳动、个人素养方面的学习，这些本来就远比学科类文化课更重要，我们恰恰可以借这个机会补上这一课”。上海不少学校都意识到了这一点，积极引导学生在家阅读书籍、参与家务劳动，开展文化、艺术、体育等方面的兴趣活动。

在家学习，如何学才有效

2020年的这个寒假，学生宅家、师生分离，高度结构化、统一步调的学校经典教学场景分崩离析。“中小学生的居家学习，完全不同于学校教学环境的学生学习”，北京师范大学中国教育政策研究院教授张志勇认为，学生在家学习与在校学习相比主要有五个大的变化：一是学习环境变了，学生在家里学习更不容易受教师的控制；二是组织方式变了，学校情境下教师的教、学生的学、师生的互动组成的完整教学活动，不得不拆分成三个相对独立的环节；三是教学关系变了，学习从教师主导转向学生个体主导；四是管理方式变了，学校情境中有效的管理方式作用不明显了；五是技术方式变了，网络技术成为支撑学生在家学习的“硬技术”。

那么在家庭环境中，如何让学生学好、学得有效果呢？香港大学的程介明教授认为可以有两种思路：第一种思路是尽量让学生的在家生活模拟在校上课的模式，但存在“管不住”的现实困难；第二种思路是将“停课”视为改变教学模式的契机，正好摆脱原有课堂与课时的束缚，让学生尝试进入自主学习的境界。他认为以上两种思路相结合是最好的策略。他还特别强调，在家学习最关键的特色是学生必须自学，教师设计的时候就要把“教”减到最少，把“学”放到最大。

为了确保学生在家学习的效果，同时借机提升学生自主学习的能力，上海的一些学校积极变革教学模式，将“上课”转变为真正意义上的“学习”。

延安中学构建了类似“翻转课堂”的“一导三精”线上课堂有效模式：第一步预学习，由教师依据学科标准和教材编制预学习任务单，任务单上包含知识理解、基本应用、生活应用三类问题以及适量的学生小组互动问题，学生根据任务单反复观看课程录像和课件，自主思考、找出疑惑，提高学习效率，体现先学后教。第二步课堂精讲，教师依据预学习中学生发现的主要问题开展精讲，体现以学定教。第三步课堂精练，难度分层，时长20分钟，练、讲、订正一步完成，不另外布置家庭作业，体现多学少教。第四步精测，以少而精的问题阶段性地对学生开展测评，体现以学评教。

世界外国语小学利用线上教学的优势，尽可能给予学生个性化的学习空间：全部采用录播课形式，学生可以自己决定学习节奏以及每节课需要学习的时长；学生可以自定义部分课表，像语文、数学、英语这样高频出现的课，可以纵向选择每天上这些课的先后顺序，而像音乐、体育、美术这样低频出现的课，可以横向调整上课顺序；此外，学生可以自主选择部分课程，必修课有些内容也可以选择；中高年级每天下午有充分的探究时间，学生可以选择一些探究课进行学习，也可以离开屏幕开展自主探索。

浦东新区张江高科实验小学在全面了解家长（学生）需求和困难的基础上，制作了各门学科的校内辅导、答疑系列微课——“爱链高科”空中课堂，每日更新内容，以便为学生提供各年级、各学科的作业辅导、重点答疑。这些微课具备暂停、回看功能，有利于个性化学习的开展，确保低年级孩子和自主学习能力较弱的孩子在家学习的质量和效果。

除了在线学习之外，在家学习还可以有非常多的打开方式，比如真实性学习、具身学习等，都不必依附于制度化的学校教育，就可以在生活和社会情境中开展。多位教育专家认为，此次“停课”为实践上述多种学习方式提供了一个契机。

打开未来教育之门

“新的学习场景的颠覆性变化，将为我们讨论和探索未来中小学‘互联网+教学’提供新的想象空间”，浙江省教育科学研究院普通教育研究所所长林莉为我们描述了一幅未来学习的美好图景：班级授课、统一的课时划分、课表、上下课铃等不再是教学组织的唯一甚至主导形式，正式和非正式的学习社群将取代班级，在教学组织中发挥越来越大的作用；学生作为独立学习者，自主地在上大课、借助课件自学、参与正式的小组合作学习、线上的非正式社群学习、实践学习等多种学习方式之间切换、组合……

“将线上教学与线下教学相结合成为混合式学习，才是未来教育的出路”，华东师范大学课程与教学研究所所长崔允漷认为，只有混合学习才能重新思考与整合课堂时间，发挥线上与线下学习的不同优势；才能充分利用智能设备，增强课堂学习的交互性、合作性与探究性；才能最大化地满足“异”学习，直面班级教学中的因材施教之难题。

“这次疫情，吹响了未来学校转型的冲锋号，也为‘空中课堂’在未来的常态化提供了可能。”新教育实验发起人、苏州大学朱永新教授表示，“这次疫情期间的‘停课不停学’已经为教育推开了半扇窗户，使我们看到了未来教育的亮光，而且我认为中国完全有条件成为世界上第一个打开未来教育窗户的国家。”

上　篇

去“遇”见未来

“停课不停学”在全国教育界掀起了一场大波澜，它触发了每一位教育人士的思考，引发了极为广泛的讨论。这一特殊的教育大事件可以从很多的角度去解读、总结、生发：在线教育、学校、教师、学生、家长……不啻为我们研究推进教育的改革创新与发展提供了一次绝佳的契机。

我们不能仅仅知道怎么录视频、上网课，更应该去了解、思考“停课不停学”这阵突如其来的大风，到底对教育之舟的航行带来什么样的影响，对坚守在这条船上的我们来说到底意味着什么。

有人说，“未来”似乎就这样猝不及防地来到我们面前；有人说，未来学校真的要来了。“停课不停学”这阵大风似乎将我们眼前的迷雾吹散了些，让我们依稀看到了未来教育世界的亮光。我们欣喜、激动，但也明白：未来不会自己向我们走来。迷雾会重新笼罩，风浪也必不会少，未来要靠我们自己努力创造机会和条件才能“遇”见。

20多位教育专家分享了“停课不停学”带给他们的思考及其对教育未来的畅想。他们中有教育研究机构的重量级专家，有高校的教育学教授，还有一线的名校长……希望专家们高远的视野、深入的探讨，能帮助一线教育者透过现象看本质、立足当下看未来，助推教育之舟驶向更美好的明天。

议题一

疫情本身如何成为教育资源

突如其来的新冠肺炎疫情是一场大灾难，从教育的角度来看，它又是富有说服力、真实又生动的教育资源。如何从教育改革的角度、从培养学生解决现实问题的能力的角度来重新思考疫情本身？

这次抗疫战斗给教育改革提供了契机[①]

今年春节期间，一场突如其来的新冠肺炎灾难降临。面对这场灾难，党中央作出了英明果断的决策，动员了全党全民的力量，万众一心地抵抗这场瘟疫。这场抗疫战斗对教育有什么启示呢？

首先，通过这次抗疫战斗，教育工作者要教育孩子们树立理想信念，坚定“四个自信”：坚信只有在中国共产党领导下的社会主义制度，才能迅速地动员全党全民打赢这样一场没有硝烟的战争；也只有全国人民依靠中华民族不

① 本文作者：明远教育书院名誉院长，北京师范大学资深教授顾明远。

畏强暴的精神，大家同心同德，才能最终战胜瘟神。

其次，我们还要教育孩子学习在抗疫过程中广大医务工作者所表现出的大爱无私的奉献精神。从新闻报道中我们可以看到，广大医务工作者像面对敌人炮火的战士一样，冒着巨大风险勇往直前。他们身上所表现出的既是大爱无疆的精神，更是爱祖国爱人民的精神。他们的精神将成为中国教育永远的伟大财富。我们要向他们致敬，向他们学习！

这次抗疫战斗也给我国深化教育改革、加强科学教育提供了很好的契机。这次的大疫情是一场灾难，但也给教育改革提供了机遇。例如在这段时间，北京明远教育书院联盟校都开动了脑筋，设计了丰富多彩的线上课程，“停课不停学”成为一次重大的教育改革实践，一次伟大的教育创新。

我觉得教育需要更为关注如下五个方面。

第一，我们需要加强科学教育，普及科学知识，提高国民的科学素养。教育的本质可以概括为提高生命质量和提高生命价值。尊重生命、尊重自然，是一个现代文明社会中的人应有的品质。作为教育工作者，要教育青少年尊重生命、尊重自然。我们所提倡的生命教育并不是孤立的。对个人来讲，提高生命质量，是指通过教育让人有文化，提高人的生存能力，过上有尊严的幸福的生活。提高生命价值，是指通过教育提高人的思想品德，使他能够为社会作出贡献，为人类作出贡献，这样生命才有价值。让孩子从小意识到，人类是大自然中的一员，不是大自然的主宰；人类要保护大自然，保护动植物，遵循自然规律，坚持可持续发展；保护自然就是保护人类自己，长大以后为人类的持续发展作出贡献。

第二，我们需要改变残害野生动物的陋习。有些成年人把吃野生动物作为一种饮食的享受，对此，我们要树立起吃野生动物是一种不科学的野蛮恶习的共识。在社会上，还有一些人把吃野生动物作为一种身份的体现，以显示自己有权力、有能耐，这更是一种丑陋的习俗和不文明的行为。通过此次抗疫战斗，我们要教育青少年拒绝这类陋习，过文明的生活。

第三，讲究个人卫生。这次抗疫战斗，实质上是进行了一次全民个人卫生大普及。我们要让每一位青少年养成讲究个人卫生的好习惯：不随地吐痰，不随地扔弃脏东西；勤洗手，防污染；多运动，强体质；注意合理营养，少吃垃圾食品，营造一个清洁卫生的生活学习环境。

第四，经历过这次大瘟疫，我们都会有这样一个共识：灾难面前，人的健康是第一位的。所以，我们的学校要全面贯彻党的教育方针，德智体美劳五育并举，坚持“健康第一”，减轻学生的作业负担，保证学生有足够的睡眠时间和锻炼时间，培养德智体美劳全面发展的建设者和接班人。

第五，科学地应用信息技术，改变教学模式。线上学习的特点是互动性、个性化、虚拟性，甚至国际性，这必然会引起教育的革命，我们要充分理解并适应这种变革。当前的“停课不停学”、线上学习，不是简单的课堂搬家，而是需要以学生为主体，抓住课程的重点和难点，通过辅导学生自学、加强师生间的互动等方式，培养学生自学的能力、思考的能力、线上沟通的能力，培养他们终身学习的意识和能力。线上学习，老师的作用是不可能缺少的，而且对老师提出了更高的要求。线上学习给了我们一个启示，互联网提供了一个可以时时学、处处学、人人学的环境，未来的学校可能会成为一个学习中心。但我认为，不管是学校还是学习中心，都要有教师。因为教育必须要有两个因素，一个是教师，一个是学生。只有学生没有教师，只能说是自学，不能说是教育。机器可以改变教学模式，但不能培养人，而教师是塑造生命、塑造心灵的人。所以，教师是不可缺少的，学校也是不可缺少的，但教师和学校的角色要转换。在这个过程中，教师不再是知识的权威，也不是知识的唯一载体。教师的作用体现在帮助学生设计最适合他们的教育方式。每个孩子都是不一样的，教师有必要了解学生，因材施教。教师的角色是设计者、引导者、帮助者，甚至是与学生共同学习的伙伴。这次“停课不停学”给教育改革提供了机遇，使我们进一步认识到学生的潜在能力和信息技术在教育改革中的作用，促进了教育的信息化。

（本文是作者在北京明远教育书院第21次沙龙上的讲话，略有改动）

为了明天的挑战，上好今天抗疫这门“课”①

随着社会的飞速进步，人们都在说“未来已来”，因而对未来教育的讨论，也就成了一个严肃而又热门的议题。其中关于培养21世纪技能或核心素养等的讨论在全球范围内引起强烈共鸣。但最近正在全球蔓延的新冠肺炎疫情，其规模之大、形势之严峻，大大出乎人们的意料。它给人们发出了一个震撼人心的警示：在未来（包括现在），人类社会会有飞速的发展，但同时仍然会出现关乎人类生存（及生活）的严峻的挑战！对于2002年的SARS（非典型肺炎）我们记忆犹新，到现在还不到20年，这中间全球还经历过数次严重的疫情，所有这些进一步强化了上述警示的严重性。我在学生时代看过英国作家威尔斯写的一本科幻小说《世界大战》，印象十分深刻。书中讲述了先进的火星人飞到地球上，他们凭借高科技的武器所向披靡，地球人处境十分危急，但最后火星人还是灭亡了，灭亡在地球上土生土长的细菌的手中。

人类在未来会遭遇各种各样的严重影响人类生活和生存的挑战。如地球变暖引起海平面上升，现在已有预测和迹象；又如地球极端气候及地震的发生，这也是灾难电影不断翻新的主题；再如核能灾难，到目前已有数起案例。至于一些科学家对机器人、外星人等的担心也并非完全空穴来风。与此同时，人类社会自身也有多种严重影响人类生活与生存的因素。因此，对未来教育的培养目标和内涵的思考中必须包含对这些挑战的应对。这个道理我们过去也知道，但流于肤浅，今天这场疫灾的切肤之痛，激发了我们对未来教育在这方面的深入思考。

这场疫情是一场灾难，但也是一场活生生的、宏大的、全民的教育活动。

① 本文作者：国家教育咨询委员，上海市教委原副主任张民生。

每个人因关心疫情而看电视、上微信，一面刷屏，一面流泪。我们看到了各个方面优秀的人物和事例，也看到了全国人民服从大局，自觉宅守。在这里面，我们看到了中华民族优秀传统文化的传承，也看到了社会主义先进文化的导向。平时在教育中讲过的很多道理，在这次疫情中我们有了更深刻的理解，特别是对“四个自信”和核心价值观的理解，以及对自然的敬畏。疫情提供了富有说服力的真实而又生动的教学资源，而且是通过案例、问题、讨论、体验等富有成效的方式进行“教学”的。这启示我们，要充分开发疫情这个活的大教育资源库，它既可以用于前述的面向未来的生存（生活）教育，也可以用于科学、社会等学科和跨学科的综合性的教育。与传统的学科教育不同的是，这样的教育，教的与学的是解决当前现实问题的活的知识和能力。

得益于我国把人民群众生命安全和身体健康放在第一位的抗疫理念和国家强有力的领导和管理体制，抗疫已经取得了巨大的成功。每个系统每个人，管好自己、帮助别人，就是为国家作贡献。在这个方面，教育系统开发的空中课堂和线上教育就是一项创新性的贡献。

2020年3月2日，上海的空中课堂和线上教育正式开始，上海近150万中小学学生在防疫要求隔离的背景下在家里开始上课了。当时我在家看着我的孙辈上课，孩子对着屏幕中的升旗画面敬礼，我十分感动。这是一幅有百万家庭参与的壮丽的图景呀！随后是20分钟空中课堂老师的讲解，然后是20分钟学生通过电脑与本校老师线上的互动，在课间还安排有广播操和眼保健操。孩子在家做作业，不清楚的可以通过微信问老师，完成的作业可以拍照片上传给老师。在这个非常时期，通过技术手段，我们的教育在正常、有序地进行着，教师仍然可以清楚地了解每个学生的情况。教师和家长、学生的沟通也很方便，家校联系更密切了，很多人的疑虑也消解了，家庭教育也得到了推动和深化。线上教育不仅是技术在教育上的应用，同时还要有安全、稳定、通畅的保障。这是一个前所未有的宏大的工程，是全时段（一周五天，每天上下午）、全年级（小学一年级到高中三年级）、全学科的，而且持续数周。在屏幕后有许多人在默默地工作着，其中有教育系统的、广电系统的、社会媒体的，等等，当然还包括百万家长们的理解、支持和参与。在微信上，我也看到了不少令人感动的人与事。归结起来，我看到和体会到了教育信念、责任和行动的真实存在。

辩证地看，今天疫情带来了灾难，同时给了我们深刻的教育，也推动了在线教育的突破。在PISA和TALIS的测试和调研中，上海中小学运用网络这块还不够“先进”，现在在疫情的倒逼下取得了突破。因此，上好抗疫这门大课，对我们教育工作者来说，真是价值重大、收获重大！

议题二

从本次在线教育实践可推测怎样的教育未来图景

特殊时期的“停课不停学”是迫不得已进行的大规模在线学习，无论师生、学校还是教育管理部门，都尚未做好充分的准备；等疫情结束，学校开学，在线学习也不会立刻就成为学校教育的主要组成部分。然而，从放眼未来教育的角度，这次的在线教育实践能带给我们哪些启发？在哪些方面能让我们对未来教育的构想更有信心？我们可以据此从哪些方面为未来的教育提前做准备？

打开未来教育的窗户，以新形态应对未来学习的挑战[①]

习近平总书记指出，这次抗击新冠肺炎疫情，是对国家治理体系和治理能力的一次大考。对于教育而言，这次疫情也是一次大考。我们看到，教育部在疫情刚开始的1月29日就宣布于2月17日开通“国家网络云课堂”，提出了

① 本文作者：十三届全国政协常务委员兼副秘书长，民进中央副主席新教育实验发起人，苏州大学教授朱永新。

“停课不停学”的要求。然而从目前实施情况看，各方对在线学习褒贬不一。

据调查，在线教育主要有三方面的困难——

第一个困难来自国家教育行政部门。首先，由于我们在前期对在线教育和网络教育的顶层设计不够，思想准备不足，当前所未有的网络流量峰值到来，许多在线课程平台出现了不同程度的卡顿。其次，国家教育平台上的资源相对不足，名师名家教学的“表演”色彩比较强，针对不同区域不同学生的个性化资源较少。这些课程仅仅是把线下课堂搬到了线上，并没有完全适应在线学习双向交流的特点。这样的课程与美国的可汗学院这类具有互动式、交换式、单元式的教育资源有很大距离。

第二个困难是课程效果不如线下教学。一个重要的原因在于教师的互联网素养准备不足，许多人不会网络教学，不会制作课件，还闹出了不少笑话。我认为，要求我们教师都自己去做网课，既困难也无必要，不仅做出来的课程水平参差不齐，而且这种重复性的劳动浪费巨大。

第三个困难是在线课程导致家庭负担沉重。从软件上看，目前的网络学习是将学习管理和监督职责“转嫁”至父母。况且很多农村家庭没有网络，即使在城市社区，网络速度也达不到在线教育的要求。

然而，我认为上述提到的困难，都不是在线（远程）教育本身的问题。如果从技术支持、质量保证、管理监督等角度来看，我们只要加快国家5G网络建设，加大国家教育资源平台建设，鼓励社会教育机构参与课程开发，上述问题都有解决的可能。

真正的挑战在于变革。在教育领域，曾经有一个著名的“乔布斯之问”：为什么在教育领域信息技术的投入很大，却没有产生像在生产和流通领域那样的效果？对此，美国联邦教育部前部长邓肯提出过一个观点：原因在于教育没有发生结构性的改变。他指出：信息技术在教育领域的应用一般可以分为三个阶段，第一阶段是工具和技术的变革（如PPT运用、计算机辅助教学），第二阶段是教学模式的改变（如慕课），第三阶段是学校形态的改变（教育结构的变革）。我们恰恰停滞在旧有的学校形态与教育结构中。所以，基于“互联网+”的未来教育所面临的主要挑战并不是技术问题，而是必须颠覆传统的教育结构与模式，对学校形态进行新的设计。

那么，如何颠覆传统的教育结构与模式，对学校形态进行新的设计呢？随着未来学习方式的变革，对学习内容会提出更高的要求。教育越是自由，越是定制，越是个性，越是需要建设高效优质的学习中心，越是需要国家力量的整合。所以，我一直在呼吁，应尽快建设真正意义上的国家网络教育资源平台（线上学习中心），这个平台应该汇集全国甚至全世界最优秀的课程资源（包括国内外民间教育机构甚至个人开发的各种最优秀的资源），由国家统一采购，免费提供给所有的学习者，并优化课程分类，加强选课指导，建立课程评价体系、持续动态更新。现有互联网教育技术条件，已经能够做到覆盖城乡的国家课程资源体系建设，满足个体学习的特色化、多样化、个性化需求，也能保证乡村学校与城市学校拥有一样的教育品质。在教学评价方面，应大力扶持和发展社会第三方教育考试与评价机构，建立独立于政府和学校或政府和招生单位之外的专业学术机构。而各地应着力开发适合本土教育需求、各具特点的课程资源，以此作为国家课程体系的重要组成部分，而非不断重复同一教学内容。

由此看来，未来在线教育的课程资源不一定就由学校和教师提供，学校对课堂的资源垄断被打破了。未来会涌现出大量的在线教育课堂资源提供者，学生们可以选择最喜欢的课程，以最有成效的学习方式进行学习。未来教师的概念将会大大宽泛，进入到“能者为师”的时代。这些变化都已经在悄悄地发生，目前很多新概念意义上的“教师”已经进入了传统学校教育领域。比如在喜马拉雅App上，央视主持人康辉推出了“中国公开课”；在樊登读书App上有作家开设的线上读书会；在“罗辑思维”和沪江网上都有很多社会各行各业的精英直接面对学生讲课。再以我们新教育实验团队举例，新教育研究中心副主任、浙江杭州萧山区银河实验小学教师朱雪晴开设的“新教育在银河”通识课程，每天晚上同步现场听课人数超过2.5万人；我自己主讲的一堂生命教育公益课程“做最好的自己”，同时在线上课的中小学生就达16.7万人。新阅读研究所开设“新阅读，喜说写”公益课程，不到一周报名人数就超过了11万人。这样的课堂规模，在传统学校的传统课堂是难以想象的。

由此我们可以期待，未来学校的艺术课程，教师很可能不是学校的艺术教师，而是由艺术家直接面对学生交流；未来学校的哲学课，也许由哲学家直接在网上开讲。目前在北京，已经有区教育主管部门采购了培训机构的数学课程，通过购买服务的方式，给学生提供更好的课程资源。对未来教师而言，他们最主要的工作将不是自己去制作资源，而是要学会发现与研究更好的资源，学会如何将更好的资源推送给学生，如何帮助学生选择资源和处理资源，研究学生在学习过程中有什么困难，研究如何帮助学生去解决问题。

如果优质的课程都可以通过在线学习了，学生为什么要大费周章到学校呢？这就带来了学校新形态的产生。由于未来学习是一种线上教育与线下教育的集合体，线上教育以翻转式学习为主，线下教育以交流辅导、个别化团队学习、项目制研究等学习为主，所以，在未来的学校，完全可以通过网络来学习，通过团队来学习，在家里学习，在图书馆学习，自己来解决学习过程中大部分的问题，而且是一人一张课表，随时调整内容。在未来，无论你在哪所学校，无论你在城市还是乡村，都不必按部就班地学习各门课程，而是基于个人兴趣和问题解决需要进行自主性学习，是大规模的网络协作学习。

所以，未来学校首先需要建成有特色的学习中心，通过提供平台和空间，让学生在此发生真实的学习与研究过程。其次，未来学校必须要形成有特色的教育资源，为学生提供更好的服务。它能够帮助学生进行必须要在线下进行的教育，如培养学生领导力和公民素养，要进行以培养学生团队合作、养成良好品德为目标的课程设计，搭建“模拟政协”这类需要线下合作的平台。这都会促进学校特色的极大发展。未来的学校会更有特色，学校会成为一个个教育中心，学生可能在不同的中心学习不同课程。目前我们新教育实验团队已经建设了一所艺术教育研究院，并考虑未来开设艺术学习中心，可以为学生提供艺术课程学习；新教育生命教育研究所建立了生命教育研究中心，可以为学生提供生命教育学习。

教育的变革犹如开窗，推开一扇窗户，就是一个新的世界，问题的关键在于敢不敢推开，有没人推开。这次疫情已经为教育推开了半扇窗户，使我们看到了未来教育的亮光。我相信，通过我们强大的行政与动员能力，开放教育资源，组织认证社会资源，购买公共服务，把学校建设成新形态、新架构的开放学习中心，中国完全有条件成为世界上第一个打开未来教育窗户的国家。

未来教育，用在线学习实现教育公平①

受新冠肺炎疫情的影响，全国有2.7亿的学生在家里学习，即“停课不停学”。我觉得有以下几点意义——

首先，这次全程在家学习并且有父母陪同的超大规模“停课不停学”是人类历史上、人类教育史上的第一次。今天在防疫的严峻形势下的“停课不停学”，是一个被迫进行的、全方位的、大规模的教育信息化的普及试验，其影响的不仅仅是学生在家学习的这几个月，还将对教育产生长远的深层次影响，我们应该看到其中的巨大意义，应以更开放的态度来对待这次试验。全中国的老师、学生与家长，不管你愿意不愿意，喜不喜欢，都不得不试一试。随着这场试验，线上教育将会加速替代传统教育。

其次，作为一次大规模的体验式教育，要一下子变得非常完善是不可能的。面对突如其来的疫情，学校仓促上马，教师也准备不足，“停课不停学”的实施过程总会存在一些问题。对暂时出现的一些问题，我们要有容忍度，并且应该更多地从积极方面看待这一新生事物。

---

① 本文作者：国务院参事，友成基金会副理事长汤敏。

最后，更为重要的是，这次大规模“停课不停学”给我们带来了一个巨大的启示——在线学习可能真的能解决教育公平问题。优质教育资源不足、教育不公平是我国教育中的最大痛点和难点。城乡之间、区域之间、学校之间办学水平和教育质量的差距之大都有目共睹。事实上，在传统的教育方式下，不但在发展中的中国，就是在发达国家也不可能达到教育质量上的公平。在传统的模式下，教育不可能公平。教育公平不是指给农村学校配备先进教学设备这些硬件上的公平，关键是教育质量的公平。而教育质量的公平关键靠教师。教师之间的水平差异造成了教育质量的差异。优秀教师永远是少数，人往高处走，只要有城乡差别，有地区差别，优秀教师总会聚集到发达地区的优质学校，农村学校，特别是贫困地区的村小教学点就越来越没有希望。教育公平之所以在传统的模式下是无解的，原因就在于此。优质教育资源不足、教育不公平是我国教育中的最大痛点和难点。这几天我看到一个实现教育公平的希望。在“停课不停学”中，农村学校突然发觉原来优质的教育资源是可以共享的，自己也是有可能共享到中国最优质的课程资源的。从教育公平的角度看，在“停课不停学”在线模式下，所有的学生，不管是重点学校的还是薄弱学校的，不管是城市学校的还是农村学校的，大家都用同一个平台上的资源来学习，都可以挑选适合于自己的教育资源来学习。

在这方面，我较早开始了在互联网背景下“双师教育”模式的小规模试验。从2013年起，我们与人大附中合作，利用互联网技术，通过远程的一位人大附中优秀教师、一位当地的教师配合进行的“双师教学”模式，把人大附中的一门数学课上到了全国20个省的近200所乡村学校中。通过线上线下的结合，不但学生成绩大大提高，参与试验的乡村教师的教学水平也有了极大的改善。我们还在全国上百所乡村学校试验由清华大学爱学堂公司和洋葱学院推动的新教学模式。他们把中小学九年义务教育所有课中的知识点都做成了动漫微课。学生通过动漫教学就能学到各种课程。参与试验的学生不但学习成绩明显改善，学习兴趣也大大提高。例如，徐萍老师所在的贵州省息烽县石峒镇木杉小学是一个贫困地区的村小教学点。随着城镇化的推进，他们学校的学生从原来的200多人，下降到现在不足100人，其中绝大部分都是留守儿童。但是即使在这样困难的条件下，他们参加了我们推动的青椒计划培训及互加计划，通过一根网线连接山外的世界，上海、江苏、河南名师走进了木杉小学课堂。她说："本来早上10:00才上课的乡村学校，学生在8:00左右已经到齐，只为赶来参加互加计划彩虹花晨读课程，孩子们能把当天的诗背下来并配上画。教室里里外外贴满了学生的绘画作品，他们还跟着国足队员学踢足球，跟着外教学英语。这一切已经不再是什么新鲜事了。"木杉的经验还推广到贵州的其他学校。徐萍老师说："木杉教学点已经成为贵州省贵阳市互联网+教育的带头学校，带动贵阳市'三县一市'互联网+教育的发展，2019年，参与互加计划学校173所，班级1 743个，教师1 685名，受益50 234人。"

更有意思的是，疫情出现后，徐萍老师的学校三年级一个班开始用清华大学爱学堂公司开发的动漫式数学课程来学习。一个月不到，这些孩子们就把三年级下册的数学课程学习完毕，四年级学生数学已经学习了两个单元，效果很好。教师由教授者变成引导者和陪伴者。

当然，这些试验都只是一些学校、一些课程上的试验，大面积推广结果如何还没有结论。通过这次"停课不停学"，全国的家长和学生都亲身体验到了如何用互联网直接学到全市、全省甚至全国最好的课程，让学校教师有机会改变传统的教学方式，真正做到因材施教。通过互联网把优质的教育资源大规模、低成本、高效率地送到每一所学校，这就有可能让我国教育能更早地迈入互联网、人工智能时代，加快我国教育公平和教育改革的推进。

在线学习带来的最大变化是解决了教育不公平的最核心内容：薄弱学校缺乏优质课程，学生得不到好的教育。有了互联网，能不能从根本上改变一下教学方式？比如一节一元一次方程课，我们可以集中全国力量和资源，邀请全中国最优秀的教师中的10位、20位用不同的方式来讲，也可以用动漫的方式来讲，不同水平的学生可以找到适合自己的不同方式。在全国、全省、全市范围内可以呈现多水平层次的课。在网上，有讲课进度特别快的，也有中慢的、慢的。学校教师可以为学生选择一节最适合自己学生的课程，甚至每个学生都可以自己来选择课程和把握进度。学习能力强的学生可以听讲得比较快、比较深的教师的课，学困生可以找一些讲得比较慢、比较细的教师的课。每位学生在网上都可选择适合自己的方式。

在线学习带来的另一个变化是教师角色的极大改变。从教育发展史上看，教育是一个不断分工细化的过程。教师由全科教师变为分科教师，这次“停课不停学”告诉我们，原来教师可以不用重复讲课了，少数优秀教师的优质课也是可以共享的。未来大多数教师将由上课为中心转移到辅导为中心，不用在线下课堂中一遍遍重复普通质量的讲课，他们把时间与精力更多地用在对学生的个别辅导，真正做到因材施教。我最近在“中国企业家论坛空中亚布力”上开设了一节“孩子们如何在家中上好学”的直播课，我本来以为在一个直播论坛上，没多少人会关注教育话题，结果出乎我的意料，当天收看人数超过了100万人次，而且随着回看，人次还在不断地增长，这是一个多么巨大的课堂，产生了多么巨大的影响力啊！所以，在不久的未来，不仅是课堂教学，凡是重复的东西都将交给计算机、录像、人工智能去做，人只做那些与众不同的东西、机器做不了的东西。教师通过对学生个别辅导，从而发现每个学生的特点，有针对性地帮助他们，解决他们的问题，这才是线上教育、互联网教育最大的优势。

同时，我有一个担心，复学后，一部分学校又回到过去的老路上，特别是那些农村学校、薄弱学校很容易又回到传统的教学模式中，那就白白浪费了这段时间，白白浪费了线上优质资源的启发作用。

今天我们进入了一个新工业革命时代。从产业对人才的需求看，需要全新的教育内容和教育方式。要根据新工业革命引起的社会和经济的变化，从根本上改造目前这套为培养第二次工业革命人才而设计的教育模式。可是，互联网、新科技有可能使教育更公平，但也可能使之更不公平。这实际上也是全世界范围内都面临着的一个大问题。互联网教育给我们提供了一个新工具。现在城市孩子从上幼儿园开始就在手机上、在平板电脑上玩、学习。各种各样最先进的教育理念，最先进的教学内容、教学方法，最先进的技术，都在城市优质学校中使用。而在农村，特别是在贫困地区的农村学校，还是用传统的方式在教传统的内容。在互联网时代、在人工智能时代，教育领域的马太效应可能会更严重，城乡之间、优秀学校与薄弱学校之间的差距会越来越大。要让互联网填平教育鸿沟，就需要变革，让传统的教学内容、教学模式来适应信息化社会快速发展的需求。

辩证法告诉我们，有危就有机，处理得好，坏事也能变成好事。这次的“停课不停学”，很可能引爆一场真正的互联网教育革命。通过互联网把优质的教育资源大规模、低成本、高效率地送到每一所学校中，这就有可能让我国教育能更早地迈入互联网、人工智能时代，加快我国教育公平和教育改革的推进。

未来学习的近景是混合学习，远景是智慧教育①

受疫情的影响，全国各类学校被迫一再推迟开学时间，强制切断了师生在校进行教育与学习活动的机会，在线教育似乎成为当下必然途径。于是乎，举国浩浩荡荡地开始了超大规模（学生超2亿、教师超千万）的在线教育，如此大规模实时、互动、异地、分散的在线教育实践，实乃世界教育史上首例。

在线教育实践暴露出问题与挑战

作为应急方案，在线教育实施过程中，涌现出一批感人的师生事迹，也在

① 本文作者：华东师范大学终身教授、博士生导师祝智庭。

所难免地暴露出许多问题与挑战。

1. 网络通达问题。根据第44次《中国互联网络发展状况统计报告》的调查，截至2019年6月，我国互联网普及率为61.2%。这里面还包括部分信号不稳定、网速低下的网民在内。有报道说，为了能有良好的信号，有教师在天台给孩子们上课，有学生在断崖边在线学习。这种条件下，如何实现全覆盖，是第一个挑战。除此之外，我们还要考虑如何避免大规模同时在线造成的网络流量拥堵问题。

早在教育部发布推迟开学通知的第一时间，我们就提出了“全媒体学习生态”的解决方案，主张将信息以多种媒体表现手段全方位、立体式表征，利用不同媒介形态，通过广电网络、电信网络、互联网络等多网传播，实现电视、电脑、手机、平板等多终端同步或异步接收，如直播、重播、点播。这样，任何人都能够在任何时间、任何地点以任何终端获得任何想要的教学信息，实现异位散布式学习服务的全覆盖。

2. 教学能力问题。此次疫情将在线教育推到了“台前”，暴露出很多教师信息化教学能力方面的问题，例如，有的老师热情饱满地上了一上午的课，却忘记开语音、忘记点击“上课”键；有的老师在教学过程中误将电脑弹窗、不雅声音直播给学生；有的老师将美颜开到极致，遭家属中途打断，等等。以上枚举的虽然多是个例，但也足以发人深思：工作胜任力是教师信息技术应用能力培训面临的重要挑战。

对此，教育部2019年3月发布的《关于实施全国中小学教师信息技术应用能力提升工程2.0的意见》已提出了相应的指导意见：以校为本、基于课堂、应用驱动。培训评估方面，我们团队提倡的基于微能力的认证（简称微认证）是一个不错的方案：将能力拆分为几个简单的微能力，通过提交教师在教学过程应用每个微能力的证明材料，来判定教师是否真的具备了相应的工作胜任力。

3. 学习实效问题。在线教育过程中，学生的学习真的发生了吗？这是“停课不停学”面临的很大的挑战。无论采用网络直播还是电视直播抑或是重播、点播，我们都很难监控到每位学生。即使是要求学生打开视频，学生也有妙招应对，网上就有报道说有学生用自己的头像对着摄像头来“哄骗”老师自己在认真听讲。特别是家长陆续复工，原本自觉性不高的孩子，学习效果会更差。当然，我们相信多数孩子是积极的、自觉的，但过度依赖孩子的自觉性并不明智，要知道，即使是成人，自觉性也是有限的。

要改善这一点，我们认为最好在教学设计方面下功夫。在教学组织结构方面，翻转学习、混合学习模式值得尝试：线上线下结合，以预设的学案为引导，建议采取问题导向、任务驱动的学习单；部分内容由学生自学完成，当然要配有合适的学习资源（包括视频微课）和练习作业；及时收集学生反馈并做数据分析，然后针对性地精讲与分类辅导（视频直播、点播结合）。所以，最为重要的还是精心设计学习内容与过程，我们一直认为，技术只是载体，要使其产生赋能教育的作用，必须经过精心的设计。在线教育也是如此，它需要由内而外突破。试想，如果把连面授都无法吸引学生学习的内容加载到网上，怎么会促使在线学习的真实发生呢？

当然，过程中会出现这样那样的挑战也是在所难免的，毕竟我们从没有预设过如此大规模在线教育问题。按照教育信息化一般发展规律，在线教育会经历从无到有、从有到优、再到规模化和制度化三个阶段，现在我们尚处于第二阶段，依然任重道远。

未来学习的近景与远景

经过这次“停课不停学”行动，全国上下、各界各方势必大大提升对发展在线教育的重视程度。如何总结经验，吸取教训，提炼出行之有效的在线学习模式，将“战时”教学经验融合于平时，这是值得各方关注的。不过我们认为，对于基础教育而言，在线教育的作用是有限的，无论现在还是今后，它都无法完全替代课堂教学。我们相信，混合教学才是未来学习的近景，而智慧教育则是未来学习的远景。

在此，我们觉得有必要再次亮出智慧教育的理念：智慧教育的真谛就是通过构建技术融合的生态化学习环境，通过培植人机协同的数据智慧、教学智慧与文化智慧，本着“精准、个性、优化、协同、思维、创造”的原则，让教师能够施展高成效的教学方法，让学习者能够获得适宜的个性化学习服务和美好的发展体验，使其由不能变为可能，由小能变为大能，从而培养具有良好的人格品性、较强的行动能力、较好的思维品质、较深的创造潜能的人才。简言之，它的要义是通过人机协同作用以优化教学过程与促进学习者美好发展的未来教育范式。

其实，智慧教育作为先进的教育理念与方式方法，可以没有远近之分。随着我国从制造大国向“智造”强国转型，教育也需要从知识传输向智能发展转变。我们相信，技术融合的智慧教育可以为构建美好的未来教育范式提供理论指导与实践路径。我们倡导的智慧教育研究与实践包括以下方面——

1. 发展智慧教育理念。深刻理解在信息化条件下，人类认识从数据、信息、知识到智能与智慧提升的发展规律，确定技术赋能教育的信念，掌握教育者与学习者角色重构的规律，懂得技术优化教学的原理与人机协同作用的机制。

2. 构建智慧学习环境。运用数字化融合技术，构建以学为中心的、以数据流为纽带的学习生态环境，做到无缝连通学习空间、敏捷感知学习情境、自然交互学习体验、精准适配学习服务、全程记录学习过程、开放整合学习资源。

3. 运用智慧教学策略。本着精准决策、个性服务、优化过程、人机协同、发展思维、注重创造的原则，以数据分析为决策依据，让教师能够巧用技术施展高成效的教学方法，让学习者能够善用技术获得适合个性化的学习服务和美好的发展体验。

4. 践行智慧学习测评。以培养智慧人才为目标，重构学习测评模式与方法，检验学生是否善于学习、善于协作、善于沟通、善于研判、善于创造、善于解决复杂问题。

5. 营造智慧教育文化。首先要发展师生信息技术素养，使其具有利用技术工具赋能教学工作和学习过程的意识、技能、方法和习惯，还要在全社会、全教育体系形成有助于智慧教育发展的共识、制度、政策与机制。

学校需要建立起适应未来教育的文化场域①

这次全国范围内大规模的“停课不停学”确实为未来教育提供了一种可能性的实验。作为一位教育研究者和孩子的家长，我从两个角度来思考这场发生在身边的教育变革。

从目前看，在线学习至少在三个方面体现出作用。首先，它促进了个性化学习。在线学习打破了传统课堂时间和空间的限制，学生可以利用不同的时间在不同地点完成学习，对于同一节课还可以通过回放进行反复学习。信息技术为远距离交流的个性化教学提供了便利，及时把不同情景融入学生的学习中，扩展了学生的个人视野，丰富了他们所获取的信息量。对于未来学习来说，一个人最重要的学习品质就是个性化特质的突出，也就是一个人能清楚地知道自己想要什么，如何通过适当的途径来达成自己的目标。仅仅在各方面成长发展，但却没有个性化特质的学习，在未来的意义将会大大降低。其次，在线学习为跨区域学习提供了一种非常重要的便捷形式。这种信息传递形式，传递的不是简单的文字与语言，而是包括交流互动的复杂文本，其背后是交流思想。网络提供了这种全方位思想表达变革的方式。最后，促进教育的公平。只要有硬件支持，再偏僻的乡村学校学生都可以获得大城市的教学资源，获得名师的指导，这在过去是无法想象的。

---

① 本文作者：湖南师范大学教育科学学院教授，全国教育基本理论学术委员会副主任委员刘铁芳。

当然，这次“停课不停学”也凸显了在线教育需要解决的一些问题。除了硬件技术上的改进外，在线学习最主要的问题在于学生与教师之间缺乏一个学习的场景，或者称为学习的场域。我们常说“言传身教”，说明我们很早就意识到，在教育过程中，需要人与人的互动，需要教与学双方彼此的在场，而在场本身就是一种学习的促进。教师在讲课中看到学生表情和肢体语言随着授课而发生微妙的变化，学生观察到教师语音语调的改变，甚至师生间一个眼神的对视，师与生的思考都在同一个场域中被激活了。长期以来，学校就充当了这样一个学习场域的角色。很多家长抱怨学生在家无法专心学习，孩子在家没有坐在课堂里上学的感觉，这其实就是我们很多家庭缺乏学习场域的表现。这几天我给研究生在线上课，有学生反馈说：“刘老师，你平时是很幽默的，现在怎么幽默不起来了？”我反思，当教师与学生分处网络两端，学生成为一个在屏幕前孤独的听者，师生之间就缺乏了潜在的激励氛围，没有一种生命的默契和交流，没有了一种生命融合的感觉。

既然如此，这场“停课不停学”实验所预示的未来教育会让学校产生哪些变革？在未来教育中，学校教育该如何定位？

尽管表面上看，在线学习将学生带离学校，削弱了学校的中心作用，然而很快我们又开始想念校园生活了。我觉得这恰恰表现出大家的一种围城心态：学生在学校待久了，并不觉得在学校里面好，而现在去不了学校，大家又觉得学校还是很重要，学校的作用就在这时体现出来了。在此，需要我们反思的是，学校到底是什么，学校的特质是什么？我觉得学校除了是一个教师上课的地方，它更是一个把教师、学生围在一起，让他们相互交流的“场”，一个充满文化与生命力量的公共的空间，给师生提供一种彼此共在、相互激励的向上氛围。

如果回到了这样一个对学校的认识，就有助于我们理解在未来教育中，学校应该回归自身功能，作为一个促进学习与发展的生命共同体。我认为学校要做到三点——

第一点，学校教育需要进行技术开放，网络依然是重要的教育补充，并通过技术更为关注学生个性化学习。技术不能替代教育，但在当下，无视技术的进步不可能有好的教育。

第二点，突出学校作为公共生活的意义。公共生活的敞开，意味着让线下的每一个班级、课堂、集体都有意义，让学校中的每一位学生都被看到、被听到，通过相互激励、欣赏和倾听，带动学生全面发展。

第三点，学校要提供师生激励的氛围以及师生共处的文化氛围，要提供师生充分交往的空间和开放的学习空间。例如，现代化的网络空间打开了学生心智，然而传统的阅读与读书会依然是非常重要的。只有在共同的开放空间中共同阅读研讨，才能产生生命气息。同时，学校需要强化学生的实践，真正实现“做中学”。在学校教育中提供学生合作参与的空间，让学生在参与中贡献自己的智慧，为锻炼学生团队合作能力奠定基础。

教育的变革对教师而言无疑将形成很大的挑战。表面上看，在未来教育中，学校教师对学生学习起辅助作用，而事实上，未来教育要求教师抓住要点提纲挈领，在课堂教学中能对学生进行及时反馈，使每一个学生发挥出自己的特点。教师还要能充分意识到自我本身作为教育的力量，从而设法把自我融入与青少年学生的交往场域之中，增进与他们的多方面的交流，达成生命的相互融通与彼此激励，教师因此也将越来越多地起到点化学生生命的作用。无疑，这对教师的要求将大大提高，我们必须做好准备，迎接时代的挑战。

未来学校和未来学习样态转型的有益尝试①

为应对突如其来的新冠肺炎疫情，在中小学延期开学的背景下，2月28

① 本文作者：中国教育学会副会长，格致教育集团理事长，上海市教育功臣张志敏。

日，教育部印发通知，明确提出了“停课不停学”的要求，借助互联网技术开展在线的教育教学活动。各地各校积极落实通知要求，开启“隔空喊话”的模式开展教学活动。教师们纷纷当上了“播主”。学生家中电脑、电视、手机、打印机一应俱全，俨然成了一个“大户室”。“停课不停学”虽然是应对危机的过渡之举，却让我们看到了大规模、常态化实施在线教学蕴藏着的巨大能量，也让我们看到未来学习变革的新模式，展现了推进教育均衡化和教育现代化的美好前景。

首先，当下线上教学要明确“教什么”和“怎样教”的问题。“教什么”是战略层面的问题，“怎么教”是战术层面的问题。“教什么”决定了“怎么教”。我以为，在线教学的有效展开要求学校根据学段特点，开展不同类型的学习活动。基于活动建立师生之间的联系，以及学习目标、学习内容和学习资源等要素之间的联系。通过不同类型的学习活动，连接老师、学生、家长、学习平台、学习资源和学习社区等，构建不同于传统模式的“学习场”。这个“学习场”是基于人工智能技术而建立的一种新的学习样态。它最大的特点就在于开放性，即人人可学、时时可学、处处可学，而且可以按照个人所需选择学习内容。那么，大规模集中化的线上学习的效能如何保证呢？实践证明，教师讲学生听的模式效果不佳。基于情境的教学是最有效的教学，基于问题解决的学习是最有效的学习，基于活动的教学设计是最能吸引学生参与的。

基础教育阶段的使命除了给学生传授知识之外，更重要的是帮助学生树立正确的世界观、人生观和价值观，培养学生的家国情怀和责任担当，学会敬畏生命，敬畏自然，敬畏规则。这些素养远比知识来得重要。所以，我们的在线教学不能局限于学科教学的那些知识，拘泥于重复训练的那些习题。我觉得，“停课不停学”的同时更要强调“停课不停育”。这次对抗疫情的战斗何尝不是一堂最生动直观的爱国主义、民族精神和生命教育的大课？抗击疫情中白衣天使义无反顾的责任担当、志愿者们无私付出的奉献精神、普通市民共克时艰的互助精神，还有海外华人捐资捐物的家国情怀，这不都是一本本活的教科书吗？在这一本本活的教科书中，我们看到了中华民族不屈的脊梁和伟岸的灵魂，看见了他们身上闪耀着的万众一心、共克时艰的中国精神。

譬如，思政教师可以指导学生开展线上的社会调查，从一个家庭、一个社区的抗疫情况，分析整个抗疫的得失，撰写调查报告。语文教师可以推荐一些相关的阅读书籍。物理、化学、生物教师可以设计一些实验项目，指导学生开展家庭生活实验。所有学科的教师都应该结合自身学科的特点，提出一些基于学科的学习问题，设计一些学习项目，组织学生向书本学的同时，向生活学、向同伴学。高中阶段还可以提出一些跨界的综合性课题，引导学生用整体性、系统性、协同性的思维模式充分思考，开展见仁见智的讨论。因为疫情发展到今天这个地步，不仅仅是医疗领域的问题，它衍生出经济问题、社会问题、外交问题、伦理问题、治理问题、法律问题，等等，不一而足，应该说是全方位的社会危机。如何运用这些鲜活的学习资源，拓展学生的认知领域，启迪学生的理性思维？此外，学校还可以通过购买服务的方式，引进校外的课程资源，丰富学校的在线教学课程体系。其实，线上教学的开展，在近些年已经积累了一些很好的学习资源。通过这次的应急反应，梳理整合，可形成学校的课程教学新范式。

如何看待“怎么教”的战术问题呢？我们必须先弄清楚问题所在。在线教育迫切需要解决的问题包括三个方面：从教师方面来说，是如何促进师生之间的有效交互，如何帮助教师全面了解学生的学习状态和过程；从学生方面来说，是如何提高在线学习的参与性，如何培养自主能力，进行有效的自我管理；从家长方面来说，是如何减轻家长额外的负担，如何消除家长对孩子身心健康的担忧。我以为，在线教学实际是在重新建构师生关系和家校关系。在疫情的背景下，在线教学是目前主要的教学途径。若要发挥在线教学的优势，除了技术的支持，更关键还在于重建一种新型的师生关系和家校关系。

线上教学需要教师更多遵循理解和尊重的原则。传统的课堂教学是教师和学生在同一个屋檐下，教师可以直接根据学生的现场反馈，及时调整自己的教学行为，同时也可以有效地掌控学生的学习行为。那种感觉是置身一种互相吸引、互相作用的公共“气场”。在线教学却很难呈现课堂教学中的师生和生生互动的氛围，少了一种亲切感。由于教师无法有效运用既有的方法来实时掌控全体学生的学习行为和认知程度，也就很难调动学生的积极性与主动性。由此，线上教学对学生学习的主观内驱和行为自觉的依赖度就相当高。这就要求教师课前花更多的时间和精力了解学生的学情，理解学生由于处在封闭的个人空间而造成的缺乏支持性的孤独感，给予更多的理解和支持。教师还要尽可能多地与家长沟通，让家长了解在线教学的要求，消除家长的疑虑，取得家长的配合，共同督促学生有效学习。

其次，我们要对线上教学在“战时状态”采取的措施和效果做出客观的评估，形成规律性的认识，重在研究从“战时向平时”转变的有关问题，探索开学后进一步推进在线教育和传统课堂结合，放大优质教育资源效能的新教育模式。

人类进入21世纪以来，以互联网、大数据、云计算、人工智能等为标志的新一轮科技革命在全球范围兴起。人工智能与网络契合介入教育和学习领域，所产生的影响与日俱增。据联合国教科文组织报告引用的预测研究，2017~2021年人工智能市场将增长50%，2021年前数字教育市场将每年增长5%。教育和学习的环境与生态将面临重塑，教育和学习方式的迭代更新不可避免。新技术将为学校带来全新的办学模式，给教师带来全新的教学方式，给学生带来生动的立体课堂。因此，学校教育的系统性变革在所难免。面对终将过去的疫情，我们的学校应当化危机为契机，前瞻地去思考未来学校的变革和未来学习的转型，积极探索人机协同、跨界融合、共创分享的智能教育。

记得前些年，在人工智能技术刚露头的时候，不少权威的或赶时髦的智库都在预测，随着人工智能的发展，许多职业和岗位将要被淘汰，教师这一职业居然位列其中。这种纯技术主义的预测，只浅表地看到教学活动传授知识和技能的单一功能，而忽视了无论线上线下的教学都寓有的育人功能。教书育人功能的全面落实，不但要关注当下在线教学的效能，更要关注未来学校全面育人的发展预期。如果新技术运用得当，它可以拓展学习者的学习视域，可以丰富学习者的学习经验，培养学生成为批判性的思考者和实际问题的解决者。同时，技术还可以帮助教师改善知识结构，丰富教学资源，提高教学技能，积累教学智慧，提升教学理念。总之，未来的学校是开放的，未来的学习是创生的。未来学校的开放性主要是指学校不仅仅是向学生传授知识的单一物理空间，更是整合各种教育资源，培养学生必备品格和关键能力的合成机构。未来学习的创生性主要是指学习不仅是对固有知识的掌握，更应关注学习者运用知识解决现实问题的能力，并且对解决未来问题做好一定的储备。因此，线上教学应该围绕这两个目标持续深化。

处于“互联网+教育”背景下的学校与学习，迫切需要借助人工智能技术。不少学校都在积极探索人工智能介入教育与学习领域，但目前还是多见于对既有可迁移性知识的传授与辅助。有些学校还通过人工智能对学习成果进行测量和对学习者开展素质评估。但是，从人工智能技术能够支持无处不在的学习访问，有助于确保公平性和包容性的教育机会，促进个性化学习并提升学习效能的角度来看，学校应该更多地去关注学习空间的多样化、学习时间的弹性化、学习内容的个性化、学习方式的混合化、社会情感培养的情景化等方面的变革，关注在传统制度化安排的师生关系之外，那种浸润式、弥散式、泛在式、自助式、互助式的学习形态，营造“能者为师、愿者为生”的教学相长的学习新格局，关注教师知识结构的更新，特别是培训教师提高数字技术素养和技能，创新教学方法，转变育人方式。

议题三

在线教学究竟走到了怎样的程度

从最初的尝试到今天成为特殊时期提供给亿万师生的应急方案，在线教学在我国已经走过了20年左右的历程。通过这次前所未有的大规模应用，我们如何判断当前的在线教学水平？如要进一步发挥在线教学对于教育教学的推动和促进作用，我们可以从哪些方面入手？面向未来，我们应该如何从教育系统整体变革的角度思考在线教学的角色和功能，并着手准备起来？

网课热潮背后的冷思考[①]

一场突如其来的疫情，催生了全民网课的热潮，网络教育从没有像今天这样被关注。全国30个省区市都组织了形式多样的网络授课，合力利用互联网将延迟开学带来的影响降到最低。但是，全国各地网络教学新闻频出，也故事频出。网课让段子手狂欢，让家长焦虑，让平台崩盘，各种体验，各种尝试，

① 本文作者：上海市电化教育馆馆长张治。

各种试错，各种吐槽。不过，不管如何，我们让全国2亿多学生能线上学习，上演了人类教育史上波澜壮阔的神奇画卷。面对学习时空的转换，国家教育云课堂、各地教育资源公共服务平台、教育电视台和教育信息化相关企业都在最短时间内为一线教师提供了各种解决方案。有一源双师多渠道多终端的上海模式，有在线同步直播教学的浙江青田模式，有在线资源点播学习的方式等，基本上形成教师在线授课、学生居家学习、家长配合指导、企业支持保障的解决方案。

一场疫情，突然把“教室”变成教育系统的轻资产，就像电商突然把商场的物业变得不重要一样。教室暂时不能使用时，教育还得延续，在线教育真能颠覆“教室”的权威地位、让教室变成一项办学的“轻”资产吗？当互联网提供的“人人皆学、处处能学、时时可学”的新型教育供给模式到来时，哪些人在恐慌，哪些人在欢呼，哪些人在烦恼，哪些人在受益？莘莘学子该“与网共舞”，还是找理由放纵？当互联网企业纷纷把课堂搬上网的时候，很多人也在冷静地反思。学校进化将会遇见“突变”的良机吗？疫情过后，教育范式还能回到从前吗？抱怨改变的人还能适应未来的生态吗？全民网课，带来了在线教育的狂欢，但是，也同样值得冷静思考。

在线教育基础环境够不够

经过多年的高速发展，我们必须承认，在线教育公司确实在中国大地上有了长足发展，但是面对大规模的在线教育，我们突然发现，资源远远不够！不管是网络，还是数字化的教学资源，都是远远不够的。大部分的互联网公司都未曾为今天的场景做好准备，他们只是应需而变。特别是网络直播课，很多公司在直播早期，都遇到网络卡顿甚至崩盘的现象。因为以前只是少量的学生上网学习，突然，2亿多学生都同时上网，怎么可能不堵塞呢？即使有很多公司在社交平台上取得巨大成功，现在要服务教育，还是需要不断调整，那些操作便捷、界面友好、技术成熟的互联网学习平台更显得特别欠缺。此外，教育部多年前要求实现网络学习空间人人通工程，在真正应用时，很多地方发现不好用或不能用，作为网络教育的最基础的信息化环境，离我们的理想目标还有不小的差距。

网络教学，学校准备足不足

若不是这次疫情，绝大多数学校都不会感觉到网络学习的重要性，没有网络，教育教学一切都不受影响，自然各校开展网络教育的积极性就不高，信息化建设兴趣就不够。很多学校并没有为今天的网络教学准备“应急包”，工具箱中的“法器”也不多，很多学校教师信息素养也不够，只是被动中匆忙上马。很多学校长期对教育信息化关注不够，投入不足，没有为教师准备相关的专业发展，设备管理，技术基础设施（网络、安全等）保障。此外，基于空间的学习，构建学习社区，形成基于教师的专业教学工作坊，定期开展学习研讨非常重要。但是同行教师的合作仍然很弱，资源低水平重复建设的问题依旧，如何形成专业合作共同体，也成为教育基础信息化的难点之一。

在线教育的理论和技术有没有突破

其实，大家都急着把教育搬上网，而没有想好如何重构教育。比如教学流程的再造、教育供给方式的变革，云计算、大数据、人工智能带给教育的深刻变革，似乎还没有真正形成理论体系和成熟的范式。大部分教师未能真正理解在线教学的实质规律，缺乏在线教育理论指导，尤其是信息化教学设计方面的理论指导。面对教师在线授课、学生居家学习、家长配合指导的教学现状，教师应充分考虑学生居家学习特点，应用互联网思维重塑教学内容、重构教学结构、再造教学流程、重整教学评价，创新教学方式，从而达成网络教育的目标。今天的网课只是应急状态的教育托底，是变通，而不是未来线上教学的新样态，目前互联网教育内涵的转变仍然没有具备新的灵魂，差异化教学、混合式学习和个别化智能辅助的学习代表着未来学习变革的方向，但是我们的网课对此甚少关心，在应试教育之风依旧强劲的今天，未来教育新图景还没有形成理论基础和文化认同。

谈到在线学习的技术支撑，“学习管理系统”（Learning Manage System）对数字学习有积极的影响，而大多数的网络教学组织者还不知道学习管理系统是什么，基于网上教学的学习管理系统还缺乏成熟的技术支持。代表智能教学的自适应学习系统（Adaptive Learning）在中国也缺乏成熟的产品，基于知识图谱支持的智能教学辅助系统无论在技术上还是商业上都还在积极探索中。中国的很多互联网教育公司，在学习者模型、教学策略模型的研究上重视不够，基于网络的个性化教学技术体系还不成熟，这是网络教学还处于起步阶段的表现。

网上教学的阻碍因素在哪里

学生在家能否接触到技术是教育部门最为关心的问题，云、网、端的一体化是无法回避的基础问题。有的家庭还买不起数字终端，或者缺乏基础的网络环境，没有数字终端，一切数字学习都无从谈及，一对一帮扶是跨越数字鸿沟的有效路径。网络学习缺乏家长的参与或理解，这是困扰互联网教育的另一重要挑战。家长的引导、参与，是网络学习不可或缺的力量。尽管中国家长和孩子一起宅在家中，网课让很多家长意识到电子终端也是教育的基础设施，不仅仅是玩的工具，应该说是信息素养的一次大跃进，但是离合格数字公民应具备的素养要求还有一定的差距。如何利用一切工具，去主动学习、积极创造，中国的家长和教师在教育学生自主管理电子终端、积极有效开展网络学习的能力上，还缺一门普及课。

网上再现的空中课堂，是不是我们想要的优质教育

以上海的方案为例，全市统一课表，集中讲授和线上互动相结合的仪式感增强了教育形式的仿真度，但是也会失去班级教学的灵活和个性、差异和选

择。在上海的线上教育中，我们期待的互联网带给教育的个性化、智能化、大数据、创造力元素似乎甚少被提及，而学校更注重维系网络课堂存在的仪式，这成为在线教育样态设计的出发点，因为这是非常时期教育底线的守护，不是教育高度的体现，因而不能对统一进行的线上教育期望太高。有条件的学校自己组织网络课堂，自己针对学生实际开展形式各异的线上教学，上海市教委对此是鼓励的。对于不能自我组织教学的学生和学校，上海市教委组织了全市1 000多位特级教师、正高级教师和骨干教师依据教学进度开设网课，形成优质资源，可以说，这方面上海的“空中课堂”服务体系提供了绝好的保障。但是，线上教学不是仅仅把课堂搬到网上，而是要结合网络教学的特点，符合学生的身心发展规律，切实提高网课的实际效果。目前的网络教学并不能代表教育的理想范式，而只是特殊时期的被动选择，离我们泛在、智能、个性的大规模因材施教还很远。

线下也得不到的教育，是否可能在线上实现

我们目前的网课，绝大部分都是实现了最基本的教育供给，或者说解决了老师跟学生能够开展互动，学生能够听老师讲。从这个角度来看，高质量的教育教学诉求，在线下也没有做好，线上能够实现和解决最基本的教育供给已经算是可以了。客观地讲，线下真实场景都没能实现的因材施教、卓越发展，想一下子通过线上教育来实现是不现实的。我们希望学生能有高度的自律和自我学习管理能力，能在逆境中坚持学习，当教育不存在的时候，学习还将延续。教会学生在不可预见的未来和不可预知的场景里学会学习，这是我们教育人最大的愿望。但是，现实的情况是，疫情成了不少学生逃避学习的借口，成了偷懒者蹉跎放纵的好机会。《世界是平的》的作者弗里德曼说，“数字鸿沟”不久就会消失，但是我们会遇到越来越大的“动机鸿沟”，只有那些具有自我激励的决心、利用一切信息化工具去学习和创造的人，才会走在时代的前列。这个困扰教育界的难点，今天的网课仍然难以解决。

网课过后我们能否回到从前

别以为互联网教育已经到了春天，也许只是为冬眠的教育变革裹了一层防护服。教育文化具有很大的稳定性，变革要慎之又慎。热闹过后，教育也许还会回归保守，但是会留下教育进化的基因碎片，哪些技术和商业范式最终能涅槃重生，全看造化。但是，也别低估这个全民网课的变革力量，全民网课中全体师生的信息素养大跃进，一定会成为学习变革和学校进化的原动力。尝到互联网教育的便利，体验到网课的益处，我们可能真的回不到从前啦！在线教育需要教师转变教学观念，以高尚的道德情操、一流的专业水平、扎实的教学能力、良好的信息素养和持续的教学创新胜任在线教学；需要学生转变学习方式，以坚忍的意志品格、严谨的学习态度、持续的学习能力、良好的信息素养胜任在线学习；也需要各级政府和学校科学的教育治理，为推动在线教学方式创新提供支持。

总之，互联网教育的春天已经临近，目前尚欠缺东风，包括充足的基础环境、智慧的学习空间、优质的教学资源、智慧的学习管理系统，从而把形式的教育转变为有效的学习。智慧让我们看清真相，情怀让我们看清真相后仍然充满激情。改变是永远不变的逻辑，让我们一起拭目以待，一起见证奇迹，一起去看未来的教育机构和教育模式的大变革吧！

在线学习的发展："已经"与"可能"①

为了对抗席卷全球的新冠肺炎，无论中国还是其他国家，大中小学停课抗疫成为社会现实。我国和一些国家运用了"在线"的方式支持学生在家学习，

① 本文作者：上海市虹口区教育学院教师，上海师范大学教育硕士导师柳栋。

在实践中围绕“在线”学习方式产生了各类现象与议论，也有业界认为“在线教育”有可能是社会发展下一步的方向。

从1998年开始，一些教师开始尝试运用互联网等新型信息技术手段改进教学，我也加入这个探索实践行列之中。2003年SARS期间，我们经历了部分城市运用电视广播与网络交流手段支持中小学学生在家学习的抗疫实践，在今年则体验了全国性的大规模应用。现就我们20余年来的探索与两轮规模化的实践谈几点体会与思考。

在线学习的已有实践证明

(一)在线学习方式有年龄适应性特征

今年的实践覆盖了大中小学各个学段，社会集中反映的矛盾主要集中在中小学，尤其是初中与小学学段。本科与研究生学段相对平稳。

青少年首先是从向身边的成年人模仿开始，不断发展自我管理、自主学习能力，逐步从家庭走向社会，从他律走向自律。在线学习方式相对更适合进入高等教育后的青年人，当然涉及理工医农类实验、社科类调查的学习活动可能更需要面对面“在现场”的方式。中小学的学校教育本身需要教师更多的教学组织。我们在2001年暑期“基于网络应用的研究性学习”实践中，归纳了100多个学习小组的学习历程，其中师生分离状态的教学组织几乎处于失控状态，而师生在现实状态下密切接触的学习小组，同时在网络中其他教师的支持下，能够更好地完成学习任务。

(二)在线学习需要底层技术的强力支撑

在“停课不停学”期间，无论大学还是中小学的在线学习都经历了不同程度的服务器瘫痪。无论是头部IT企业，还是中小型IT企业，都在不计成本扩容服务器与带宽；教育内部的技术部门则更多的是与头部IT企业合作，才支撑了极大规模的在线学习。在实践中，即便是几人、几十人的网络视音频会议，我们还是会选择相对稳定的头部IT企业提供的应急免费服务。

（三）中小学学段需要重新设计课程教学系统

由于研究的需要，我一直在体验不同的课程教学软件，这次网课期间也不例外。目前为学校较多选用的几个软件系统，大多是从视音频会议系统演进而来，适应一对多的讲授教学；同时，企业对学校教育的核心业务不熟悉、不理解，很多应用软件没有可跳转的、清晰的“学习时间线”，没有集约的入口、明确的学习活动集散地，不能够很好支持自主学习，用户使用不友好。以钉钉、腾讯课堂为代表的应用软件原来都是为企业管理设计的，相距学校教育应用场景甚远，被师生在应用市场上打极低分，尽管冤枉但也事出有因。

未来可能的发展

（一）在线学习体系可能作为战略储备资源

随着人类活动的加剧，人与自然的相互关系也在不断的调适中。类似海啸、地震、时疫等灾害常在大家不经意的时刻发生。这些灾害或是省市区域性，或是国际广域性。尽管就学校教育来说，人与人面对面在场是很有效的学习方式，尽管大中小学线上线下学习途径实际上已经散点融合，但从SARS、新冠肺炎两次疫情期间的遭遇来看，为了应对未来，有必要将在线学习体系作为国家战略储备资源来建设、运维。需要政府从整体层面来规划、设计、管理，并统合社会各界力量来日常运维。

（二）为了更实在的建设，可能需要细分资源类别

“资源”一词是涉及教育信息化各个领域人员经常使用的词汇，但这是一个总类层面的用语，过于笼统的指代不利于我们的思考与实践落地。要素分析

清楚了，建设主体、具体形态、技术选型、社会理疗和聚合方式等问题就相对容易解决。

在线学习的实践至少涉及以下几类要素：

1. 教师、学生、家长等人的要素。

2. 学习内容、学习素材等对象要素。

3. 学习方式、课程教学软件等关系要素。

4. 政府、学校、知识机构、企业等社会团体要素。

5. 服务器、系统软件、用户终端等物理技术要素。

所有对象要素、关系要素、社会团体要素、物理技术要素等方面的有机组织，服从于人的要素、服从于学生的成长要求。

不同的学习方式对技术需求的强度不一样，现在这类主要以视频流开展的讲授教学，疫情时期与常态时期，需求强度差异太大，对技术系统来说是灾难性的。非常时期若师生分离，此时的在线学习还需要在学习方式、学习内容上依据不同学段的认知心理发展状态来审慎选择。学习并不只有“老师讲、学生听”一种，更有效的学习样式是“在教师支持下的学生自主学习”，这类学习样式对技术手段不苛求，能够更好地适应非常时期的需求。

在线自主学习可行的三种类型①

在疫情暴发的特殊形势下，一场前所未有的超大规模的在线学习试验在全国范围展开。“停课不停学”是一项应急性举措，是疫情防控总体战的组成部分。在这场活动中广大中小学教师全员投入，做出了无私的付出和奉献，他们的事迹必将载入难忘的庚子年历史记忆中。如何解读“停课不停学”？如何

① 本文作者：上海市教育科学研究院二级教授、博士生导师蒋鸣和。

提高在线学习效率？面向未来？在线学习如何为推进“互联网+教育”做好准备？我想就这些问题与读者分享我的思考。

如何解读“停课不停学”

回顾一个多月来的“停课不停学”活动，可以将其分为两个阶段——

第一阶段（1月27日~2月下旬）

这一阶段在线学习主要形式是由各校自行组织开展以直播和录播为主的教学。前期学生的反应是积极认同的。2月19日，浙江省教研室就开展了一个星期“停课不停学”的效果做了一次大规模调查，学生对当前在线教学满意和非常满意的达到82.9%，在提供的包括直播、录播、“资源包+学习任务书”等各种在线学习方式中，学生满意度最高的是“资源包+学习任务书”的学习方式，即基于资源的在线自主学习方式。

随着“停课不停学”活动的深入，矛盾与挑战开始凸显，如何提升在线学习效率、减轻学生和家长负担，成为迫切需要面对的问题。河南省郑州二中高中生物教师陈楠尝试应用基于资源的在线自主学习模式，学生欢迎这种学习时间和学习方式自由的学习方式，但学习效率不高，只有14%的学生认为这种学习方式能自己解惑，感到学习效率有所提高的比例不到1/3。陈楠对此的解读是长期以来学生习惯于传统的“讲—练—讲”的被动学习方式，在从被动学习转为在线自主学习的初始尝试中，学习效率不高是可以预见的，她期望特殊时期采用的在线学习形式能真正促进学生学习方式的改变，而不是倒退到灌输加操练的老路上去。

第二阶段（2月下旬至今）

从2月下旬开始，各地教育部门陆续推出集中优秀教师录播的空中课堂，空中课堂学习辅之以“一校一策”的在线学习成为在线学习的主要形式。如何看待空中课堂？首先，空中课堂用电视传播方式实施“同一学段、同一课表、同一授课老师”，是实现“不落下一位学生”这一首要目标而选择的一种可行的、相对较优的决策。同时，空中课堂确实存在“两个分离”的弱点，即主讲教师与学生分离、与学校任课教师分离，因此是一种“托底方案”。尽管教育行政部门鼓励学校制订“一校一策”开展结合实际情况的在线学习，但问题在于学校在事先没有获得空中课堂教学有关信息（例如教学设计、习题设计）情况下制订的“一校一策”很难统筹空中课堂学习和课后学习，势必造成学生的重复学习，加重了学生的学业负担。

“停课不停学”是践行“互联网+教育”的一次大考，放眼长远，我认为，教育信息化从脉冲式应用（公开课、示范课、活动周）到常态化应用的转变远没有完成，在特殊形势下全体教师和学生开展信息化教和学的准备明显不足，给实施“停课不停学”带来了教师教学能力、学生学习习惯改变、技术服务支持和家校配合等一系列的挑战。

把“集中讲授—作业练习—课后辅导”的传统教学流程照搬到在线教学中“此路不通”，没有在线教学流程再造，“见屏如面”只是美好的梦想。

从深层次看，实施“停课不停学”中出现的问题是传统“讲授+操练”教学模式的“反弹”，是从改进被动学习向主动学习转变中的“阵痛”，只能通过深化教和学方式的变革来解决，后退是没有出路的。

如何提升在线学习效率

“停课不停学”不能等同于上网课，在线自主学习的内容应更丰富，形式应更多样。立足当前，面向未来，在线自主学习可包括配合空中课堂的查漏补缺学习、教学单元的复习提炼学习、学科和跨学科的主题拓展学习等三种类型。

提高在线学习效率，首先要研究在线教学规律，不能照搬面对面学习的课堂学习—作业练习—辅导补缺三者分离的学习环节，要再造融资源学习、练习测试和学习诊断评价于一体的在线学习流程。

其次，要提升课程资源质量，体现科学性、富媒体和适切性。科学性是指不仅要达成“双基”，还要渗透学科核心素养；富媒体是指要把丰富的工具和多媒体资源嵌入学习过程中，让学习走向开放的世界；适切性是指课程要适合中小学学生的学习特点，短小精悍，话语体系也要贴近青少年生活。

再次，要改造提升在线学习系统平台，目前“停课不停学”中使用的学习平台大多仅提供学习功能，例如直播、录播、发布和上传作业以及开辟网上讨论区等，严格地讲还不是基于自适应学习技术的个性化在线学习系统平台。需要用新一代信息技术改造和提升在线学习平台，实现用技术来提升在线学习效率。

如何再造在线学习流程？分享一个我主持的初中数学在线同步学习项目的实践案例，学习内容是初一“整数的乘除”单元里的“同底数幂的乘法”。

1. 微课资源和作业练习设计融入在线学习过程中，设计了概念与法则学习、辨识练习讲解、例题与拓展讲解三个微课资源学习活动和三次递进的练习活动。

2. 在线学习流程：概念与法则学习—辨识练习—辨识练习讲解—例题与拓展讲解—进阶练习—问题解决练习。

3. 按认知层次设计作业练习，包括记忆练习、辨析练习和问题解决练习，精选练习题，严格控制作业量，学生平均练习总时间不超过20分钟。

4. 练习过程是再学习过程，允许学生做错，鼓励再尝试和再学习微课，以达到全部掌握课程的学习要求。

5. 通过学习终端网络日志收集每一位学生微课学习和练习的上机动作数据，从中提取学生学习行为和成效信息开展学习诊断。

面向未来的在线探究学习和拓展学习

在“停课不停学”活动中，如何把探究学习和拓展学习迁移到网上，发展学生的科学素养、人文素养和信息素养？

在线探究学习和拓展学习是一项探索性研究，需要在课程开发和实施过程中形成和发展完善。我们尝试开发了在线科学课程“新冠肺炎聚集性暴发”和

“能量守恒定理的实验探究”、在线阅读课程“人与动物的和谐相处”、在线美术赏析课程“莫奈和他的‘睡莲’”等四门课程，从中提炼的“课程资源包+学习导引”的在线学习模式设计思路是——

1. 用获取、筛选、重组和少量创建方式建设基于网络资源的主题资源包。

2. 设计学程：背景—知识学习—深度学习—基于网络学习空间的交互式学习。

3. 用学习导引（学习任务书）来引导学习。

4. 广义的阅读（文本与非文本阅读）是拓展学习的基础。

5. 资源要融于学生自主学习过程中，起到引导问题、激发思考和活跃讨论的作用。

议题四

在线学习进入新时代，学校该如何顺势有为

疫情结束之后，师生重归校园，但是学校教育教学不可能再回归原点。我们也发现，在此次“停课不停学”实施期间，那些原本就在教育信息化上思考较深、探索较多的学校，不仅能从容应对，而且还根据校情、学情进行了富有创新性的实践。那么，面对在线教学提出的挑战，学校该如何积极行动起来？

危机倒逼：系统变革下新技术支持的学校育人方式[①]

疫情打乱了大中小学生的开学节奏。虽然在疫情背景下，全体师生和家长参与线上教学是不得已而为之，但这的确让我们重新反思互联网、大数据时代的育人方式问题以及未来学校的功能定位和组织形式变革的课题。无疑，未来学校的常态将是线上与线下相结合的混合教学、混合办公。在这次疫情倒逼之下，大规模线上教学、线上办公更是加速到来。有人将学校开始线上教学之日

① 本文作者：华东师范大学教授，教育部中学校长培训中心副主任田爱丽。

称为“值得载入中国当代教育发展历史的日子”“开启新时代学习革命、推进教育均衡和教育现代化的一次历史契机”。因而，面向未来的大数据和人工智能时代，学校需重新反思和重塑新技术支持的学校育人方式和治理方式，进行新技术支持的学校育人范式转换。

再度审视学校的育人目标与评价方式

面向未来充满不确定性的大数据、人工智能时代，首先要反思和明确的课题是：究竟要培养学生的哪些必备品格与关键能力？在之前强调对适应终身发展和社会发展需要的正确价值观念、必备品格和关键能力的基础上，这次重大疫情需要我们重新强调学生素养，包括学生的生命安全意识、爱与责任担当、家国情怀、制度自信、自觉自律等。在新的社会背景和发展趋势下，学校领导团队的重要任务是如何培养学生的上述素养以及提供怎样的保障支持。在明晰了育人目标后，需要重点确保“评价先行”，即对上述学生所需具备的素养，应确立怎样的评价标准、采取什么样的评价方式方法，并以其指导日常的教与学活动。所以建设基于大数据的综合素质评价系统，伴随式采集学生数据就显得尤为必要。具体而言即是：说明和界定学生所应具备的素养，厘清评价的标准、数据采集的路径与方法、数据分析的模型和原理、评价结果呈现的方式，以及评价结果如何指导教学过程等，并以此来评价教学水平，引导教学过程，这是未来学校育人方式变革、学校治理范式变革的关键所在。

完善强化混合教学的实施与管理机制

在上述核心素养及评价系统的引导下，接下来就是组织课程开设，实施教学活动。未来随着信息技术日益深入应用到社会各领域，学校教学和办公必定是逐步进行线上与线下有机融合。一方面，学校以此次疫情期间的在线教学为基础，持续优化线上学习系统，比如进一步提升教师线上讲授的艺术，让交流互动平台更加便捷，强化数据的统计分析功能，学生在线学习更为自觉自主。另一方面，在线上教学的基础上，学校更需引导、组织教师开展更为高效的线下教学活动。线上学习和线下学习具有不同的优势、不同的教学目标和任务分工。就学科教学而言，线上教学可以以知识点的讲解为主，并引导学生进行思考和交流，而线下的教学便是在此基础上进一步深化、拓展与巩固。线下可以组织更多研究型、拓展性的交流与活动，让学生走出教室、走出学校，走进工厂、企业、博物馆、科技馆、福利院等场所开展实践性和体验性更强的活动。未来学校教学教研管理的核心任务将是设计好线上教学与线下教学的任务分工，做到两者的相互补充、相互强化，进一步提高教学效益，以此为基础开展学科教研，转变教师角色。

提供相应的育人环境与技术支持

对应线上与线下相结合的混合教学、混合办公，未来学校教学的场景、工具与设备都会发生系列变化，比如在线上教学基础上开展的线下教学的交流研讨，教室内桌椅的摆放不一定还是现在的马蹄形状，可以有更多的“U”字或“回”字形摆放，因此，桌椅应便于移动、自由组合。在在线完成知识学习和交流思考的基础上，学校需要提供学生更多动手实践的空间/工坊、开放性活动的空间、沉浸其中的虚拟空间等。这些学习空间既需要温馨舒适、干净整洁，更需要功能性强、体验性好。当然，校内全域的网络覆盖、便捷的智能终端、多维的数据采集与分析，时刻为学校的教学管理提供智能化服务，更是未来学校建设必需的关注和保障。

转危为机，守正出新[①]

2020年初，突如其来的新冠肺炎疫情，让中国这辆高速运行的快车急速

① 本文作者：上海市实验小学校长杨荣。

刹车。作为社会之基、民生之要的教育，面对疫情不能正常开学，把“线上教学”作为“停课不停学”的行动对策。上海1 000多位优秀教师在2周时间内录制了12个年段的全课程；2月28日前，全市140多万学生通过各种方式收到教材；3月2日，全市140多万学生顺利收看空中课堂，“线上学习”平稳入轨……

面对全新的教学方式，家长因孩子没有监管而不放心，教师因隔空教学而不踏实，在“几家欢乐几家愁”的情景中，就有了“仁者见仁，智者见智”的众说纷纭。其实任何的首创之举，都是应时而生、应势而起的，但如果要把偶尔为之化为经常为之，特别是教育领域，需要推进者不仅具有化解危机的勇气，更要有转危为机的智慧。根植于博大精深的中华文明，源远流长的守正坚持，我们可以拥有这种智慧。

让我们回到世界第一部教学专著《学记》，在重温经典中，审慎思辨，握手未来。“三王之祭川也，皆先河而后海，或源也，或委也，此之谓务本”是其收篇之语，河乃海之“源”，海是河之“委”，不忘教育因何而起、教育因何而为，才是我们教育人的初心，但现实是当我们满目波澜壮阔、风起云涌、激情豪迈时，就是我们忘记“务本”，内心迷失之际，也就有了“请放慢脚步”等心灵的呼唤。

关于教育之本，有诸多说法，而《学记》中的“化民成俗，其必由学乎”的定律，应当是最为重要的，延用在今天，可以解释为教育的功德与价值在于建立核心价值认同。厚植爱国精神，坚强民族脊梁，这应该是教育的终极价值。很长时间以来，从钱学森的“教育之问”到习近平总书记的“为谁育人、育什么样的人、如何育人”的“三育之问”，已经引发了广泛的关注，但是长久以来重分轻德、学历至上依然根深蒂固，行动层面尚未发生根本性变化，从这次因“停课不停学”产生的很多忧虑中也有反映，如大家的问题更多集中于学习进度会不会落下、学生没有人盯着能不能学好等，但又有多少声音在问学生的学习动力、学习习惯、学习能力？

这次“防疫”大事件，就是千载难逢的教育机遇期：从中我们可以看到中国特色社会主义的强大优势让世界瞩目，这是最大的政治；我们从“战疫逆行者”的故事中，懂得了没有勇者的义无反顾，哪有温暖的岁月静好，家国情怀才是最深沉的爱国主义；在阻击新冠肺炎的日子里，我们认识了出生于医学世家、毕业于北大医学院的中国工程院院士钟南山，也听说了毕业于上海交大医学院的华山医院感染科主任张文宏。也许他们是大家崇拜的“学霸”，但是钟老以80多岁高龄担起抗疫的重任，张医生做青年医生的时候自己报名去往抗击SARS的第一线，非洲抗击埃博拉病毒他也毅然前往，这都无可辩驳地证明了《学记》中“凡学，官先事，士先志”的结论，只要中国需要、世界需要，舍我其谁，这才是学习的意义，知识的力量。

伴随信息化大潮和人工智能的到来，这一次线上教学，由优秀教师执教的优质课让人们兴奋不已，更有人说教师是即将消失的职业之一。真的会是这样吗？其实我们都认同学习是要经历集“小成”至“大成”的过程，教学的过程必定需要“双边互动”，也就是《学记》的“教学相长”“斅学半”，意思是说“教”仅是“学”的一半。如果教学无视学生的接受能力，大量灌输，一味赶进度，那么教师职业可能消失；如果教学因材施教，让学生安全充分地实现基于自身的自由发展，那么智能设备将无法替代人的智慧，教师职业将日显重要，无可替代。

如果说今天为阻击新冠肺炎，我们采用线上教学是不得已之举，这是时局之危，“逼”教育在信息化的道路上提前走出一大步，这一步走得很匆忙，但这一步很可贵，促使信息化真正进入了教学的流程，当一切回归原先的样子时，大家会发现“原来”不再，传统经典教育法则、方法与现代教育理论与技术，已经融合成为教育新常态。

如果说今天为阻击新冠肺炎，教师们不管年龄大小，不论技术强弱，都尝试了课堂直播者的角色，并成功获得了全新的教学体验，教学的二维空间与三维空间成功联动已经成为现实，当我们回到校园时，学生将会有选择学习方式的可能，多路径教学将支持每一个孩子永不掉线。

总之，“危”点就是拐点，率先破危，即成为先行者；成功转危，找到发展的新路径，即成为改革排头兵。在逢山开路、遇水架桥中，我们也必须看穿时移事异的表象，谨记万变不离其宗的古训，“宗”就是目的、是规律，即便沧海桑田，教育的“守正”就是遵循规律的坚持，教育的“出新”就是借势假力的开局。愿教育改革之路上人人有获得，处处有风景。

信息化环境下学校教学的突围之路[①]

普通学校教学工作的反思

当前校长抓教学一般有三种状态：第一种是学业质量（考试分数）提高；第二种是满足于学业质量提高；第三种是在学业质量提高的前提下，还在着力提高学生多方面素质（素养）。在教师群体中，教学工作也有三种状态：乱讲乱练、多讲多练和精讲精练。

改革都是从现实问题出发的，社会发展对学校教学工作带来巨大挑战，即社会要求越来越高，学校考试越来越多，大家发现时间没有了，如何在有限的时间内完成学业质量提高和学生素质提高的双重目标？

我们的思考是用最短的时间提高考试分数，省出最多的时间提高素质（素养）。简而言之，即提高教与学的效益和品质。

提高教与学效益和品质的突围之路在哪里

基于国内外的经验与闸北八中多年的实践，我们发现教育信息化可能是提高教与学效益和品质的必由之路。

① 本文作者：上海市成功教育研究所所长，上海市闸北第八中学原校长刘京海。

（一）教育信息化的一般理解

什么是教育信息化？教育信息化的表象是计算机的大量使用，计算机我们称之为电脑，其本质是人脑经验的再现（复制功能），由于数据大量应用分析，进而形成自适应学习系统，我们称之为人工智能。因此，教育信息化是教育规律主导、技术赋能的过程。

纵观国内外，教育信息化的理想模型被认为是线上线下融合的混合式学习。目前疫情条件下，学校探索的重点在线上教学的研究，而随着抗击新冠肺炎大形势转好，线上线下的融合必将成为未来的趋势。这也给我们提供了机会，分阶段研究，先单一线上，再线上线下融合，这也是看清方向、结合现实逐步融合的过程。

（二）发现优秀教师经验，重构再造复制创新

第一，教育信息化承载的是优秀教师的经验。我们认为，提高教与学效益和品质突围的关键在于发现优秀教师的经验，在信息化环境下进行重构、再造、复制和创新。

根据我们长期对教育教学的研究与实践，优秀教师经验的内核是两个理解：理解教材（知识结构）、理解学生（教学对象）。教学是教与学的统一，只理解教材不理解学生是教不好书的，只理解学生不理解教材也无法让学生做到教与学品质和效益的提高，因此两者必须兼顾。

第二，教与学效益和品质的提高有三个核心要素，即增强针对性、提高有效性、激发主动性。

基本的思想逻辑是从一统向因类分层、因材施教、个别化教育方向发展，这也是我们教育人千百年来的梦想。而基于纸质媒体资源的线下教学是无法实现这个目标的，原因在于纸质媒体只能大一统，电子资源才能因类分层、因材施教，实现个别化。

实现突围之路的几点建议

针对学校目前的困境与诉求，如何实现学校教学的突围，我提出几条建议。

（一）看清趋势方向、统一认识、加强培训

现在校长们的问题是，遇到事情不是先想该不该做，而是立马投入到怎么去做中。因此，迷失方向、做无用功、经常翻烧饼的现象成为常态。一位有思想的校长思考问题的立足点是不断思考国际教育发展的趋势和方向，从而找到教育改革的目标，在此基础上寻找达到目标所需解决的问题以及解决问题的策略方法。所以，我们做任何事情都是要从大到小，再从小到大，不断梳理思路，以此来统一思想。

在班子上下统一认识的基础上，同时加强培训，提高师生信息化意识和信息技术应用能力。

（二）从校情出发，规划本校实践路径

校长在看清趋势方向的基础上，研究本校的实际（学生和教师的状况），从问题出发，设计改革的路径，把思想运动转化成实践活动的中坚力量，把理论和国家的课改转化为学校改革的过程，而不是简单重复国家课改的口号。

（三）从学情出发，加强校本资源建设

资源建设一直是学校重点关注的内容，也是教育信息化实现常态应用的关键，需要基于公共资源，推进校本资源的建设工作。

1. 用好直播资源。我把这次直播称之为有史以来优秀教师经验的一次大传播。这些直播的优秀教师对教材的理解、对知识结构的把握是比较准确的，因

此，用好直播资源，对提高其他教师的教学水平是非常重要的举措，建议各个学校一定要组织教师按学科备课组收看讨论、学习借鉴。

2. 建好校本资源。我认为，优秀教师的理念是先进的，效果是明显的，操作点是明确的，在信息化背景下，需要重构、再造、复制和创新。

优秀教师的直播课程肯定是好的，但直播课的难度在于面对成千上万，乃至十万、百万的学生，客观上在20分钟时间里不可能兼顾到不同层次的学生，更无法实施个别化教育。另外，现在挑选的优秀教师一般都在生源好的学校，他们对一般学生，尤其是学习困难学生的理解不尽如人意。因此各个学校、各位教师如何依据自己的经验，对直播资源进行剪裁，增加、组合、再建适合自己学生的校本资源，可能是提高直播效益品质的关键。

因此，学校应该把重点放在针对自己学生的实际情况，二次梳理、开发校本资源，比如针对学生的自主学习可以开发微视频资源，针对学生的测验和练习可以开发题库资源，针对学生的数字化阅读可以引进和整理数字图书资源，针对学生研究性学习和实践性学习可以开发主题素材资源等。在资源建设过程中，重点要对三类统一的纸质媒体资源进行转化：第一，将统一的纸质学案转化为数字化学案，比如在线学习任务包、在线学习资源包等；第二，将线下的教师讲解转化为适合本校学生的微视频，比如知识梳理概括、解题步骤指导、典型题例分析等；第三，针对重难点，把单向的演示、展示型课件转化成结构化的互动学习App应用，比如我们与尚学公司校企合作开发的“学程包”，简单来说，它是支持学生运用移动终端，随时随地按自己的特点开展互动学习的载体和工具。通过技术实现了个别化学习方式，可实时给予学生反馈和记录学习数据，优化了学习过程，最为重要的是紧密结合课堂教学，充分发挥了优秀教师在设计和面对面教学方面的经验优势。

校本资源的建设是学校推进信息化教学应用的基础，这项工作不可能一蹴而就，需要学校领导班子的有效推进，更需要全体教师的共同努力。期待这次疫情下的无奈能变成我们学校推进教育技术应用创新的契机！

（四）关注过程性数据的积累与反馈

学生过程性学习数据的采集与处理是线上教学和计算机系统的优势，我们在实践过程中，开始从原来只关注考试结果数据，逐步推向对作业、课堂教学、拓展学习等过程性数据的关注。有了学生实时学习数据的反馈，我们就可以向学生推送针对性的学习资源、练习题目和拓展资料，以此提高学生学习有效性和激发学习主动性。从推进教育信息化工作角度，采集、分析在线教与学的数据是我们评估和提升学校此项工作有效性的手段，我们的经验是从不同年级、不同学科，针对不同应用场景逐项分析，探寻与分析应用过程中的经验和不足。

（五）不断在实践中发现问题、解决问题

教育信息化是一个创新实践的过程，我们需要在实践过程中不断发现问题、解决问题。

在学校推进信息化工作中最难突破的地方就是教师群体的认识与习惯。我们的经验是用教师的经验解决教师的问题。这里所指的教师的经验可以是本校的、兄弟学校的，乃至国际的经验。

目前出现的问题有其必然性，也正是有这些问题才需要加快和加大改革的力度，这是一个机会，就看我们敢不敢去迎接挑战。目前看来，至少绝大多数教师对信息化的意义价值有了新的认识，学习信息技术的积极性有所激发和调动，我坚信教师动起来就是最大的成功，解决问题的经验不在书上，而是在实践中，在战争中学会战争，我们一定能有所突破。

结语

我想，教育信息化的路是一条很长的路。我们要看清趋势、选准突破口、做实操作点，使有限的教育演变为无限的学习，为每个孩子成为负责任的成功者奠基，让每个孩子成为负责任的成功者。这就是我们千百年来所积淀的教育

思想——修身齐家治国平天下，从对个人负责到对家庭负责、对国家负责和对整个人类负责，我想我们的教育会越来越好。

"停课不停学"：学校挑战应对与未来有为思考[①]

2020年"停课不停学"成为社会热词，"停课不停学"的实践成就了学校"借机"进行教育、教学创新的新探索。有人说此次"停课不停学"让之前的学校教育信息化演了一场"蹩脚戏"，也有人说此次"停课不停学"将学校教育信息化提前推进了10年。我们无意去评判，它是特殊时期倒逼出来的一种"教育"探索，对学校教育而言，是挑战，也是契机，我们相信借此为构筑"面向未来的学校教育新形态"做出的任何尝试都将成为一笔财富。

直面"停课不停学"的效率、选择、生态问题

此次"停课不停学"，让学校开启了在线教育的阀门，有三大挑战需要直接面对。

第一是"效率"问题。如此大规模的在线教育，如何才能保证教师教学与学生学习的效率？如何把握线上教育对于个性化与规模化的效能区分？如何掌控在线教育的质量？这些都是学校首先要思考的关键问题。学校需要在保障教学效率、达成教学效能上做出应对，思考在线教育的特殊分班与分组教学前提下，如何恰当定位教学目标、组织合适的授课内容，建立何种教学互动的方式等问题。此外，授课知识点的科学性监控也很重要。

第二是"选择"问题。采用在线教育的授课形式，在资源利用、平台选择方面都要做好恰当的应对。是利用全市统一线上教育资源，还是学校自主开

① 本文作者：上海市上海中学校长冯志刚。

发线上教育资源？是采用线上教育“录播”收看还是线上“直播”？是规定使用一些网络传播媒介与软件应用平台还是尊重老师自身的喜好不作规定？实际上，不容易“选择”。

第三是“生态”问题。相对于原来学校已形成的教育教学“生态”而言，在线教育的教育教学“生态”需要重新审视，做出及时的调整。应立足于研究型氛围的“针对性”营造与创新型平台的“云上”建构，要着眼于学校的现有基础、未来规划，着眼于教师的专业水准、科研能力，努力营造师生共进、教学相长的良好“生态”。

精准把握面临的挑战，采取积极的应对之策

大规模地开展在线教育对于每一所学校都是前所未有的挑战，只有从自身实际与面对的问题出发，精准施策。要做好顶级设计、分层实施，强调团队合作、人人参与，不要急功近利、仓促上马，要有一些“招”，做好当下是基础，利好未来才是方向。

（一）根据教育对象的特点，因材选“技”

针对不同教育时段、不同教育对象，应该在体现学校办学思想、切合学校发展方向的前提下，努力寻找恰当的策略。

上海中学的特点是一校两部，本部、国际部各有侧重。本部面对的学生资质相对优异，使用全市统一线上教育去“保底”是不合适的，因此，学校采取了自主录课上传到相应平台进行视频教学的方式进行，录课中，在把握全市要求的同时，注入诸多校本元素，并依此建立起“视频教学、直播答疑、作业反馈”的流程。同时在课程设计中，利用“云班会”为主渠道落实“教育德为先”的思想，强调五育并举，音乐、体育、美术、STEM等公共课程都有要求。

上海中学国际部是针对一至十二年级海外人士子女的高端教育服务，根

据学生的年级特点，对高中段（九至十二年级）与初小段（一至八年级）采取不同的在线教育方式。国际部高中段主要运用原来已熟悉且长期使用的一些平台，通过直播的方式进行在线教学，强调课程的分层与选择，高中四个年级共有415个教学班进行线上教学，覆盖211个不同课程水平。初小段考虑到学生的年龄特点，将更多的视角放在课程的多样性、科学性与趣味性上，从“培养独立自主的学习者”出发，采用网络直播以及录制课程上传相结合的方式进行在线教育，已经推出的内容获得学生的好评，调研数据显示，学生喜欢学校网络课程的比例达到98%。

（二）强调团队合作，提升教学设计的学术高度

线上教育的“取向”是推进个性化学习与个别辅导，在新冠肺炎疫情下，却还要承担起大规模集体教学的任务，因此，线上教育的课程质量就显得非常重要。我们的老师有一种“赶鸭子上架”的感觉，这时，只有集中大家的智慧（以教研组为支撑、备课组为单元），强调团队合作，才能将集体智慧发挥出来，每一节课的教学设计才能达到应有的学术高度。

我们在推进本部与国际部的线上教学过程中，既注重不同教育对象的差异性，又关注统一的高质量要求。鼓励备课组在把握整体性的前提下，对每一节在线课程就如何扬“利”去“弊”作认真研讨，让主讲老师展现基于教学学术的张扬，凸显集体智慧。不允许教师拿起手机把原来的线下课堂授课脚本唱一遍，而是要根据录课内容及时长限制作整体安排，有导演、教案、演员、听众、编辑等一整套流程。我们觉得没有教研组、备课组的通力合作与学术研讨，出来的东西是过不了关的，经过集体研讨、通力协作，录出来的课程质量一定会越来越好。

这个过程，对每位老师而言都是一个“试错”的经历，每个人都要认真思考“如何上好一堂课”，无论是“线上”还是“线下”都要思考，这是做老师一辈子都在追求的东西。

我们强调备课组以线下、线上结合的方式全员参加，一个人讲，其余的人听。录课之前，授课教师与备课组（或教研组）其他教师相互讨论，录课时，同事当学生坐在下面听。学校在做好防护的前提下，引导教师分小组到学校来录课，并为他们提供最好的录课场所。在线上教学过程中，把教研组与备课组凝聚成一个团队，强调责任与信任、换位与配合，坚守共同目标，充分体现合作中前行。经此一段全民抗“疫”时期的学术体验，我们的各个教研组会越来越强。

国际部初小段校长刘炼老师用“A、B、C、D”四个字母开头的单词来概括教师们的思考：Agile（敏捷的），根据在线教育的学生需求变化及时做出快速调整；Better（没有最好，只有更好），将在线教育当作每天的开放日、公开课来做，力图为学生提供更好的线上教学内容与更好的学习体验；Collabrative（合作的），强调教师间的相互帮助，围绕“有效、高质量的线上课程教学”这一共同目标，相互协作，积极进行教师间与师生间的换位思考与配合，及时发现问题，共同解决；Decentralized（去中心化的），线上教学不能控制学生什么时候上线，不能强制打卡，不能监督学生的注意力是否集中，有没有听懂，在这种去教师中心化的状态下，要求学校线上教育的呈现内容与教学方式对学生有足够的吸引力。

（三）体验“做中学”，迎难而上

做好在线教育，无论对学校管理者还是教师来说，技术上的难关只是一时的，而专业学习是长久的。要做好“线上教学”“视频教学”，对教师业务能力要求很高。教师不仅要学会使用新技术进行授课、批作业，而且要使用互动软件与学生互动。这就需要教师主动地学习如何运用软件、平台；学习利用“新式武器”（包括录课设备、直播设备、电子笔批作业设备等），或者主动向同事及他人学习。“做中学”的理念在这个过程中得到充分贯彻，学校管理者与教师的教育信息化业务水平得到极大提高。

学校应积极引导教师敢于面对新技术带来的挑战。任何一样新事物的完善都不是一蹴而就的，不能因为不完善而去抱怨，要个性化地去解决各自面对的问题。

以本部学生的线上教学为例，对录课的标准与规格要求非常高，因为不能狭隘地认为所录课程只是面对所教年级的上海中学学生，收看的还有家长，甚至会流传到全市给相应年级段的学生收看。

在去教师中心化的线上教学过程中，学生居家线上学习能否被吸引，线上的课程内容设计与授课方式怎样引导学生学习，这是很大的挑战，要站在学生的角度去设计内容的呈现方式、去思考教学设计与教学互动。

推动在线教学延伸的未来学校变革

此次大规模的在线教学，为构建未来学校新形态提供了一种尝试，也提出了诸多需要解决的在线教育平台、资源、个性化实施、质量评价等方面的问题，留待学校在构建未来教育形态中进一步思考，寻求学生面向未来学习的发展空间。

未来学校变革，需要关注线上教育与线下教育的融合，积累和发展慕课等优质教育资源，进一步推进基于“数字课堂资源”的线上、线下混合式教学，充分利用网络在线教学的优势，让在线课堂成为知识传授的重要渠道。在面对面线下课堂上，要激发学生主观能动性，培养学生的批判性思维、口头表达能力和团队合作精神，使传统以教师讲授为主的“灌”式教学转变为以学生为中心、以能力为核心的“引”式教学。

在面向未来的学校教育变革中，尽管线下教育仍然会长期发挥自身的效能，但需要充分重视人工智能、大数据、云技术等新技术对学校带来的影响，并积极将相应的技术整合到教育教学中去，实现传统教学手段与现代教学媒介的完美融合。

可以预测的是，“翻转课堂”等教学范式会经常出现在教师的课堂上，教师开展线上、线下结合的“混合式”教学与学生基于线上、线下结合的“混合式”学习将越来越受到重视。

其实，从终身学习来看，学习者借助网络在线学习的时间远比在学校受教时间长得多。学习者在离开学校之后，需要了解某个知识，往往不是去请教某位“智者”，而是上网查阅；科研工作者如需要写一篇论文，离不开去查询网上已有的相关研究资料；等等。

学校在未来变革中，要充分考虑线下教学、线上互动结合的授课方式，让孩子们从小提升自身的信息素养，让线下教学的立德树人合力优势充分发挥，让线上教学的个性化教育功能进一步彰显。

当前“在线课堂”的挑战，未来“新型课堂”的机遇①

教育信息技术应用被提出后，该技术在学校管理之外的应用并不理想，特别是在学校教学场域的实践中存在着零星化、个体化和碎片化的情形，区域之间、校际之间、教师之间和学生之间都存在着认识上和行动上的差异性，表现为信息技术与传统课堂教学深度融合的学校覆盖面不广，实施主体的动力基本依靠个别校长或教师个体的热情，应用上只选取感兴趣的某项或某几项技术。

教学是一项很复杂的智能活动，约定俗成与行为惯性影响了人们对信息技术的认知观念与接受热情，这就是产生上述情形的内在原因之一。疫情改变了这个情形，“停课不停学”这一要求从外部推动了区域大规模在线教学的出现。在线教学，体现出了师生参与的全体性、在线教与学的全过程性和信息技术应用的极大丰富性，对于广大教师、学生、家长和学校管理者而言极富挑战性；

① 本文作者：上海市延安中学校长李德元。

同时，在线教与学的可贵经历，以及经历中所困、所思和所为形成的经验，为信息技术深度融入课堂教学，为开学后继续探索课堂教学与在线教学的有机结合带来了面上的基础。

当前的在线教学实践，都遇到了哪些挑战呢？这些挑战，与传统课堂教学的区别与联系有哪些？课堂教学与在线教学两者结合后，能否再造“新型课堂”教学模式？

在线教学所遇到的挑战性问题与对策

（一）学科共性问题

1. 线上教学资源的获得与优化整合。把区域优质资源、学校优质资源汇聚起来，供教师选用那些与本校学情相契合的部分。难点是教师如何快速提升自我录课技术？教师按教学计划所录新课，其质量如何保证？因此教师团队协作开发教学视频就显得尤为重要。

2. 运用在线教学平台与教学软件。学校选用教学平台，教师选用教学软件。教师对在线教学平台和必要的教学软件都不够熟练，造成在教学过程中的自信心不足，学校组织培训后，随着在线教学的不断进行，这种状况会消失。

3. 开展线上集体备课和教研活动。由初期面对杂乱无章的资源信息，教师间无法面对面研讨，到尝试开展网上备课，梳理资源，确定授课策略，教师开始适应并喜欢这种相对灵活的备课形式。

4. 在线组织教学过程中的互动问题。教师在点对点互动时很难把控其他学生的听课状态，提问后无法通过表情、神态以及行为等了解学生的思考情况。在线教学中如何更加吸引学生，让学生更多地参与讨论、发言、思考和动手；在网络环境下，如何反馈学生在线学习的实际效能，有针对性地答疑补缺；如何针对阶段学习效果开展评估、做出评价等，都是很大的挑战。

5. 教师心理需要调适。以上困惑给教师带来了教学心理不适，其中50岁以上教师的心理不适感尤为突出。他们仿佛拳打棉花胎，产生了有劲使不上、有人抓不住、有话说不清的感觉。因为面对机器进行教学，内心有除不掉的隔阂，需要适应一段时间，也需要学校进行适当指导。

（二）学科个别化问题

1. 语文在线教学中需要提供大量文字阅读材料，大量图片格式的文字作业批改起来太难了，对视力健康也是一个大问题。

2. 教师接受信息技术的能力有差异，对于少数教师而言，在线平台或软件的使用不是简单几次培训就可以解决问题的，需要教师内部的反复交流学习。

3. 在线教学时更多的是通过声音和视频，理科老师需要实时板书，这方面需要开发。

4. 在线学习环境下教师如何开展实验教学，培养学生的实验能力？

5. 在线学习环境下学生动手体验实践时，教师如何开展学习指导？

在线教学与传统课堂的区别、联系与融合点

从以上的挑战性问题可以得出以下思考：传统课堂教学有着自己的基本体系和环节，是不可能完整移用到在线教学的，反之亦然。两者之间的差异包括教学空间不同、资源提供与获取方式有异、教学手段有异、控班方式不同、沟通方式不同、作业批改方式不同、评价方式有异、教学心理有异，等等。两者之间也有相似的方面，如教学目标与内容的确定要符合学科课程标准，PPT和录像电子材料的呈现方式，对预习的检查和旧知识的回顾，根据学情展开的教学，教学当中引发的好奇心与兴趣，提问和训练引发的学习行为，提供练习和小结等课堂反馈的方式，提供独立练习等评估活动，等等。

从表1可以看出，新型课堂具有线上和线下两种授课空间，电子和实物两种材料提供方式，录播、直播与现场教学两种教学呈现形式，而在什

么环节进行切换则是要点。更进一步，表2呈现的则是教学环节的差异性比较。

针对未来教学应用，来自教师们的看法是——

1. 未来教学，录播资源将极大地提高预学习的质量，使得先学后教、以学定教、多学少教和以学评教成为可能。另外录播资源在毕业班教学、复习课教学上有优势，每节课容量大，可以暂停和回看，资源共享可留存。直播更适合于互动多的教学，如新授课与答疑辅导。

2. 网上教研和备课，使同事之间成为更加紧密的合作者。未来线上学习任务将促使教学资源电子化成为必然，大家分工协作，共同积累网络教学所需的教学资源。

3. 运用线上学习平台发布各学科学习目标，布置学习任务，提供学习资源或查询资源的途径，线上采集学生预习中提出的问题，确定线下教学的主要内容。

4. 运用线上学习平台发布或线下布置课堂迁移训练，并借助信息技术手段进行学习效能评价。

5. 为学生拓展性、探究性和创新性学习提供在线平台，为社团活动、社会实践、主题教育、专题教育等提供在线支持。

表1　不同教学模式的空间、资源与呈现方式比较

项　目	传统教学		线上教学		新型课堂	
教学空间	实体空间	线下	网络空间	线上	实体空间	线下
					网络空间	线上
教学材料	电子材料	线下	电子材料	线上	电子材料	线上
	实物材料	线下			实物材料	线下
教学呈现	录像播放	线下	录播/直播	线上	录播直播	线上
	现场授课	线下			现场授课	线下

表2 不同教学模式的环节顺序比较

<table>
<tr><th>项目</th><th colspan="2">传统教学</th><th colspan="2">线上教学</th><th colspan="2">新型课堂</th></tr>
<tr><td>课前</td><td>预习新课</td><td>线下</td><td>预习新课</td><td>线上</td><td>依据录像和PPT完成预学习任务，提交学习成果</td><td>线上</td></tr>
<tr><td rowspan="7">课中：教学环节与教学事件</td><td>导入新课</td><td>线下</td><td>导入新课</td><td>线上</td><td>吸引学生注意，激发好奇心</td><td>线下</td></tr>
<tr><td>明确目标</td><td>线下</td><td>明确目标</td><td>线上</td><td>告诉学习者目标，明确任务</td><td>线下</td></tr>
<tr><td>回顾已知</td><td>线下</td><td>回顾已知</td><td>线上</td><td rowspan="2">基于预学习发现的问题展开教学，激发回忆旧知，呈现真实性、选择性和多样性的学习材料，提炼学科思想方法</td><td rowspan="2">线下</td></tr>
<tr><td>学习新知</td><td>线下</td><td>学习新知</td><td>线上</td></tr>
<tr><td>课堂训练</td><td>线下</td><td>课堂训练</td><td>线上</td><td rowspan="2">引发学生迁移训练，期待有效学习行为发生。个人、小组、全班多种反馈小结方式（原来的家庭作业环节）。100%订正</td><td rowspan="2">线上
线下</td></tr>
<tr><td>总结本课</td><td>线下</td><td>总结本课</td><td>线上</td></tr>
<tr><td>课后</td><td>课后作业</td><td>线下</td><td>课后作业</td><td>线上</td><td>完成单元质量评估</td><td>线下</td></tr>
</table>

未来“新型课堂”的几个关注点

目前很难给出“新型课堂”的定义，这需要较长时期的教学探索，但是线下和线上教学相结合的大方向是不可能改变的。对于教学而言，哪些地方用线上教学，哪些地方用线下教学，或者线上线下都可以，还没有程式要求。调查发现，至少在线上教学资源的开发上，必须关注几个问题，它们是学生赖以接受在线教学的生命线。

1. 在线学习视频必须十分清晰。首先是语言要清晰。教师在表达要点时要易于理解；能够清晰地解释概念，引导学生按照逻辑次序逐步理解；教师要口齿清晰，避免口音，没有分散学生注意力的肢体表情习惯。其次是内容要清晰。要交代本课学习目标；讲清预习任务和质量标准；要符合或略高于学生的当前水平；要多用举例、图解和教师演示来讲清问题。

2. 在线学习视频问题设计必须更有趣。问题的提出要引起学生学习的兴趣和注意力；可能是回忆一般知识和信息，也可能是更高层次的思维活动。问题分识记、理解、应用、分析、综合与评价六类，设计问题要由易到难，由封闭到开放。

3. 在线学习视频必须体现任务导向。要提前准备与视频（PPT）相一致的预习任务单，这是一个必备的学习任务环节。设计问题要倾向于思维培养，学生乐于接受并获得快乐，这是一个必备的训练任务环节。把问题设计与学科要求、教学目标和高考要求结合起来，体现评价意义，这是一个必备的评价任务环节。

兼谈健康与学习①

面对新冠肺炎严峻的防控形势，数以亿计的师生以“线上教学”的方式，展开了居家的正式学习。2020庚子年必将作为一种集体记忆而载入史册，也会成为每一位当代学生再也挥不去的记忆。面对这场灾难，教育者充分运用信息技术支撑线上教学的可能性，继续着启蒙社会、启迪智慧的使命，创造性地落实立德树人的根本任务。特殊的环境和条件，更能引发人的遐想，同样能引发社会对于教育更加深刻的反思。为此，我想谈谈自己对于健康与学习的点滴思考，与大家分享。

健康是生存的需要，是人类最原始的追求

健康是生存的基本标志，是人类最基础性的需要。人类从荒蛮时代，就开始寻觅“长生不老”的健康之药，所以，健康可以说是人类最原始的追求之一。

在德智体美劳诸方面的全面发展中，我们必须坚持“健康第一”的育人

① 本文作者：上海市市西中学校长董君武。

目标。对于生命个体而言，健康包括身体健康和心理健康。健康对于学生现在与未来发展而言，是最基本、最基础，也是最重要的，离开了身体和心理的健康，这会是什么样的人生？

市西中学非常重视健康教育，重视体育工作和心理咨询中心建设。学校在自主招生的综合测评中，安排了男生“引体向上”、女生“跳绳”的体育项目，新生报到的家长会和年级大会上，学校会明确地强调：健康比成绩与分数重要得多，这种重要性的差异不是一个数量级的。对于健康教育的重视更体现在课堂教学与管理上，学校在不突破市教委规定的课时总量前提下，每周每个年级安排一节心理课、一节艺术课，高一高二安排4节体育课，高三安排5节体育课。而且，学校发挥教育评价的导向作用，经教代会表决通过了《推进学生健康工作的教师奖励办法》，对于为学生体质和心理健康做出突出贡献的教师，给予专项的奖励。学校所有这些教育和管理行为，都在诠释着对“健康第一”的理解，以更好地引导教师、学生、家长乃至全社会对于学生健康的重视，并真正付诸行动。

今天，在“防疫”这一非常时期，作为教育工作者还应该进一步认识到，健康不仅仅是个体生命的身体和心理健康，还应该包括社会的健康。甚至于可以说社会健康是保障每个人生命健康和安全的前提，离开了社会健康，生命的健康和安全很可能会面临极大的危险。因此，社会的健康对于国家和人类而言，具有极其重要的地位，是国家发展、民族复兴和人类进步中最基本、最基础的要素。教育不仅要培养身心健康的学生，还应该将学生培养成能够维护和促进社会健康运行的建设者和接班人。

学习是人类的天性，是学生最自我的行为

学习是人类与生俱来的一种遗传素质，每个人一出生，就开始了探究未知世界的学习之旅。幼儿不需要父母或成年人刻意而为的“教”，就能够学会走路，学会讲话，而且一旦学会了说话，孩子碰到新奇的、他不懂的事情，就

会不停地追问："这是什么？""那为什么？""这应该怎样做？""那又该怎么办？"……所有这些问题的提出与解决过程，就是孩子接受新知识、解决新问题的持续学习过程。从这个角度看，学习是人类的天性，学习的过程就是一种不断适应外部环境的过程，学习的能力就是一种在社会和自然环境中生存与发展的能力。学生通过学习而获得或内化的能力，是他立足社会的基础，制约着他人生发展的高度与宽度，而且这种能力只归属于每个生命个体自己所有，任何人都无法以任何方式抢占，所以，可以说学习是学生最自我的行为，这是任何人无法替代，也不可能相互交换的。

疫情之下的"线上教学"阶段，教师与学生通过网络相连，没有面对面的指导与督促，这时候更需要学生高度自觉性的自主学习。在"线上教学"动员会上，我特别告诫同学们："线上教学"的学习效率与效果取决于学生对学习的欲望与追求，取决于学生的选择与责任，取决于学生自主学习的自觉程度。我告诉大家："你的学习状况与未来发展的可能，就掌握在你的手上，谁也替代不了你自己的学习，谁也改变不了你对学习的付出程度。"其实，对每个人而言，对于学习的态度与付出，直接影响着学生在学习过程中所取得的进展和收获，都是属于自己的，任何人都无法占有学生因学习而取得的进步与发展，决定学生学习发展水平的是自主安排空余时间的能力，决定未来人生高度的是科学管理闲暇时间的能力。

面对新冠肺炎这场人类灾难，通过在线教学背景下对于学习本质的追问及健康需要的审视，我们应该更加清晰地认识到学习是为了使生命个体拥有更加美好的人生，使我们共居的这个世界更加美好。而个体及社会的健康是这种美好最基础的条件和最基本的特征，所以，学习的重要目的之一就是为了让每位学生具有健康的体魄、健全的人格、强大的内心、自由的灵魂，让学生共生的社会具有民主的环境、科学的理性、法治的规范和文明的生态。

为了人类更加健康，学生的学习任重而道远，我们的教育更需上下而求索的持续变革与创新。

在线教学，更要关注公平与质量[①]

自新冠肺炎疫情暴发以来，全国各地按照国家教育部要求，纷纷推出“战疫”期间“停课不停学”的实施方案。上海也在继“寒假延长期”补充作业的在线辅导之后，于3月2日正式全面开展全市中小学的“在线学习”。在不到一个月的时间中，全国各地的教育者主动担责、积极作为，克服种种困难，有力地保障了学生疫情期间正常的学习和生活，以实际行动践行着初心和使命，体现着教育者的责任和担当。尽管如此，伴随“在线学习”的开展，随之而来的是网络上的各种声音，特别是家长对“陪读”的抱怨，对孩子视力的担忧，对在线教学质量的疑虑，对教师技术运用能力的质疑，等等。事实上，透过现象看本质，我们会发现，家长意见与社会关注依然是教育中的两大关键问题，即公平和质量。那么，面对意见甚至批评，我们基层学校与一线教师又应该怎么做呢？

确保“人”要到得齐

“人到齐”关乎教育公平。对学校来说，面临的第一个挑战就是怎样让师生一个不落地“卷入”作为“正式”教育场景的“在线教学”中。之所以把“在线教学”称之为“正式”的教育场景，是因为它不再是之前老师课堂教学之外自发的课题研究，不再是学生学科目标达成基础上自主的拓展学习，即它不再是以往我们认为的学校“正式”教育教学基础上的补充，而是在全新环境下，以无法选择且全新的方式去同样完成学校教育教学内容，去达成教育教学目标的行为全部。因此，无论对孩子、家长还是学校而言，参与“在线学习”以完成教与学任务，既是权利也是义务，它不再具有选择性

① 本文作者：上海市教育学会宝山实验学校校长徐谊。

和替代性。然而，家庭的物质条件、成员结构，孩子的学习动力、学习基础、学习方式、学习能力、自我管理能力，教师的教育教学理念、教学方式、专业精神、专业能力，这些影响孩子学习表现的问题，在以往传统环境下也许还不突出或不关键，也许家长并没有意识到或不聚焦，也许通过教师和学校的主动作为或额外付出得以有效弥补的话，那么问题在当前特殊时期的特殊情境下被放大，主体“边界”变得格外清晰。因此，对学校而言，不能让孩子因为家庭的差异而影响获得在线学习的机会，不能让教师因为孩子学习的差异而导致在线学习过程的差别对待，不能因情境的特殊而弱化内部组织管理、教师团队建设和学科均衡发展，必须做到“一个都不能少”。

“人到齐”需要学校实践样态的系统转化。要确保“人到齐”，学校当前必须思考并努力解决以下两方面的问题。首先，设备与技术的准备，即如何确保每一位师生拥有在线教学的硬件条件以及所有师生具备能够熟练使用软硬件开展在线教学的技术能力。其次，教育教学和管理的全要素转化，即如何把之前线下的德育建设、课程教学、队伍发展、组织管理等学校发展要素，基于“在线教学”这一情境，进行全方位、匹配性的规划设计与创新性实践，特别关注学校组织文化与学科团队建设，教师师德修养和专业精神发展，学生学习动力和自我管理能力培养，家长家庭教育和心理建设能力的指导，在确保“人到齐”的基础上，做好“心聚拢”。

确保“底”要托得住

“托住底”在于提高质量。客观来说，对很多基层学校和教师而言，“在线学习”“在线教育”“智慧教学”等词汇，之前还是既熟悉又“遥远”的事情，还停留在“命题”“课题”的思考和探索阶段，现在这场突如其来的疫情，却让所有人在并没有做好充分的思想与专业能力准备的情况下，都不得不大踏步地走进“互联网+教育”。正基于此，各省区市纷纷采取措施，集中最优秀的教师制作统一的教学视频，又提供统一的课表，最大限度地还原学生熟悉的学习场景与方式，“托底”在线教学的质量，以最大的努力缓解学生和家长的焦虑。因此，对学校而言，“托住底”就是要确保在“人到齐”的情况下，直面准备不足等问题，研究校本化的“托底”方案，确保质量，真正把“底”“托住”。

“托住底”需要学校实践内容的精细操作。要确保“托住底”，学校当前必须思考和着力解决这样三个问题。首先，基于在线视频学习的有效性问题。它应该包括：明确更为清晰的学段或学科教与学流程，即不同学段或学科在在线教学中一天（也包括一周）完成哪些基本教与学的环节或任务，通过怎样的方式或技术平台完成；明确更为精细的学校和学科基于在线视频的教师备课要求，即如何“连接”视频，如何基于在线学习的规律，制定教学目标、预估学生问题、设计互动教学时更有效的驱动性任务或问题，完成更有针对性、差异化、多样化、精简的作业和检测设计；明确更为具体的学生在线视频学习的学科学法指导，即如何基于在线视频学习做笔记、记问题，如何处理听不懂或来不及思考的情形，提供学生视频观看时的学科笔记模板或具体要求。其次，视频教学后教学互动的有效性问题。制订学校互动答疑的统一操作标准，包括“平台互动”和“直播互动”两种方式的活动流程、教师与学生从开始到结束主要环节中的行为要求。最后，在线学生和学习管理的有效性问题。它应该包括制定并明确不同学段与不同学科师生参与在线教学的评价方案，不同学段基于在线教学的班级建设的评价方案，基于在线教学的校本教研制度与活动方案。

总之，特殊时期让“互联网+教育”不期然地从“一个人的一大步”变成了“一群人的一小步”，它对推进中国教育现代化有着积极而深远的意义。无论当前我们面临怎样的困难，必须直面问题和挑战，学校必须主动拥抱变化，努力升级学校，教师必须优化教学方式，真正赋能学生。

技术时代，更应关注教学的艺术①

疫情期间大规模的线上教学，是教学和现代信息技术的一次普遍和深度的结合。很多人认为，线上教学方式代表着教育的未来，是减轻学生负担和实现均衡教育、自主学习的有效途径，是未来十年的教育大趋势。但这种观点值得商榷。师生和家长对线上教学的意见不少，教育部也反复强调“不得强行要求学生每天上网打卡、上传学习视频等，防止增加学生不必要的负担”，不主张教师当“主播”，这都说明了线上教学还是有很多问题的。教学是门艺术，而不是技术。课堂上教师要和学生“眉目传情”，课堂下要和学生“促膝谈心”，教学要的是温度和情感。线上教学可以使现代教学“如虎添翼”，但其地位只是“翼”。作为“翼”，这次大规模线上教学实践对我们以后“线下教育”这只“虎”的发展还是有很大促进作用的。下面谈谈我们学校的一些做法和想法。

教师层面：进入“空中课堂”，探索名师足迹

这次上海市教委的“空中课堂”，由一流教师执教，每节课只有20分钟。要按进度讲完必须的内容，的确是一个很大的挑战。我们平时一直追求有效教学，但效果并不尽如人意。通过一流教师执教，进行短时间、大容量的教学，无疑对“有效教学”会有很大的引领作用。所以我们学校要求教师按照市教委的课表进行教学，全体教师认真听课，跟随名师脚步，突破教学瓶颈。

作为语文教师，我特别关注了长宁区教育学院教研员魏新磊的教学，果然耳目一新。比如在20分钟里讲三首新诗，似乎是“完不成的任务”，但魏老师

① 本文作者：上海市第三女子初级中学校长陆武。

“精准把握”重中之重，不仅每首诗都抓住“牛鼻子”，讲出各自特点，而且还有三首诗的相互比较，重要的是还重视了诗歌的朗读教学。这的确是一种功力的展示。

市三女初长期以来一直在探索有效教学，“精讲”“精练”“精测”的“三精”教学实践积累了很多经验。这次线上教学，听了“空中课堂”的教学后，大家以“空中课堂”为案例，结合自己“求精”经验，开展教学研讨，效果不错。

从今后发展看，以线上这种高水平“真刀真枪”的教学实践来促进教学研究，引领教改方向，示范教学行为，将是不错的方法。比如今后每个学期全市统一安排，由各学科名师执教某一周的“空中课堂”，全市共享共研，也是值得探索的。

学生层面：立足“问题导学”，引导学生善学

线上教学将有力促进学生提升自主学习能力。但学生线上学习的自觉性，却是要靠线下培养的。人的学习是有规律的，比如学会提出问题、分析问题和解决问题，就是提升学生自我学习能力的重要内容。市三女初一直坚持“问题导学”的实践探索，问题导学就是以“导学单”的形式，课前学会提出问题，课中和教师一起分析问题，课后通过作业举一反三解决问题。

这次线上教学，我们教师将“问题导学”和“空中课堂”成功对接，学生以导学单做好课前预习，以导学单学习名师的思维方法，以导学单完成知识迁移。导学单将“空中课堂”的课前、课中、课后贯穿起来，完成师生“互动”。运用导学单还有一个好处，就是学校教师在设计问题时，能结合学生特点，结合学校的学科特色，结合区域教改重点，将自己的智慧和名师智慧融为一体，使“空中课堂”成为“学校课堂”。比如，长宁区的“分层作业”探索是“课堂工程”的重头戏，对因材施教、提升学生学习能力实效显著，而线下导学单运用，能够使“线上分层”得以实现。

学校层面：搭建“个性平台”，突出学校特色

这次线上教学，各类“平台”应运而生。这些大型平台虽然技术成熟，但个性不够。我们学校建设了一个自己的平台“慧学空间”。“慧学空间”并不是“战疫”的产物。当时是为建设学校“课程实施与管理平台”而专门设计的，集学校管理，学生选课、学习，教师监督、评价于一体。这次线上教学“慧学空间”作为“个性平台”辅助使用，效果良好。“慧学空间”长得好看，每个窗口画面是学生自己设计的，很受学生欢迎。它也受教师欢迎，能根据教师要求不断改进，如今只要点开作业，直接就能批改，然后可一键反馈给学生，相当便捷。它还适应学校的学科特点，根据学科要求显示学校学科教学的特殊要求。

线上教学是我们必须面对的挑战，教师的线上教学要保证实效性，学生的线上学习要提升自主性，师生运用的线上平台要在灵便性的基础上追求独到性，线上线下相互结合，教学就能如虎添翼。

在线教学，你准备好了吗①

时代按下了“在线教学”的快进键，“在线教学”跑步入场，由原来的“辅料”变成了“主料”，不论是学校、教师，还是学生、家长，你准备好了吗？

本次中小学在线教育遵循“同一学段、同一播出时间、同一批授课老师”的原则，“一源双师多渠道多终端”，由全市优秀骨干教师按照课程标准录制相关课程，由上海微校、IPTV、有线电视、互联网播放，学生可以通过电脑、平板、手机等多种终端听课。学校任课教师与学生一起听课，运用互动工具了

---

① 本文作者：上海市崇明区教育学院副书记、副院长吕波。

解学习情况、辅导学生学习。每节课播出结束之后开展课后辅导，也可自主选择适当的时间，通过音视频互动或文字互动，开展在线互动。

在线教学测试过程中我们发现了一些问题，这些问题往往不是来自在线教学自身，但恰恰反映出我们对在线教学的认识和准备不足。常见的问题如：平台卡顿缓慢，班级群多而乱，校本资源缺乏；直播形象不佳，互动言语随意，师生技术生涩；课与课切换迟缓，学生点赞刷屏，掉线失联；双师讲课内容衔接不上，课件制作粗糙，教师重复讲解，师生互动的内容与方式没有准备好，作业要么没有、要么过多等。仔细分析，上述问题的核心还是“准备”不足。

为了确保在线教学的效果，学校应做好五个准备。

教学管理准备

学校针对“在线教学”“在线”的特点，转变管理理念与方式，要“在线”管理，理念在线、意识在线、行为在线。在线教学对教学的管理不是松散的、无序的、自由的，而是严谨的、有序的、个性的。要真正落实“一校一策”“一人一策”。学校对年级班级要有整体架构，从年级管理到班级组建，从班级课表到教学进度表；从德育心理到教务教学；从平台支持到技术服务；从教师上课到学生学习；从学校到家庭。层层落实，人人有责。因同一课表，所以很多学科会合并班级，或一个老师与原多个班级学生互动。尽量减少学科群，尽量不要一个老师一个群，减少学生切换班群。新建立的网络班级成员包括：网络班主任、班级网管技术员、任课教师、学生、家长。

平台与技术准备

目前平台很多，如企业微信、钉钉、晓黑板、腾讯会议、腾讯视频、QQ课堂、超星学习通等，学校要自己遴选、逐个测试。要根据学校在线班级的特点，重点从“容量”参数方面考量，即多少人可以同时进入，确定下来后与公司协议制定实施保障方案。学校有专人负责平台的维护与技术服务，每个班级群里都有专人提供技术服务，第一时间解决遇到的网络技术问题，降低教师、学生的焦虑感。针对没有学习终端的学生要有补救措施方案，也就是一生一策。做好全体教师相应的技术培训，教师要学会调试线上教学的相关硬件，如电脑（或PAD）、摄像头、耳麦、手写板等，并确保所有软硬件运行正常；熟悉相关平台的操作流程，熟练操作各种软件。

教研与资源准备

学科教研组要开展基于网络的校本教研活动，要依托网络强化教师集体备课的作用，要建立更加完善而有效的网络教研机制，定期开展网上教研，交流课程资源、备课成果，研讨教学方式。学校、教研室可组织在线听课、在线评课、在线研讨等在线教研活动。本次在线教学，在使用好、利用好市区教育资源的同时，学校应遴选并准备好充足的且经过审核的校本在线教学资源，尤其是初三、高三校本课程资源。交流、研讨、分享校本资源，如在线教学教案、学生学习案或者活动案、教学课件，课上巩固练习和线下作业等。

教学与评价准备

在线教学的学习方式与线下的学习方式不尽相同，学校要做好转变教学方式与学习方式的准备。在线教学是通过网络、电视、广播、手机等渠道，采用直播、录播、点播等方式进行的。通过网络进行交互式学习，学习者可以利用网络工具向老师提问、与同学讨论问题，教学方式多样化，不受时空限制。学习的决定权从教师转移给学生，在这种模式下，教师不再占用课堂的时间来讲述信息，这些信息需要学生在课后自主学习。学生自主学习、独立学习的能力尤为重要。这也要求在线学习的课时不宜过长，作业不宜过多，内容不易过繁。学校可开展在线学习的学习方法指导，从网络学习工具使用、在线笔记方法、在线讨论规则、在线学习奖惩措施等方面对学生进行统一指导。指导学生利用网络信息技术的特点，及时整理归类、查缺补漏，利用思维导图等工具形成知识结构等。在作业检测与评价方面，学校指导教师要根据在线学习的特点，科学、多元设计作业的内容和形式，布置分层作业、实践性作业、调研报告和文献资源检索性作业等，不要布置过多过难和学生无法独立完成的作业。探索在线学习背景下基于网络信息技术的评价内容与形式。

身心健康与家校合作准备

全面育人、学生为本、健康为重，在线班级管理的作用更为重要。学校要组织班主任安排好在线班会课和团队活动、在线德育主题活动和心理健康咨询辅导等，利用网络特点，采取灵活的方式与形式，切实加强主流价值观教育和心理健康教育。与家长建立畅通的沟通渠道，及时了解学生的学习生活、身心健康情况、学习环境与条件，关注学生的体育锻炼，确保每天体育活动时间在1小时以上，鼓励并指导学生参加力所能及的居家劳动等。针对学习困难的学生制定个性化的补救方案。如学生居家观课，终端是电视、电脑还是手机？有课桌吗？学生坐在哪里？手机在线时间多久？假如掉线了，能第一时间联系上吗？有没有结对的导师或者互助的伙伴？每天谁负责他第一时间上线？这些问题都要一一落实。

本次“在线教学”，基本是“优课示范、双师教学”，市优质课程资源起到了“托底”的作用，课时一般是20至30分钟，实践下来反馈良好。接下来10至20分钟由本地教师负责“互动”，答疑解惑。实践下来，把握“互动”度还需要一番气力，也需要我们教师再准备。

前期遇到的一些问题，在正式上线教学不到一周的时间里基本都解决了，教师很有智慧，又很勤奋，改进、进步很快。如提前准备好了电脑、手机、耳机、话筒等硬件，熟练掌握了工具的操作方法，直播时注意选择光线明亮、没有噪声的空间，注意服装仪表，尽量减少进入“主播”模式而是共享课件屏幕，主动试播、连麦、调音、切屏，力求向学生呈现最美的教师形象，等等。

现在遇到的“硬核”问题是“教学质效”。其一是两课有效衔接问题。如何让上下两课、两师同一内容、同一目标、同一重点与难点，让上课、解惑、作业一致。其二是互动的内容与形式问题。互动的内容过多或过于跳跃，学生来不及、跟不上，没有起到答疑解惑的作用；或者加大了学习的难度，无限延伸拓展；或者另起炉灶，再讲另一个内容，增加学生的负担。互动的形式没有依据班级、学生、教材特点。班级人数过多不适合提问、低年级学生不适合互动；采用的互动形式单一、费时，没有根据网络特点进行；也有的不适合视频连接非要视频连接，卡顿费时，影响其他同学在线学习情绪等。其三是作业的布置与检测不适当。作业布置得过多，下课后学生要在线完成，使学生在线时间过长；作业内容与上课内容不一致，没有起到巩固作用；作业形式没有考虑网络特点，需要打印出来完成，有些学生有困难；作业完成形式要么单一，要么烦琐，比如签字拍照上传。

在线教学让师生时空分离，基于媒介的线上教育更凸显实施“主动·有效”课堂的重要性与必要性。“主动·有效”课堂需建立以学习者为中心的学习模式，教师为学生的“主动学”而教，“学”是教学的出发点与落脚点，教学围绕“学”来组织、设计、展开，实现以教促学。

在线教学，学生也同样要准备好。主动参与学习，学会自主学习，准时登录学习平台，按课程表时间积极参与在线学习，养成良好习惯。课前，提前做好学习准备，完成预习任务；课中，认真聆听按老师要求做好笔记，参与互动；课后，认真完成作业，不断巩固知识加强复习。学生学会自主学习是在线教学最核心的本质。在线教学，会让自主自立的学生更加优秀，也会有部分学生“无助”“无序”“无语”。对于学习困难的学生，我们一刻也不能放松，要人盯人，在线时时反馈、全面了解、个性指导、解答疑难。此外，学校、教师也要同时做好线下衔接、补正、辅导的准备。

议题五

如何从学习的本质来思考未来的学习

从“停课不停学”的实践中，我们发现，未来的学习真正可以时时、处处发生，去学校上课将不再是强制性的，而只是一种选择。此时，更需要我们透过纷繁的现象，重新思考学习的本质规律。比如，在线环境下，怎样真正实现以学习者为中心的学习？如何帮助每一个学生形成自我调节学习的能力？同样的知识，如何以适应新的学习环境的学习方式来学习

共建学习者中心的在线教学①

线上教学对教师是一个巨大挑战。镜头下、视频中、网络上，教师的言谈举止像是被置于高倍放大镜下观察。线上教学，不是我们想象中的上个网、通个视频那么简单，而是有着自身的运作机制和规律的。我们现有的教学理念、内容、方法、策略以及各种保障系统，面临的是一场考验。

“以学习者为中心”是2000年以来我国及世界众多国家和地区的教学改革

① 本文作者：华东师范大学教育学部教师教育学院教授裴新宁。

所追求的理念之一。大家一致认识到，教与学中所有的一切都是关于学生从新手到能手再到熟手的发展过程，教师要从教学的控制者，变为学生学习与发展的帮促者。相应的，在教学设计专业领域，“学习者中心”作为与“内容/流程中心”相竞争的取向，尤为在线教学所倡导，并被认为是在线教学的一大优势。然而，2020年伊始突如其来的疫情，把教师们纷纷推拥到线上开课，在线教学的这一“学习者中心”的优势并未如愿地发挥出来。

线上教学不是简单的课堂搬家。教师们发现，线下课堂上自己娴熟驾驭的套路，很难在线上施展效力了。在线不在场的这种“距离”实际构成了隔阂，像一堵半透明的墙，把师生分离开，学生一方的真实反应经过这种“距离层”的过滤，变得模模糊糊，让教师琢磨不透，变得无法掌控。按照在真实课堂中的灌输式讲授，“自我翻车”事件出了不少，更不用说网络不畅、硬件不具备而导致的各种没想到的状况。有人说，大家都忍一忍，先坚持这么讲下去，等春天来临。然而，我认为，更有希望的做法是，拥抱技术，跟着时间，向着春天前行，从现在开始来一次对自己理念和实践的彻底更新，共同建立真正走向“学习者中心”的通路。这是刻不容缓的。

学习者中心的教学理念

“学习者中心”的教学理念我们并不陌生。“学习者中心”这一取向涉及社会系统变革、心理学、学习科学、学习环境论、社会学等基础。配合当前教学的现实之需，并围绕教学设计工作，我想主要从以下三个方面进行回顾。

（一）教育系统的两种范式：分等VS学习

教育从工业化时代的“分等”“筛选”范式，走向信息时代“学习者中心”的学习范式，以满足所有学习者的教育需求，建设学习型社会，是20世纪末期以来全球教育系统变革的诉求。众多教育理论家、技术学家，特别是教学设计专家，都在为这一理想而努力。一些激进派变革论者倡导创建一个全新的教育/教学系统，而不是仅仅对固有顽疾系统的修修补补。

虽然已经步入信息时代了，但我们熟悉的学校系统设计大多仍是基于时间的。比如，我们一度熟悉的类似“决战课堂”“向45分钟要效率”等口号和行动，其实质是想通过加大“输入的量”、扩增“活动形式的覆盖面”等途径来看到改革成效，但是这些倡导和做法是基于恒定时间的，方便的是集体性的、步调一致的教学活动、教师统一管理和基于常模的评价。由于任务量的增加，造成过度教学，强化的是灌输和操练，这样的“改革”途径非但没能减轻，反而加重了师生负担。

这种途径忽视了根本的一点：学习者（人）的理解是一切学习的基础，影响学习者（人）掌握知能的因素是多元的。而这是学习型教育范式以及学习者中心的教学系统的基本立场。由此，这一范式主张不以时间为限定，而以目标达成为追求；个人可以选择步调实现目标，并拥有学习的自主权；基于丰富性且更多是开放性的资源而学习；基于标准来评价达成度，并激励每个人都有所发展。

今天我们的在线教学是否可以克服灌输模式，而践行上述学习型教育范式的理念呢?

（二）学习者中心的学习环境：关键要素

与上述教育系统变革诉求对应，很多教学系统设计者呼吁并着手创建学习者中心的学习环境。学习者中心的学习环境考虑的主要因素包括学习者、知识（已有知识和目标知识）、共同体和评价，依据的是学习发生的原理。在语言教育和科学教育等领域，国际上成功的学习环境已有不少。这里我总结了几个基础教育阶段的科学学习环境的设计基础，其价值立场概括起来主要体现在承认学生带入教学过程的观念和文化对学习的重要性。

其一，教学从学生的已有知识/经验出发。让学生“暴露”既有、进入“冲突”、开展“辨析”或有引导的元认知活动等，是常有的内置功能。

其二，对学生的文化实践以及这些实践对课堂学习的影响保持敏感。环境会提醒或助力教师了解学生的家庭、社区文化实践、常用语言，并将这些结合到教学中；教师十分关注学生的作品实践。

其三，重视学生的话语实践，促进将日常话语和关于科学的话语活动与学生的科学理解相协调。科学课堂中学生的话语常常表达了多种意图或声音，不仅有科学意图（提供论据支持他们的论点），还有社会意图（学生常常把自己作为某个特定类型的人来谈论）。教师引导学生聚焦在科学意图上对多重意图进行回应，会有助于学生根据这些回应形成意义，并将这些自己建构的意义与科学主张的境脉建立联系。在通常的科学课堂上，许多学生，尤其是那些话语不占主流的学生的科学观点常被忽略，社会意义更是常遭规避。倾听多重意图的声音是在线教学的优势。

其四，使用专业学习（如科学家实践）模式作为干预。科学家个人经常使用假设、模型和推理等进行实践，时常需要论辩和同行审议等实践。这些能力是需要学生学习的，学习环境也应该提供这些专业学习（实践）的框架。

虽然这样的经过系统化设计的学习环境在我国还有待加强建设，但其所包含理念和特征是可以借鉴并用于当下在线教学之中的。

（三）学习者中心的教学设计任务：为更有效的学习

现代教育技术应用开发领域有两个值得注意的设计方向，一是面向企业的“用户中心的设计”，二是面向学校教育的“学习者中心的设计”，两者的核心任务是不同的。学习者中心的教学设计的核心任务在于：支持学习者跨越领域专长（专业知识和能力）上的差距。也就是说，以学习为目的，通过教学设计，让学习者用好工具，帮助他们学习由领域新手成长为领域熟手或专家。为此，后者在设计技术环境时要结合以下关于有效学习的主要原则。

其一，主动建构。学习者主动地从事心智工作（通常需要浸润在真实的实践中），以形成关于该工作的更好理解。

其二，情境学习。学习者在具有社会性和思维性支持的境脉中工作，从而可以“看见”知识如何用于真实实践或者如何在实践中生成。

其三，对话。学习者与共同体的其他成员（专业人员或其他学习者）进行对话，以讨论他们的想法并进一步发展理解。

其四，共同体。学习者接触实践共同体（或文化）。参与共同体实践作为一种途径（可以通过“超链接”），使学习者获得社会支持、主动建构知识、学习专业话语。

这些任务设计的原则，也可以为我们教师在线教学所用。

在线教学：内容为王，设计为大

过去我们认为由于实体课堂的时空有限，学习者中心的教学理念难以实现。而如今这一限制被打破了，我们可以尝试把“理想”化为现实实践了。然而，一切并不都是自然发生的，习惯是需要刻意地改变的。

教育无处不在。一些基本教学工作也不能因疫情而拖延，“在线”成为必然的应对方式。在现有条件下开展在线教学对教师专业发展提出了情境性要求，教师及学校需要做出调整，克服种种不适。不过，教师这个工作本身是最需要、也是最有机会不断学习的职业，应对不断变化的挑战也是教师专业胜任力应有之义。好在信息化建设已经为我们提供了一定的技术保障。我想，技术之用在于服务。生活和教学现场中越是好的技术，其门槛就越低。所以，选择自己可以学会并能驾驭的技术，顺利地开展在线教学是可以做到的。教师们要有信心。

想起前些年我在境外求学和工作时，不时地接触到一些教学和研究的支持技术，在国内自家习惯了充当“技术盲”的我，偏偏遇到的几个团队都是高技术素养的。所以，必要的技术工具学习就成为我自设的第一课，否则再好的语言水平也无法有意义地加入对话。每到一个新团队，我就作为技术学习者边缘地参与着，并在这个过程当中比较快地适应了团队的工作方式。可以说，工具帮助了我的新学习和文化理解。我也认识到，工具可以塑造思维并关系到知识生产的质量。

近期我试了几个在线教学平台，也旁听了一些中小学的线上课堂，一些教师的创意和努力令人赞叹，在线教学活动已经做得很有起色。但说句实话，专为教育学者们追求的有效教学理念而建设的教学/学习的平台，好用的不多（至少对我这样技术素养不够好的用户而言），学科特定领域学习上的灵活性、适应性等特征还需要补充，内容、进程与技术的整合度还可提高（否则对授课人的要求太高，在缺乏教学助理的情况下，自己必须同时是技术高手和教学高手）；许多平台主要是面向讲授（传播）的，仅依赖在这样的平台上开课，互动是受限的。再说，习惯于课堂讲授的教师，若未经过专门训练，在镜头下、屏幕上的效果也往往是打折扣的。

有几个远程会议系统可以方便地满足某些教学互动目的。我试了用腾讯会议和Zoom准备研究生课程，觉得还是挺便利的，比如自己按需补充一些文献分享操作，这些对技术素养要求不太高的特征可以满足学习者中心教学的部分理念。对教学经验丰富而在线技术不熟练的教师们而言，选择功能简单够用、方便和稳定的平台，是首要考虑；确保教学流畅是让教师专心于教学互动的关键。有了这样的平台支持，接下来需要做的就是对教学过程和教学内容做出精心设计。所以，还是回归到这一点：在线教学，内容为王，设计为大。

教师如何应对眼下的挑战

线上线下教学的交替和整合必然且已然是教育教学的常态。我认为，在科技竞争加剧、生存环境之和谐不断被打破的世界，每个人都必须是强大的学习者，对新工具的掌握我们不能再坚持可有可无的侥幸想法。作为人才质量保障的教师教育须重新审视培养体系，应重视在线教育学的建设，将在线课程教学设计和开发作为师范生必修课，应把信息化教学设计技能、教学工具（特别是数字化工具）的熟练掌握作为需要落实的指标。这就要求教师教育者首先做出转变，成为先行者。当然，转变很不易。可是，试想一下，为什么生活中自己离不开信息技术，研究中不断夸赞技术如何重要，而在课堂上用技术却感觉那么不舒适呢？还是一个习惯问题，包括思维习惯，这只能刻意地做出自我改变。与此同时，学科教学的适应性技术成为迫切呼唤。

其实，要做的很多，需要改变的也很多。需要重新认识师生关系，课程、内容、结构、课时等定义都要重新思考；评价和反馈手段要更新，要更加灵活、便利和丰富化；技术环境要具备功能强大的支持性工具；学习资源要持续储备、按序分类、不断整合和更新，并确保健康性和育人性价值。这些工作都是浩大的工程，是充满复杂性的系统工程，都不是教师一人可以做好的工作，而是需要许多人的协力和社会各层次的联合行动。教育研究学者们也要投入这种转型的研究之中，因为急需基础性数据来提供转型有效性的证据，需要重新发现和确立有力的理论指引。教师们通过诸如此类的切实努力，为发展学生的核心素养注入具体内涵，为新教学行动充实意义。

必须加大力度探索技术支持的课程学习。国内外许多研究和实践表明，对儿童及青少年来说，在互联网时代开展有效学习，仅有App是不够的，此次非常时期，虽然各种App竞相登场，但缺乏对线上线下教学的整体设计，缺乏学习理论的指导，App也很难发挥作用。有不少的“智能化”云平台帮助的是“灌输”，帮助的是碎片化操练，而不是理解，难说有效。

我们需要的是支持儿童及青少年学习过程的系统化技术设计，这需要以人的学习（而非机器学习）本质为基础。要考虑语言、科学、历史等人类的学科学习的特异性，比如语言生长、历史建构和科学理解等发生的过程机制，开发适应性的学习环境和专门化支持工具，而不是仅限于大一统的平台和工具。这一方面的研究和开发我们还很欠缺，学科学习的一些关键机制我们了解得还很少。

对于教师来说，首先，要思考自己如何当好学生学习的促进者、组织者，并积极地成为激励型的、富有热忱的教师。这是线上教学对教师尤为重要也是最基本的专长要求。比如要与同事展开更密切的合作，对学生抱有高期望，多倾听学生，让学生多提问，欢迎学生的错误，连接真实情境、引发概念性理解。

其次，把新环境下的互动过程和所遇到的种种挑战，作为开启自己新的专业发展的机遇，想办法把这些互动过程中的数据收集起来，研究它们，找到自己教学变革的突破口。教育问题与医学问题的解决路径有时很相像，理论与实践是双向互动的，从经验出发——提炼理论——改进实践——精制理论，这样的迭代与从理论出发的研究同样具有很大价值。

作为教师，从自己开始进行转变，给学生赋权、增能，同时自我专业也会得到成长。

基于自我调节学习的在线教学策略①

在抗击新冠肺炎的特殊时刻，全国各级各类学校为了师生的身体健康，均延迟开学，但是“停课不停学”，许多学校开启了“直播课堂”，让老师和学生们在家上课，进行在线教育。尽管在线教育并不是新名词了，但是在全国范围内大规模实行还是暴露了许多问题，例如网络基础跟不上，硬软件出现各种突发情况，学生的自我监控能力不强，等等。除了技术上的问题，在线教育如何才能真正使学生受益？

在线教育的效果与学生的自我调节学习能力（Self-Regulated Learning）有着密切的联系，自我调节能力强的学生在“直播课堂”这样的环境下优势就明显地凸显出来了。本文将从自我调节学习出发，探讨在线教育下教师如何行动才能更好地帮助学生学习。

---

① 本文作者：浙江大学教育学院课程与学习科学系研究生朱秋禹，浙江大学教育学院课程与学习科学系副教授刘徽。

什么是自我调节学习

在线教育的质量跟学生的自我调节学习能力的高低密切相关，那什么是自我调节学习？自我调节学习又具有哪些特征？

一种观点认为自我调节学习类似于人格结构，是对个体未来的发展具有持久影响的一种能力；另一种观点认为自我调节学习是个过程，是一个时间段内所拥有的特征。因此，自我调节学习既可以看作一种动态的学习过程，又可以看作一种能力，不仅能使学生的学习成绩有所提高，同时还能成为学生终身学习和发展的基础。也有学者将自我调节学习称为自主学习、自我监控学习、自律学习等。

“自我调节学习”这一概念最早是由巴里·齐默曼（Barry Zimmerman）提出，强调学习者在学习中的主体地位。按照齐默曼的观点，自我调节学习是学习者在一定程度上从元认知和动机以及行为方面积极主动地参与到自己的学习活动中的过程，是指学习者系统地引导自己的思维、情感和行为，使它们指向目标实现的一种过程。自我调节学习包含多个循环阶段，菲利普·温内（Philip Winne）和艾莉森·哈德文（Allyson Hadwin）提出了一个包含四个阶段的周期性模型：任务理解—目标设定和计划—策略制定—策略调整。桑纳·雅维拉（SannaJärvelä）等人研究发现，在“策略调整”期间，监测对于策略调整的有效性至关重要，学生对于自我学习过程的监测水平直接会影响学习策略调整的情况，是自我调节学习循环过程中的关键环节。

自我调节学习有以下特征——

第一，自我调节的学习者有明确的学习目标，对所要进行或正在进行的学习活动有较为清晰的整体性的认识，并相信自我调节有助于提高学习的效率。

第二，自我调节的学习者能系统地运用元认知、动机和行为方面的策略进行学习。

第三，自我调节学习是一个不断循环的反馈回路。

第四，自我调节学习并不要求学习者孤立地学习和绝对独立地解决问题。一个自我调节的学习者在面对复杂的学习任务时，往往善于运用各种资源，包括物质的（如参考书）和社会的（如向更有知识和能力的人求助）资源。

第五，自我调节学习是一个需要意志力的过程，需要学习者付出时间和努力。

自我调节学习已经在网络学习中得到了广泛的应用。雷内·凯泽克（Rene Kizilcec）等人研究了自我调节学习策略对于MOOC学习者学习行为和学习目标的影响，研究表明，具有较强自我调节学习技能的学习者，可以更快地学习和超越那些较弱技能的学习者，而且能够做到有计划地管理和控制自己的学习过程，达到更好的学习效果。格伦·布罗德本特（Glenn Broadbent）、里昂·潘（Leo Poon）对在线高等教育学习环境中的自我调节学习策略与学业成就进行研究，主要研究学习者的自我调节学习策略与网络高等教育成绩的相关性，结果表明，学习者的时间管理、元认知、批判性思维等与学业成就呈现正相关的关系。

研究发现，自我调节学习过程是可教可学的，可以提高学生的学习动机与学习成绩。自我调节学习的教学策略包括直接策略指导、策略练习、自我监控、适当的社会支持和自我反应等。因加·格洛格·弗雷（Inga Glogger-Frey）、凯塔琳娜·高斯（Katharina Gaus）等人对自我调节学习的教学策略进行了实证研究，分析如何达到自我调节学习的更好效果，研究结果表明，自我调节学习会产生更高水平的迁移，更加注重深层结构的准备任务，教师给予一定的自主实践指导示范优于直接指导学习。

因此，自我调节学习能力对于学生的学习过程有着重要的影响，是对整个学习过程的引导、监控和调整，在网络学习、“直播课堂”这样高度要求学生自律能力的环境下，自我调节学习的能力便显得尤为重要。不同学生具有不同的自我调节学习水平，那么，教师在进行在线教育的时候应该提供有效的支持来尽量提升学生的自我调节学习水平，从而取得更好的学习效果。

教师如何提供支持

在“直播课堂”这样的环境下，为提高学生的自我调节学习水平，取得更好的学习效果，教师可以从动机、过程、情感和评价四个方面来为学生提供支持。

（一）激发学习动机，提高自我调节的意识

现在的直播课堂由于教师和学生们都在不同的地点，进行互动没有传统课堂那么方便，在传统课堂上教师即时的关注、提醒和建议都可以引起学生对学习的注意，直播课堂更多的是依靠学习者对相关内容的积极性、主动性来激发和维持学习动机。学生们各自在自己家里往往缺乏监督，这样的环境下如果自我调节能力中的监控能力不足的话，很容易处于迷茫、懒散的状态。研究发现，学生的监控能力是自我调节学习循环过程的关键影响因素。因此，教师在授课的时候可以适时提供反馈信息引起学生注意，提高其自我调节的意识，激发他们的内部学习机制，从而主动投入学习过程中。

那么如何提供反馈信息呢？首先我们需要知道影响学生的学习动机的因素有哪些。学习者对学习环境是否认同、是否有信心完成学习任务、学习资源的质量和自己的技术水平都是影响学习动机的因素。相应地，教师要提供适当的反馈来激发学生的学习动机，例如课前指导学生为自己创设适宜学习的物理环境；积极并及时地鼓励学生完成自己的任务；精心选择或者制作学生的学习资料，为其提供优质的学习资源；在课程开展之前做好准备工作，可以组织编写网络课程技术指南，为学生提供基础的线上课程的技术指导。

（二）指导学习过程，改善自我调节的策略

直播课堂对比传统课堂的一大优势是直播课堂可以通过后台数据一定程

度上了解学生的学习情况，我们可以充分利用这些数据资源来优化我们的教学，改善学生自我调节学习的策略。具体做法可以是通过后台动态捕获学习行为，以可视化的反馈信息告知学生，并引导学生利用这一信息进行思考，发现自己学习过程中的问题，调整学习方法，改善自我调节的策略，实现更高质量的线上学习。直播课堂不仅有可以利用的后台数据，还有直播课程的回放视频，在传统课堂上学生无法重温可能错过的教学过程，但是借助回放视频就可以很方便地查漏补缺，学生可以借此反思自己的学习过程，为自我调节学习过程中的策略选择和策略调整提供反思和改进的依据。教师可以介绍和强调回放视频的作用，鼓励学生用好回放视频这一功能。

除了技术上的手段之外，教师依然需要努力提高自己的专业水平，为学生提供知识性支持——教师自身的知识素养及教学知识为教学做了良好的准备，教师幽默精确的语言表达为知识传播创造了条件，教师灵活的教学方式及策略为知识掌握提供了引导。提供高质量的知识性支持，能够提高直播课堂的教学质量，也就是说教师为学生创设了良好的环境，提供了优质的学习资源，使其在此过程中全身心投入学习，积极反思自己的学习过程，从而改善自我调节的策略。

（三）注意情感交流，优化自我调节的体验

相较于传统课堂，直播课堂一定程度上弱化了教师的作用，因为在大多数时间学生都是在无外界监督的条件下，依靠自身的管理和制约完成学习任务。在此过程中，情感交流便有些缺失，需要采取一定的措施建立与他人的情感交流来促进学习活动更加顺利地进行。

交流互动也是认知得到提升的过程。一方面，学生可以分享自己的成功经验，这样可以增加成就感和改善用户体验；另一方面，学生遇到问题时可以及时向老师或者其他同学请教，从而不断自我反思。交流互动是一个社会调节学习的过程，桑纳·雅维拉关于社会调节学习的研究发现，社会调节是自我调

节的延伸，借助同伴力量，学生在同伴交流中反思自我，从而为自己的学习策略的调整提供了依据。为了促进交流互动，教师可以灵活开展直播教学，通过互动面板、留言板或者连麦等功能搭建起师生之间、生生之间交流的渠道，并指导和鼓励学生多与老师和同学进行交流互动。

自我调节学习能力为更好地调整自己的认知过程和处理情感关系提供基础，使得学生积极地参与互动过程。学生之间彼此评价、指导，使得在线学习处于民主、和谐的氛围之中，获得更好的自我调节学习体验。

（四）完善评价方式，促进自我调节的发展

自我调节学习是“任务理解—目标设定和计划—策略制定—策略调整”的循环过程，缺乏自我监控能力的学生，常常是因为学习计划不够清晰，因此影响学习动机、学习行为。为了避免学生因为缺乏计划能力和自我监控能力而处于迷茫状态，当学生完成了一定阶段的任务之后，需要对这一阶段的成果进行适当的评价，帮助学生调整其学习计划。

具体的评价方式可以是帮助学生制订反思量表，让学生进行自我反思和评价，完成反思量表之后还可以分享交流，了解自己与他人之间的差距，激发内部动力；在线上授课平台开放学生作业互评，学生们不但能够学习其他同学的长处，还可以熟悉评价标准，发展评价的能力；评价完成之后，教师还可以提供相应的认知示范，帮助学生调整进度、改善策略，促进其自我调节能力的发展。

在“抗疫”的特殊时刻，我们通过现代技术实现了“停课不停学”，但是真正达到好的教学效果不仅需要技术上支持，还需要教师和学生的共同努力。学生需要有良好的自我调节学习能力，教师需要为学生发展自我调节能力提供支持。掌握了技巧和方法，发挥线上教学的优势，线上教学的效果同样不输线下教学。

具身学习——“疫”境中的学习选择①

在“停课不停学”的政策推动下，不少在线教学的技术问题已在多方协作之下陆续得以解决，更大的挑战源于对学生学习的设计。除了学校传统的知识学习，学生在居家环境中还可以有怎样的学习方式？具身学习理论为教师的学习设计提供了另外一种选择。

具身认知理论：具身学习的理论基础

我们先来看这样一幅画面：一个还在牙牙学语的婴儿跨坐在秋千的中间，她轻轻地将自己的身体从秋千的一边倾斜到另一边，感觉好像从一边向下倾斜然后又返回来。这个小孩无法用简单的词语表达自己的感受，那么，她从这个非语言的身体体验中学到什么了吗？答案是肯定的。正像在跷跷板上玩耍的孩子那样，他们发展的平衡能力远不止身体协调，他们还在建立一个“相等”的身体感觉，这种感觉也许有一天会让她了解社会公正的道德推理。上述情景表明，在不止是一种感觉的意义上，学习者正在以具身的方式学习。认知是具身的，任何学习的发生都必须是基于身体的，甚至是学校中发生的学习类型——以语言和抽象概念为主的学习亦与身体相关。这是20世纪80年代以来兴起的认知科学的新范式——具身认知（Embodied Cognition）理论的核心观点。

具身认知理论发源于现象学，特别是梅洛-庞蒂（Merleau-Ponty）的“身体现象学”。梅洛-庞蒂区分了“客观的身体”和“现象的身体”。客观的身体被看作生理实体的身体，而现象的身体不仅仅是某种生理实体的身体，而是我或者你体验到的我的身体或者你的身体。例如，当一个盲人习惯将拐杖作为行

① 本文作者：华东师范大学课程与教学研究所教授安桂清。

走的工具时，他的触觉就从手的皮肤延伸到拐杖的顶端，他的身体因而获得了主动的扩展和综合的延伸。由此，身体不再是传统意义上作为心智对立面的客观对象，而是作为一个整体的、有生命的、身心统一的身体而存在的，身体的存在即是人的整体存在。进一步说，身体是嵌入情境的，“世界环绕于我而非矗立在我面前”，认知是心智、身体和环境交互作用的结果。20世纪90年代末，镜像神经元的发现为心智的具身性提供了强有力的神经生物学依据，具身认知开始席卷并影响整个教育领域。具身认知理论将学习者的身体置于前所未有的高度，凸显了身体及身体嵌入的世界（环境）在认知中的重要地位。

具身认知理论不仅撼动了笛卡尔身心二元论的认识论传统，而且对由这一认识论传统所支配的学校教育中抑“身”扬“心”的现实提出了重要挑战。具身学习是人类最自然的学习方式，但制度化的学校教育因为追求效率，漠视学生的体验，只注重心智的训练，更设置了多种规则和制度限制学生的身体活动，才导致学生具身学习的衰落。对倡导“体悟”“德性之知”的中国认知传统而言，具身学习并不难理解，“身体力行”是学习的重要前提和基础，学习本质上是身心一体、知行合一的过程。

具身学习的基本特征

具身学习是一种在情境中身体动态活动的现象。学习科学家们认为，不仅是那些与身体活动有着直接关系的学科，比如体育、音乐表演等，而且以抽象的概念和原理作为学科构成实体的学科，如数学，也并不是以它的符号系统和表征形式为基础的，而是以人参与的被称为“数学”的社会活动为标志。在不同类型学科的学习中，具身学习秉持着如下基本特征——

第一，整体性。具身学习是协调“做”和“思考”两个认知系统的学习。它将学习主体从大脑扩展为包含大脑在内的活的身体，学习因而不再是学习者脖颈以上的心智活动，而是作为整体的人的活动。这不仅意味着对知识的深层理解要建立在身体与现实世界互动的意义基础上，同时意味着在使抽象符号直观化的同时不能使具身活动落入无反思的模式。正如斯坦福大学的施瓦茨教授提醒我们的那样，仅有身体动作本身不是重要的，相反地，身体动作让学习者注意关键的知觉属性，并进而激活更多促进理解的结构才是重要的。

第二，模拟性。具身学习建立了身体活动与抽象概念之间的模拟操作关系。大量的认知科学研究发现，思维并不脱离感官的输入和行为的输出，它是具身的，是对我们所感知到的世界的一种动态操作。比如，当我们听到“舔”“拾”“踢”这些动词时，我们会内隐地激活分别控制我们嘴、手和腿的运动系统。身体活动因而在概念发展中起到了核心作用。这意味着倘若在身体活动与知识之间形成某种映射关系，身体是能够促进认知的。不仅如此，身体在认知中处于更基础的地位，倘若我不能想象“戴上口罩”这个动作或者看见某人戴上口罩，我就很难理解“他戴上口罩”这个句子。我们对知识的理解首先是通过身体的体验或想象，内化为模拟操作，然后才能理解抽象的概念。

第三，工具性。具身学习借助人工制品（工具）的中介结构内化身体与世界的交互。无论这些工具是生物的、材料的还是认知的，利用这些人工制品发展操作技能有助于我们扩展自身的感觉运动能力和认知能力，增加自我经验的适应性，形成控制和调节环境的技能。而当这些生物的、材料的和认知的工具不能带来预期效果时，我们有意识地反思、调整或修正参与世界的模式，这就产生了学习。所以，开发和利用作为学习工具的人工制品并通过其优化完成学习，这将是之后具身学习设计的挑战之一。

具身学习的设计原则

在疫情期间，我们也看到一些学校和家庭开展的“寓身于教”的活动。学校鼓励学生居家设计防疫自护标语，围绕疫情创编故事与漫画、开展朗读分享、情境模拟等活动。家长在家带领孩子进行体育锻炼、劳动实践、艺术拓展等，这些活动显然是具身的。实际上，与通常不鼓励学生到处奔跑的教室相比，居家环境更适合让孩子通过身体活动或运动开展学习。那么，如何在居家环境中开展有价值的具身学习设计呢？具体而言，需要就活动、材料和支持三个方面的问题展开探索。

第一，如何设计有形的活动并从中获得隐性的意义？

这要求身体活动必须切近认知，通过隐喻、映射或演绎等方式与认知产生联系。不同学科的具身方式是不同的。第一类是与身体存在固有联系的学科群，这一学科群通过聚焦身体，拥有内在的具身性，比如体育、音乐、劳技等。第二类是社会本位的学科群，这类学科内容有着固有的社会情境，倡导与身体做深思熟虑的整合。通常采取角色扮演、戏剧表演、实地调研等具身学习方式让学生建构社会表现，如语言、历史、道德与法治等学科。第三类是隐含空间品质的学科群，比如数学、物理等建立在概念基础上的学科，虽然是概念驱动的抽象理论学科，但亦具备具身学习策略。这类学科超越单纯的符号表征，强调在真实世界中运用操作和图形表征等创设具身环境。居家学习期间，不同学科的教师可以设计带有自己学科特点的具身活动，通过调动儿童在真实的或虚拟的空间中运用感官知觉和身体协调能力执行操作和运动，以完成这些预期的活动。

第二，为调动学生的身体活动，如何通过选择和创造材料与工具精心设计学习环境？

如前所述，具身学习需要工具的支撑。材料和工具被看作理解各种学科概念的具身基础，比如传统数学中，木棒、天平、钟表等教具被当作物质的“具身”方式用于介绍数字、加法、乘法、交换律等数学基础概念；物理学科中，用一根绳子作为施加“拉力”的方式，用台球作为近似的气体分子，等等。对这些材料和工具的体验与操作为抽象概念的学习提供了一种隐喻性的见解和想象。在居家环境中，教师应提供儿童直接操作这些材料和工具的机会，逐步开发各类感觉运动模式（从单纯的手指的活动到整个身体的运动），通过动作反馈的循环实现与环境的耦合，有效地引导其完成复杂的学习任务。

第三，环境中的指导者如何帮助儿童采取行动和移动身体以实现与材料的互动？

在认知上起积极促进作用的运动形式和身体参与并不总是自然出现的，需要指导者通过身体演示、合作生成、实践指导，或利用媒体技术呈现视听甚至是触觉体验等方式予以引导和支持。这些支持方式作为模拟身体活动与抽象概念之间的核心机制，为学生知识领域的学习提供了功能性隐喻。需要注意的是，在指导学生与材料互动的同时，教师最好要求学生表达他们与环境中的材料互动的策略，比如，让学生根据他们的行为反馈来描述规律，运用这些规律更有效地完成任务，对变化的情境中需要附加的工具予以说明，等等，这样做有助于更有效地促进概念的发展。

具身学习代表着学习正向新的方式转变。疫情下的教育场景或许为我们洞见未来教育形态打开了一扇窗。随着时间的推移，传统的教室失去主导地位，学习的替代性结构和环境日益丰富，正式学习环境与非正式学习环境的界限有可能消弭。一个孩子的教育将更少地在教室中完成，而更多地在线上或社区中的各类学习场所中度过。当然会有更多意想不到的未来情景，但在可选择的环境中，具身学习都将成为线下或线上讲座必要而有力的补充。未来之幕正缓缓拉开，期待具身学习在开学后的课堂中能够获得重视和践行！

如何学习最有价值①

在教育学的发展历程中，“什么知识最有价值”“谁的知识最有价值”先后被认真而隆重地讨论过。但是，在今天的时代背景中，我们会发现，知识本身的自明的价值问题是需要我们重新思考的。换句话说，知识的价值问题转变成了“如何学习最有价值”的问题。

---

① 本文作者：华东师范大学教育学部国际与比较教育研究所副所长、副教授郑太年。

这次新冠肺炎疫情防控，一方面，是对国家治理体系、治理能力、社会组织能力等方面的考验；另一方面，对于我们每个个体来说也是多方面的考验，比如科学知识和科学素养、信息技术素养、社会情感能力等。

如何有效应对这些个人挑战？从什么知识最有价值、谁的知识最有价值的角度看，我们会说，科学知识最有价值、专家的科学知识最有价值。今天，我们来回想一下，我们在学校学到的关于病毒的知识、关于社会的知识、关于信息技术的知识，如果只是背诵下来的、应付考试的，能够在多大程度上应对这些挑战呢？更不要说这些知识早就忘得差不多了。更为悲观也更加值得我们思考的是，即便你当时学得好、考得好，现在也记得清楚，这些知识仍然是有限的，今天的领域专家也在不断地摸索着解决这些问题，不断创造新的知识。

因此，在定义教育目标的时候，我们需要一种超越划定知识范围的方法，需要关注综合运用知识和建制新知识来解决问题的能力，相应地，在整个教育的过程中，要重新思考学生如何学习才最有价值，重新思考如何设计支持学生以最有价值的方式学习的学习环境。

对于教育的新的目标有不同的说法，比如核心素养、关键能力、21世纪技能等，更具体的比如批判性思维能力、创新能力、交流与合作能力、问题解决能力、整体性理解与全局性思维能力、社会情感能力等。总的来说，这些目标都是指向具有通用性的高阶能力，从历史发展看，这些目标也并不完全是新的，只是对于今天的社会和教育体系来说，这些目标更为迫切，也成为面向大多数人的目标，而在历史上这些目标只是一小部分人所追求的和有条件达成的。在我看来，教育要培养的最为核心的能力是学习能力，衡量教育是否成功，在于学生在其离开教育体系以后，是否有持续学习的意识、动机、方法和习惯。

由此观之，我们时代的教育面临的一个很大的悖论是：一方面我们要以发展这些高阶的通用能力为目标，另一方面，我们的教育实践工作又大都是围绕着具体的知识（这些知识我们潜在地认为是最有价值的知识）展开的，特别是在班级授课制和学科知识体系所主导的教育体系中。面对这一悖论，我们该怎么办？让我们将问题重新定义为“如何学习最有价值”，这时，我们仍将这些具体的知识视作非常重要的教学内容，然而学习方式才决定着学习的重要结果，特别是以发展高阶通用能力为标准衡量的结果。也就是说，同样的知识内容，当我们以不同的方式去学习的时候，产生的价值是完全不同的。

关于“如何学习最有价值”的问题，学习科学的研究强调几个重要的方面，比如：自主性和建构性的学习，让学生成为“积极的能动者”（active agent），学习环境要“让学习者参与，赋能学习者”（engage and empower learners）；注重文化和情境脉络对于学习的影响，学习者的文化背景和已有知识经验、学习发生之时的具体情境都要纳入学习环境设计的考量之中；情境性和真实性的学习，通过真实性的甚至专业性的实践来学习，取代我们现行学校教育体系中的“头脑内”的“信息加工”式的学习或者“刷题式”的学习；以概念为基础的学习，而非聚焦于表层知识和程式化的技能；注重元认知能力的发展。在具体方式上，设计的学习活动应多以问题解决、项目、研究研讨、合作、对话等为主要方式。研究者去设计融入了这些理念的学习环境和活动方案、进行学习者分析和学习进阶分析、实施自主的学习活动和进行嵌入活动的评价与反馈、提供适应性支持等，以促使学生更有效地学习。设想一下，如果我们在学校教育体系中认真地考虑了前面提到的个人在此次疫情中所面临的挑战，并以一种基于真实情境的问题解决的方式学习过相关知识、操练过相应技能、综合研究过相关的问题，应对这种局面是不是会更为有效呢？这种学习是不是更有价值？

看看今天的学校实践状况，深入思考社会的发展和我们面临的挑战，还是要有不可为而为之的勇气，哪怕先清晰地描绘出方向，哪怕在很有限的范围内进行实践探索。我个人觉得，这是今天的教育学者值得努力的方向，也是我们的重要使命，教育毕竟是要面向未来的。

下　篇

学习不停步

在面对新冠肺炎疫情时，全中国人民表现出了惊人的理性与责任感；而在面对因延迟开学而实施的“停课不停学”时，全中国的教育人同样表现出了可贵的智慧与担当。为了让学生的“学习不停步，成长不延期”，各地教育部门和广大学校积极响应、勇于担当，提供了丰富的学习资源和有力的支持服务。

上海为143.5万名中小学生精心录制了统一的在线课程，并鼓励各区、各校在此基础上彰显特色。在教学条件突发改变的情况下，上海各区和广大中小学以积极的心态，将此次在线教育和在家学习的大规模尝试与探索也视为一次教育的变革与创新，勇敢探索、积极行动。于是，我们得以看到一幅幅学生在家专心致志投入学习的生动景象。

在这个过程中，教师和家长付出了大量的心血。教师要迅速调整自己的教学模式、在线与学生互动、在线批改作业，有的还要录网课、剪视频……家长要督促孩子“上课”、帮助孩子规划在家学习的日程、引导孩子自主学习，还要提醒孩子保护视力和锻炼身体……历经此次挑战，他们也都有了新的收获和成长。

教育部门谋篇布局

上海“空中课堂”背后的故事

为贯彻落实教育部“停课不停教、停课不停学”相关要求，上海于今年3月2日开启全市中小学大规模在线教学，“空中课堂”成为教学的主渠道。上海市教育委员会教学研究室承担了重要任务。中小学41个学段，5 000余节视频课，到底是如何建设的？面对新任务、新问题、新挑战，参与上海云课堂录制的名师骨干们是如何勇往直前的？

“空中课堂”采取的是“名师授课”+“原班级师生互动”的模式，然而这样的学习场景，上课老师面对的学生不是自己的学生，听课学生面对的老师不是自己的老师，如何保障云课堂环境下的有效互动？那些以参与性和实践性为主要特征的学科，如音乐、体育、信息科技等，云课堂又如何体现这些特征？

现在，中小学已经有序开学，未来线下线上融合教学将会朝着怎样的方向发展？这些备受关注的问题，“空中课堂”背后的故事将一一解答。

他们，用行动诠释新时代教师精神①

当疫情肆虐之际，经济停摆、商店停业、工厂停工、学校停课，而他们，却无法停止忙碌的脚步，五千多堂录播课的建设任务一下子摆在了面前……他们虽是名师骨干，久经沙场，却也为教学要接受全社会检阅而倍感压力。他们不是铜墙铁壁，也担心被病毒感染，但他们心中装着学生，所以明知道阻且长，依然选择了勇毅前行。

如何确保在线教学“供应端”的质量

——面对新任务，他们处变不惊

在疫情还极为严峻时，上海市委市府和市教委领导察势、驭势，决定于3月2日开启全市中小学大规模在线教学。面对这样的“史无前例”，有人担心万一播出平台出现技术问题怎么办，更有人担心万一在仓促之下推出的录播课质量不高怎么办……

担忧不解决问题，迎难而上才是硬道理。市教研室主任徐淀芳在2月2日就牵头形成了工作方案，提出要组建中心组、指导专家、授课教师三支团队；要制订全市分年级统一课表，课表体现保底、合规、易记、全覆盖、遵循规律、注重健康等原则。除此之外，他还强调本次在线授课基本教学目标是“理解学习内容”和“促进自主学习”，提出了教学设计的基本要求，比如要问题化组织内容、片段化设计组织教学过程、讲练结合、用好PPT这一备课工具等。

① 本文作者：上海市教育委员会教学研究室副主任谭铁斌。

大写意还需配上工笔画。比如，如何进行片段化设计？2月9日的视频课建设工作例会，就由两位信息科技教研员张汶和费宗翔进行分享交流。在此基础上，徐淀芳主任提出了片段化教学设计的具体建议：要根据学生年龄及学科特点，将每节课分为3~4个片段，每个片段聚焦1~2个教学目标或者教学内容；片段之间留出30秒至2分钟的间隙，让学生进行思考、小练习或操作。

道理都明白了，可如何让上课老师清晰把握？教研员充分发挥了团队力量。据初中数学教研员刘达介绍，他们团队在三天内形成了《初中数学在线教学备课与上课指导手册》。这样的团队，“蕴含着人类命运共同体的深刻含义。团队不是人的叠加，而是目标一致的共同体”，所以，屏幕上是一个人在讲课，屏幕下是一群人在攻坚。

在所有学科中录课最多的要属小学语文学科，他们每周要录36节课。虽说是“保底课”，可堂堂都是面向全国的公开课啊！如何保证质量？小学语文学科团队建立了内审机制，包括背靠背内审和自我审查。内审标准只有两个字——“苛刻”，而且这个标准会不断地水涨船高。教研员薛峰说：“实在害怕出错啊！但是只要学生喜爱、家长满意、社会认可，这个过程哪怕再艰难，也是值得的。”

其实，最大的压力来自对精准的追求。化学教研员徐睿说：“对于专家意见，有则必改，错的改对，好的改得更好。”高中语文教研员范飚说：“从大局出发，改！‘改’字背后是忍痛割爱，需要自我否定，有时是牺牲。”在地理教研员殷育楠看来，地图无小事，因此他们特别建立了地图审查流程。初中道德与法治教研员何宁说，他们一直在自我找茬，常常处在忘我的状态。美术教研员徐敏说，她曾收到录课老师发来这样的微信：“你们是在用生命做教研。”

如何做到“隔空”而不“隔靴搔痒”

——面对新问题，他们事不避难

线上教学与线下教学的教学组织结构有着很大差异，线下教学是“共位集中式”的，线上教学则是“异位散布式”的，师生的物理空间分离，教学临场感不强，教师无法观察学生面部表情，教学情感表达受限，教学难以交互，学生注意力很难持续集中……确实，录播课的现实困境摆放在每一位老师面前。怎么办？他们想到了习近平总书记的话：“困难是一道坎，是一道分水岭。就像鲤鱼跳龙门，跳过去就是一片新天地，进入一种新境界。”

小学英语教研员祁承辉介绍，他们学科采用任务驱动、内容整合、活动设计等方法，提升录播课的质量。在这样的学习中，学生充分感受到自己是活动的主体。

线下教学的经验如何继续发挥作用？初中英语教研员赵尚华和备课团队一起确立单元框架结构，凸显单元内各板块的内在联系。确实，这种建立在课程意识之上的单元整体教学设计，才更能激发学生学习的主动性。

在小学道德与法治教研员关月梅看来，游戏化设计能促进互动。因此，小学低年级老师设计了“烦恼扫描仪”“快乐大转盘”等游戏，高年级老师则通过“填一填”“连一连”“选一选”等有梯度的游戏形式开展练习。

小学数学教研员章敏想得更多的不仅是老师怎么教，更是学生如何学，她不希望学生只做观众。因此，她和姚剑强、余亚萍等一批指导专家设计了四个小伙伴代言的形式，代言学生在学习中可能会遇到的想法、困难，通过他们之间的对话，为电视机前的学生提供一种角色代入，让课堂始终以学生的视角来观察、思考，进而理解。

小学科学与技术教研员沈慧丽说，有的老师还让自己的孩子模拟学生角色呢。还有的老师在当时疫情很严峻的情况下，为了让实验对学生更有吸引力，多次外出购买材料，这家店关了又去找另一家，完全不顾自身风险。

他们相信，精彩的教学从来不是偶然的邂逅。

宅家的体育课如何上？如何让学生对体能练习充满期待？中小学体育与健身学科教研员王立新和团队专家提出了“居家锻炼、动趣相融、科学健身”的设计理念。录课老师原创了增强下肢力量的“调皮的时钟”“超级跳跳鼠障碍赛”以及提高腰腹力量的“娃娃运输机”“空踩自行车”等许多游戏。学生们超爱这样的居家运动。

宅家，给劳动技术学科带来了契机。教研员管文川一说起这次成为网红的烹饪课，就兴奋不已。看到学生们制作的水饺、菜饭、炒三丝、蒸鲈鱼，他说这反映了学生对煸炒蒸煮炸这些技术的掌握，也反映出他们的许多奇思妙想和对劳动满满的喜爱。他和团队老师们正考虑今后该如何调整课程内容结构，以更好地满足学生的需求。

中学物理教研员汤清修说，特别能体会那些面临中考、高中学业水平考学生的焦虑，因此日思夜想，一定要提高基于物理学科核心素养的复习课教学质量。此外，如何让学生觉得物理在线教学有趣而有用，也始终是他们在思考和实践的。陈敏媛老师《运动和力》新课后的单元复习，通过自编的故事，在真实世界与抽象概念之间建立联系，把整个单元的知识方法有机地“串”起来，成为“吸睛”之课。

可以说，教学交互是提升在线教学质量的灵魂。假如老师们简单地采用线性设计、流程化设计进行教学，在线教学的效果可想而知。录课老师们绞尽脑汁，设计情境、设置任务、提供资源、采用游戏方式，就是为了让学生有更好的学习体验。当学生和平台之间有交互，学生与学习资源之间有交互，学生与教师、同伴之间有交互，也就能实现新旧概念之间的交互，在线教学就会有好的成效。

“数字移民”如何不再技术“过敏”

——面对新挑战，他们张怀拥抱

这次参与录课的大部分老师都是“数字移民”，他们对粉笔、黑板、纸质教材等传统教学媒体有着天然的亲切感，而对信息技术却会产生“过敏”，在内心深处有着或大或小的抗拒和抵触。但为了这次的录播课，他们也是“拼”了。于是，双机位拍摄、绿幕抠像、画中画、慢放、弹窗等技术被一一解锁。

实验是理科教学内容的重要构成，老师们把实验器材搬到家中拍摄，并想方设法把实验室里的实验转变为家中的实验。为了让学生既能观察到整体实验过程，又能清晰地看到实验读数，老师们摸索着学会了双机位拍摄、画中画和慢放等特效模式。奉贤中学周世平老师夜以继日地寻找清晰、有趣的素材，并学会了特效技术，编辑过程中，手腕酸麻了，颈椎酸痛了，甩一甩手臂，舒活一下肩膀，继续！充满物理味的“大片”终于杀青。为此，周老师还在自己家里搭了一个“摄影棚”。其实，在家搭起摄影棚的各学科录课老师，可以报出一长串名字呢。

因为是模块化设计，很多老师先要在家录制教学片段。在家录制，周边环境难以控制。一声鸟鸣、一声喇叭、隔壁邻居孩子的一声叫喊，都会导致视频作废，要从头再来。所以，老师们的自录视频，大多是子夜时分夜阑人静时的产物。

现场录课也会遇到技术问题。据高中英语教研员汤青回忆，第一天录制了4节课，现场很顺利，但到后期制作时才发现，话筒收音存在问题，导致老师的声音忽高忽低。虽然说马马虎虎也过得去，但是一群亮丽的女教师怎容得下这样的瑕疵？请老师来重录不合适，那就剪辑。于是，剪辑老师对视频的每一帧进行细致微调，第一节课初剪就花了8个小时，一直到凌晨3点才收工。分布在全市各个区拍摄点的摄影师、剪辑师们，还有在家自拍视频的老师们，哪一个不是以“帧”为单位来保障质量的呢？

线上教学不仅是把传统面对面的教学模式通过互联网方式向学生展现，老师们还在努力寻求学科教学内容、教学方法和技术的深度融合。

他们，用敢于担当、甘于奉献、团队协作、工匠品质，诠释了新时代教师精神，为学生撑起没有“疫霾”的天空。

10年，20年，30年后，老师们定然会记得“那些年我们一起在云上熬过的夜”。这特殊时期的大规模在线教学，定然会成为整个社会的集体记忆。这份记忆，定然温润而历久弥香。

设计问题链，提高互动的有效性①

上海市初中语文网络教学资源建设和教学实施是在抗击疫情背景下，为实现“停课不停学”而制定的“保底性”教学资源建设，即在学生不能到校学习情况下，采用视频授课方式，为学生居家学习提供学习资源。

初中语文市级网课的授课形式是以名师在录播教室讲授为主（且无学生参与），讲授时间约25分钟，原班级教师通过专用网络直播间和其他社交平台提供学习补充资源和网上实时辅导服务，实现互动教学，与学生互动时间约15分钟。

“名师授课”侧重提供学习内容的讲解、学习任务的设计等，为“原班级师生互动”提供学习资源。“原班级师生互动”侧重利用学习资源开展互动交流，辅导服务。“名师授课”提供高质量的学习资源有助于提升互动有效性。

为了提高和保障互动师生之间、生生之间的有效性，初中语文网课通过设计“问题链”，构建网课学习内容之间的逻辑关系，揭示完成学习任务的思考方法、思考路径，提供掌握读写策略的抓手，为“原班级师生互动”提供思维

① 本文作者：上海市教育委员会教学研究室语文教研员曹刚。

支架，促进了学习的深度与广度。

初中语文“问题链”设计的教学理念

初中语文网课的教学设计理念是关注学习经历，提升语文素养。学习经历包括思考过程及伴随这一过程的思想方法。必要、有效的学习经历有助于学习经验的积累，学习经验的积累有助于语文知识的掌握、语文能力的形成、文化素养的提升，最终促进语文学科核心素养的提升。

人类的思考有个特点，即伴随问题的不断深入，思考就不断地推进，因此，网课中教师设计的问题，本质上是为学生提供思考的视角，问题与问题之间构建起的逻辑关联，就构成了问题链，问题链隐含了学科的思考过程及伴随过程的思考方法。因此，要围绕核心问题设计问题链，以问题链的方式推进教学，落实阅读策略、写作策略的指导，培养学生读写能力，提高思维能力，提升语文素养。

初中语文“问题链”设计的要求

首先，立足单元，聚焦目标，揭示思考方法。问题链的设计应聚焦单元主题、单元教学目标，从课程目标的“过程与方法”维度揭示单元主题、单元教学目标所隐含的必要的思考过程、思考方法，以此统摄每节网课的学习内容的选择、学习活动的设计、作业的编制、学习资源的创设等环节及这些环节之间的逻辑结构，规划学生达成单元教学目标所必须且有效的学习经历。依托“问题链”，开展学法指导、学习习惯培养，指导学生借助“问题链”勾画思维导图、知识结构图，掌握记笔记的方法，聚焦“问题链”开展互动讨论，促使学生得“法”于课内，得“益”于课外。

其次，确立核心问题，建构破解核心问题的下位问题链。一堂网课可以聚焦教学目标（或内容主旨）提出一个核心问题，将这个核心问题分解为若干个下位问题，下位问题之间构建起一定的逻辑关联，形成一个由浅入深、逐层推进的问题链。这个问题链表征了破解核心问题的思考过程与思考方法，也是分割网课教学板块的标志，更是教师网络授课时的一条主线。

当然，教无定法。一堂网课也可以聚焦教学目标设计3~4个学习任务（或学习活动），学习任务之间注意一定的逻辑关联，每个任务以1~2个问题统领，这些问题也可以成为教师网课授课的主线。

最后，聚焦“问题链”，撰写教学语言。明晰教学语言之间的逻辑关联，明示学习路径，尤其要写好网课的导入语、过渡语、小结语。每节网课的开端可以提供一段导入语，揭示该堂课的学习目标或学习任务，明示学习目标或学习任务中隐含的核心问题。环节之间可以借助过渡语提示学生网课学习的思考进程，如“本堂课的第二环节，我们思考了什么问题，现在进入第三环节，我们进一步思考的问题是XX”。每个环节结束后提供一段小结语，“本环节我们提出了哪些问题，我们是如何一步步思考，我们理解了XX，我们采用的方法是XX”。全课结束后，做一个总结，回顾、梳理一节网课的学习内容、思考路径。这样的网课授课语言，有助于屏幕前的学生与教师把握一堂网课的学习目标与重点，感知整堂课的思路、结构，明确思考路径与方法。

案例1：六年级第二学期第一单元问题链设计

单元导语：学习本单元，要通过反复阅读，分清内容的主次，把握叙述的详略，体会作者是如何抓住事物特点，详写主要部分，突出重点内容；还要注意品味文章富有个性的语言。

单元教学目标：1. 分析详略安排的作用。2. 品味文章富有个性的语言。

课文：《北京的春节》《腊八粥》《藏戏》。

第一课 《北京的春节》

核心问题：作者通过对“北京的春节”民俗活动的描绘想表达什么？

下位问题链：

1. 文章的题目是“北京的春节”，我们对于“春节”往往有怎样的印象？2. 作者通过哪些重要节日的民俗活动体现北京春节的热闹、快乐？3. 文中的详略安排有怎样的作用？（3.1 为什么选择这几个重要的节日详写？3.2 在这些重要的节日中为什么详写食物的丰盛？3.3 在这些重要的节日中为什么详写元宵节？）4. 通过对这些民俗活动的描绘作者想表达什么？

第二课　《腊八粥》

核心问题：作者想表达什么？

下位问题链：

1. 文章主体部分围绕八儿等吃腊八粥写了哪些内容？2. 第2~8段的盼粥部分具体写什么？在写盼粥的内容中找出三处转折，并用“虽然……但是……”的句式表述。行文过程中，作者是如何表述的？为什么这样表述？3. 运用以上学习方法阅读分粥、猜粥和看粥的部分，思考作者是用怎样的语言写出八儿的心理变化的？4. 文中作者详写了吃粥前的各种活动，略写了吃粥的内容，作者为什么要这样安排详略？5. 为什么作者要写文章的第一段？

第三课　《藏戏》

核心问题：文章通过介绍藏戏的特点反映了藏戏什么样的文化内涵？

下位问题链：

1. 文章从哪些方面介绍藏戏的特点？2. 哪些详写？哪些略写？3. 作者是怎样介绍这几方面特点的？4. 为什么这样安排详略？5. 文章通过介绍藏戏的特点反映了藏戏什么样的文化内涵？

《语文园地》单元小结课

回顾本单元三篇现代文的学习经历，梳理、提炼阅读策略。

核心问题：借助详略安排与富有个性化的语言，作者想表达什么？

1. 文章写了哪些材料？2. 哪些材料详写？哪些材料是略写？为什么要这样组织材料？3. 作者是如何详写的？为什么会这样写？4. 借助详略安排与富有个性化的语言，作者想表达什么？

案例2：“名著阅读”项目学习中的问题链设计

《鲁滨逊漂流记》

阅读路径

作者为何要塑造鲁滨逊？

1. 鲁滨逊主要的航海经历？

2. 根据鲁滨逊在小岛上每一个阶段的经历，为小岛命名。

3. 作者写鲁滨逊解决小岛上遇到的困难，想表达什么？

4. 为什么写鲁滨逊对星期五的改造？作者眼中他们分别代表的是哪一类人？

5. 作者在鲁滨逊这个形象身上寄予了哪些思考？

阅读任务

为鲁滨逊写小传

梳理四次航海经历、画航海路线

为小岛命名

梳理鲁滨逊在荒岛上遇到的困难及解决的办法

改造星期五的行动

了解作者经历和时代背景

小传的写法

小传开头：传主介绍

小传主体：航海经历、解决困难的过程、改造星期五的行动、生活背景等

小传结尾：作者的评论

技术，改变教与学的常态模式①

中小学音乐学科重要的教育价值主要体现在审美感知、艺术表现和文化理解三个方面。常态音乐课中，教师主要通过创造各种适合学生主动参与、亲身体验、自主实践的音乐学习情境，引导学生开展对音乐的聆听赏析、唱奏表达和创造实践，从而实现音乐的教育价值。可见，中小学音乐课堂具有很强的参与性和实践性特征。

然而，在疫情防控的背景下音乐学习从现场转为“云上”，这种需要超时空链接的教与学方式，打破了常态的音乐课堂。教师在无法互动的情况下，怎样合理、有效地运用各种信息技术手段，吸引学生亲身参与音乐实践体验，从而落实教与学的目标，成为摆在在线教学视频课资源建设团队面前的一个现实

① 本文作者：上海市教育委员会教学研究室音乐教研员席恒。

难题。这里对音乐学科的一些做法和经验做一个阶段性小结与反思。

时势倒逼的挑战——技术应用的复杂情境

本次视频课资源建设带给音乐学科团队最大的体会就是：要拍成一节音乐课不容易，要体现品质则更难。反思这一过程我们发现，这种艰难体现的是音乐学科特质、音乐学习特性和音乐教学方式的需求。

（一）音乐学科的审美特质决定了音像制作必须高品质

音乐课是以音乐音响的聆听体验、实践表达为主要教学内容的，对音乐的品质有着非常高的要求，对录制高品质音乐的专业设备和技术也有着一般学科难以想象的标准。由于疫情，很多教师是居家录制，为了制作出符合审美的音频质量，教师们用上了各种专业的软、硬件设备。

音源采集，技术要“硬”。尽管教材提供了配套音响资料，但在视频课制作中，由于教学设计思路的不同，教师需要对配套音响做出各种匹配教学目标、情境和方法的调整。同时，也由于音乐学习情境的复杂性，教师需要大量外部自制音源来满足学生的学习需要。

为了实现外部音源的高清晰、高品质，教师们运用了各种专业电容定向话筒、专业外置声卡和高质量的音乐合成器，来满足乐曲旋律、人声歌唱、打击音效、情境声效等的录制。外部音源的采集，并非只要连接硬件设备，还需要调试。不同的调试技术，对音频采集的质量和效果都是有影响的。

音频制作，手段要“软”。高品质的音乐并不是录制完毕就自然生成的，尤其是外部音源需要更加完善的后期调整，才能成为“听得下去”的好音响。在音乐后期处理中，教师们遇到的挑战很复杂。比如，一段居家录制的歌曲，需要把录制中的“环境音”进行“降噪”或者“过滤”处理，这些技术都需要专业软件来实现，而软件使用需要一个从熟悉到熟练的过程。再如，针对不同的教学目的，可能需要对一段完整的音乐进行裁剪、拼接，尽管可以通过软件实现音频编辑，但编辑效果的好坏却全靠教师对音乐的敏感度。因此，软件使用的熟练程度和音频剪辑的复杂程度，决定了教师音乐前期制作的时间成本和后期合成的质量效果。

可见，音源前期采集和后期制作的“软硬兼备”成为教师的必备能力。

（二）音乐课堂的动态性质决定了技术应用要有综合性

常态音乐课堂是极富动态的。教师从情境导入到音乐欣赏、表演、创造，再到复习巩固、拓展，整个过程需要通过音响播放、媒体演示、唱奏表演来组织师生互动，从而实现有效教学。在线教学中，当教师自身的唱、奏、舞演绎，需要通过音乐的、舞美的渲染转化为具有艺术感染性的优质音像时，对技术应用的要求就非常高，也非常复杂。

视频制作工序复杂。例如，在制作一段舞蹈表演视频时，教师们最少需要4道工序：第一，伴随现场音乐表演舞蹈并拍摄；第二，在编辑软件中去掉现场录下的音乐（包括可能一起录入的环境音）；第三，在软件的另一轨道中，为舞蹈重新录入数字化的音乐；第四，需要不断调试视频和音频轨道，使其最终音画同步。可见，录制一段视频的技术任务是复杂的——不仅涉及音频采集、编辑、制作过程，还涉及影像录制和编辑，更要做到音视频的高度同步和后期合成。

音像摄录需要跨界。作为视频，在音、画拍摄方面对环境的要求很高。声音的录制不能有噪声，画面的录制不能有噪点。这些条件虽然对于专业的摄影棚和专业的录制人员来说不是难事，但对居家录制却有很多高难度技术要求。例如，家庭环境中由于不具备隔音材料，会导致说话声、乐器演奏声产生回声，或者因声场不干净使音质很硬，影响听感。再如，居家拍摄影像由于采光不均匀，也会造成图像质量下降，或因为光线不足而使画面噪点增多。

为突破困境，教师们不得不“研究”声音学和光学——有的教师把卧室布置成“录音棚”，用窗帘、抱枕、被子等材料减少声音在物理空间的“硬反射”，从而改善音质；有的教师甚至购置了专业的灯光设备，改善居家环境的光线问题。

（三）音乐学科的实践特质决定了技术应用须开拓思路

音乐课除了需要“审美”，还必须“实践”，这是音乐学习的两大核心价值导向。任何有意义的音乐体验和理解，都必须通过学生亲身参与、亲自实践才能实现。可见，音乐课是需要“做中学”的。

在居家的线上学习中，学生难以像日常课堂中那样通过身体参与和动手演奏的方式来感知和表现音乐。教师们为了调动学生的音乐“实践”体验，可谓费尽心思。

锅碗瓢盆来交响。为了引导学生参与到在线音乐实践表达中来，教师们动用了家里一切可以发出声音的材料来设计各种方便学生参与演奏的“乐器”。一双筷子——在桌面上能演奏出小军鼓干脆利落的节奏；一个玻璃杯——模仿清脆、悠扬的三角铁；空矿泉水瓶加一点米粒——模仿沙球的声音；一个汤碗或茶杯蒙上保鲜膜——变身一只充满动感的鼓……这样的例子举不胜举，在线课堂中时不时地演绎着“锅碗瓢盆交响乐”。

音创软件助体验。针对信息化技术高度发展、高度普及的时代特征，宝山区宝钢新世纪学校的张虹老师专门为学生设计了“玩转‘酷’乐队”课程，教会学生利用家里的智能手机或平板电脑，把课堂中的“学”音乐变成了居家的“玩”音乐。徐汇区授课团队在教研员姚梅的指导下，将媒体终端的音乐软件和三年级的音乐教材内容紧密结合，设计了一系列实践性、参与性很强的课例。

跨越时空云互动。针对线上教学无法有效互动的困境，很多教师巧妙地设计了“空中云互动”的学习环节——有的请自己的孩子担任角色，参与到情境性音乐表演中来；有的利用远程会议软件指导自己的学生演绎各种打击乐、舞蹈、节奏编创等。教师们根据教学目标达成的需要，针对不同的音乐活动目的，把这些预先拍摄的学生活动视频组成一段段师生互动、生生互动的资源，让彼此分离的学生在“空中课堂”相遇、相见。

教师们面对各种困境的创意思维，可谓匠心独具。

价值导向的坚守——技术应用的有效原则

将信息技术融入学科，改变常态教学模式，这一切都是顺应时势的应有、应为之举。但是，技术应“以人为本”——一切技术的应用，都应当是为了学生体验、理解和表达音乐服务的，教师只有遵循了音乐学科独有的价值和学生音乐学习的特殊规律，才能使信息技术的应用产生“好钢用在刀刃上”的效果。因此，我们要避免为技术而技术，要避免因炫技而使得音乐教育自身的价值跑偏。

本次视频课制作，在涉及音乐学科聆听体验、表达表现、创造实践的三类核心活动中，我们依然牢牢地坚守并为一线的音乐教师们传递着学科教学正确的价值导向。

（一）利用技术，为更好的“聆听体验”服务

聆听体验在所有的音乐实践中占据着“绝对重要”的地位——会听、能听懂是一切音乐学习的核心。因此，在音乐教学中坚持“听觉绝对领先”的价值导向是极其重要的。在“隔空”的线上教学中，如何运用信息技术为更好的“听”和“听懂”服务，是音乐学科视频课录制中的第一原则。

突出重点、把握关键，做好精到的音频剪辑。“突出重点、把握关键”是学科教研一贯倡导的理念。本次视频课录制，小学低年段的课时规定为20分钟以内，高年段规定为20分钟左右，初中为25分钟左右。在远低于常态课堂的课时限制内，这一理念的贯彻就显得尤其重要。因此，如何在篇幅较大的音乐作品中选材和取材，成为教师们教学设计和视频课制作的首要考验。

例如，在五年级欣赏课《彼得与狼》的视频课制作中，虹口区的沈洁和封晶艳两位老师从这部段落较多、篇幅较长的作品中，精心挑选了能够呈现彼

得、爷爷、小鸟、鸭子、猫、狼等音乐形象的关键素材，并通过精心剪辑、拼接，构成一个既有情节概要又不失音乐聆听重点的故事情境。此间，对音乐音响的反复聆听是教师的必修功课，可是要将这些音乐特征明显、句幅相对完整但布局又相对零散的音响素材剪切出来，构成重点突出、逻辑清晰、生动有趣，又有助于学生反复聆听、比较赏析，从而理解音乐表现力的完整音响素材，却是学科素养和技术素养的双重挑战。

精心互动、引人入境，吸引学生的主动参与。针对在线教学难以互动的现实困境，如何创设能够吸引学生主动投入音乐体验的学习活动，成为教师们必须面对的关键问题。为此，教师们通过夜以继日的巧妙构思和技术研究，富有想象力和创造性地设计了许多有趣、生动的学习情境。

例如，在一年级“玩四分音符和唱家乡”的课例中，杨浦区的徐佳宁老师利用低年级孩子好动、喜欢游戏的心理，用流畅、动态的动画和富有律动感的音乐，为学生设计了“采西瓜”的音乐节奏游戏。

听动结合、音画同步，追求隔空的精准指导。同样是徐佳宁老师，她还在音乐欣赏《小星星变奏曲》一课中，设计了“捕捉、拍击黄色和蓝色小星星对话”的音乐情境性律动环节。这一环节中，教师遵循了“听觉领先、动觉切入、视觉辅助”这一学科价值导向，利用有趣的“听、动游戏”帮助学生形成了听觉理解。

这一课例中教师运用了音频剪辑、动画制作、音效模拟等媒体技术。但其中最难的技术就是音乐音效、媒体动画和学生出镜示范动作的三方同步。为实现教学目的，教师将媒体技术、音画细节做到了精准和极致。

（二）融合技术，为更好的“自主实践”服务

学生居家学习还有一个截然不同于常态课堂的难点需要突破——没有学具帮助他们真实地参与到唱、奏等音乐表现性实践活动中来。

针对上述困境，音乐学科授课团队顺应了信息技术发展的时代趋势，根据

智能手机已经非常普遍、普及的特点，结合教材内容为学生量身定制了“玩转‘酷’乐队”“随身乐队我来玩”的课程。

张虹老师为学生设计了从入门体验、智能伴奏到场景配乐的系列课程，程度由易到难、逐步提高并前后衔接，为学生提供了一个隔空学习也能真实参与音乐演奏、编创的实践机会，同时也为一线教师提供了如何融合现代媒体信息终端技术，变“教”音乐、“学”音乐为“玩”音乐的范例。徐汇区团队在三年级的每个单元都设计了2课时的“玩转‘酷’乐队”活动，教学内容既包括即兴打击乐伴奏、自动和弦弹唱，也包括中外乐器音色探索和音乐音响探索与编创。

这类课程体现了三个主要特点：第一，弥补了居家学习音乐环境中体验不足的问题，实现了音乐的深度实践；第二，满足了学生喜爱动手做、喜欢亲身参与的特点，变“学”为“玩”；第三，尽管是居家学习，但丰富、动感的伴奏和演唱，对学生仍然有吸引力，有助于音乐乐感的培养。

更有价值的是，课程中专门为学生设计的“自主探究”时空及其方法指导，为今后回归线下常态课堂之后，音乐学科进一步探索借助信息技术改变教与学方式的研究，提供了有说服力和有操作性的实践案例。

活用技术，为更好的“创造探究”服务

音乐实践中的创造性思维培养，也是学科课程的重要价值。创造性活动设计的关键理念在于：第一，提供范例，理解创造规则；第二，授人以渔，提供方法指导；第三，用好素材，激发创意思维。面对学生居家学习，如何在课例设计中实现这些价值？这是音乐学科在备课阶段就始终重视的一项挑战。

静安区、杨浦区两个团队承担了小学一、二年级的视频课录制。面对低年级学生好奇、好模仿的心理特点，他们对每个教材单元中的“综合活动”栏目，都进行了精心的创意设计。例如，静安区的吴妍老师为了帮助学生学会“节奏与旋律”创编，利用了学生随手可得的各种颜色笔来替代二分、四分、

八分音符和四分休止符，为自主创编提供了有趣的方法指导，点燃了学生丰富多彩的创意思维。又如，杨浦区的葛民莉老师，为启发学生编创节奏的创意，邀请了自己的学生用各种材料摆出各种图形序列来表达自己的节奏编创，并用视频连接和音画同步的技术，实现了云端见面、隔空投送的互动效果。黄浦区的张菊老师作为特级教师，承包了所有四年级教材单元中的“创造活动”的设计，她针对高年级学生理性思维逐步形成的特点，更加凸显了创造活动中的规则理解和学法指导。在“森林音乐会”一课中，张老师调出了很久前自己班级学生在日常音乐课中的活动录像，根据创编活动的情景、思路和目的，进行了精心选材和视频编辑，实现了“跨时空”的创意交流。时势造英雄。我们这些可爱、可敬的老师，顺应新形势，研究新课题，接受新挑战，在顺势而为、迎难而上的过程中，积极应变、主动出击，铸就了团队，成就了自我。

设计虚拟学生，促进真实互动[①]

上海于今年3月2日开启全市中小学大规模在线教学，中学信息科技学科也承担了视频课的设计与录制。

中学信息科技学科的教学内容有非常强的实践性，以六年级为例，图形化编程、数据处理和演示文稿是最主要的学习内容，学生需要大量的操作和辅导。从高中教学内容来看，它主要是算法与程序设计，同样也离不开上机操作与实践。学习内容决定了常见的学习方式，一是对界面和反馈信息的阅读与观察，如果要问word上有多少个选项卡，点了某一个按钮之后，它的再下一步究竟是什么，即便是熟练的操作者也只能说出大概，我们很难描述操作界面的每一个细节，因此学习离不开具体的软件支持。二是在程序的验证的过程当

① 本文作者：上海市教育委员会教学研究室信息科技教研员张汶。

中，在反复的调试过程当中，去锻炼学生的反思与推理能力，从而提升逻辑思维能力。这一切都离不开人机交互。

然而视频课的学习在呈现人机交互方面具有天然的不足。视频课在电视或网络中播放，这样的学习场景，上课的老师面对的学生不是自己的学生，学生面对的老师也不是自己的老师，欠缺互动交流。这就给视频课的设计带来很大挑战。那么，如何设计一节对所有学生都有意义的视频课？又该如何提高视频课的质量？

我们的办法是通过设计虚拟学生来促进真实的互动。

设计虚拟学生，促进学生参与

好的老师心里装着学生，当老师不能面对学生，是不是意味着老师心中没有学生？事实上，没有现场的学生提问，不等于老师不知道学生心里面有哪些问题，没有现场的学生反馈，不等于老师不知道该怎么去把握教学的节奏——什么时候该快，什么时候该慢，什么时候该停顿。同理，讲授并不一定等同于“以教师为中心”。那么，讲授如何尽可能做到“以学生为中心”？视频课的设计与实施，又该如何呈现“装在”心里的学生？

虚拟现实（VR）或者增强现实（AR）技术，总是尽可能地将每一个细节呈现出来，让人们身临其境，我们的教学现实场景该如何虚拟呈现呢？真实的上海中学生在学习信息科技这门课程的时候，其真实的学习历程、学习体会是什么？虽然视频课面对的是不同类型的学生，但是学生的学习有普遍共性，把这些普遍的共性提炼出来、呈现出来，就能够让在屏幕前面的学生感同身受，引发共鸣，激发思维，从而能更好地理解教学内容。基于学科内容特点、学习进程的安排以及学生年龄特点的综合思考，我们提炼了学科学习方法，设计了六年级虚拟学生“小智”和“小能”，高一虚拟学生“小达”和“小雅”。

虚拟学生并非是要虚拟出“完美学生”，他们应该会表达，会观察，能质疑，会提问，能推理，但是也会有很多想不到、想不通、做错的地方，这些品质或问题，都是真实学生的现实学情。以虚拟学生为载体，主要的目的是呈现学生的认知过程。虚拟学生的设计，能更加生动地呈现学习内容，更有趣地呈现学习过程，促进学生更好地参与到视频课的学习中。

赋能虚拟学生，促进思维互动

课堂互动的关键不在于现场对话，而在于对话互动的思维质量，因此要赋能虚拟学生，提升学生互动质量，需要聚焦学生的疑惑之处以及学生特别难理解的地方。学生思维很难跨越之处，也就是学习难点所在。需要注意的是，不是每一个学生的难点或疑惑之处，都要体现在虚拟学生的“人设”中，虚拟学生的认知要体现的是典型性，而非个性。

除了体现重点和难点，还要思考学生最容易出错的地方在哪里，以及典型的出错方式是怎样的。让虚拟学生在易错之处“出场”，以问题探讨的形式呈现对话，剖析常见的错误类型，通过虚拟学生之间的对话，或者师生对话，加强视频课教学的启发性。

最后，信息科技学科非常重视问题解决，而问题解决有一个递进性，因此环节的衔接就非常重要。环节的衔接往往意味着方法的创新，因此虚拟学生的设计，要能够伴随教学环节，一个问题再接着一个问题不断递进解决。在环节和环节之间，虚拟学生能够起到一个衔接和促进的作用。在这个过程当中，通过虚拟学生对话这种衔接方式，能够体现问题的复杂性和思维的深刻性。

虚拟学生在视频课中的应用案例

（一）化解复杂问题的难点

以初中六年级《侦测模块》一课为例，任务是“让自动驾驶小车走两个弯道”。刚抛出这个问题时，学生还找不到解决这个问题的关键点，这就需要虚拟学生把这个问题带来的认知冲突呈现出来——冲突就在于同一个传感器，既要实现左转，又要实现右转。而问题的解决方法也需要虚拟学生的再次推动，即左右两侧各设一个传感器。对于这类问题，用虚拟学生互动的流程见图1。

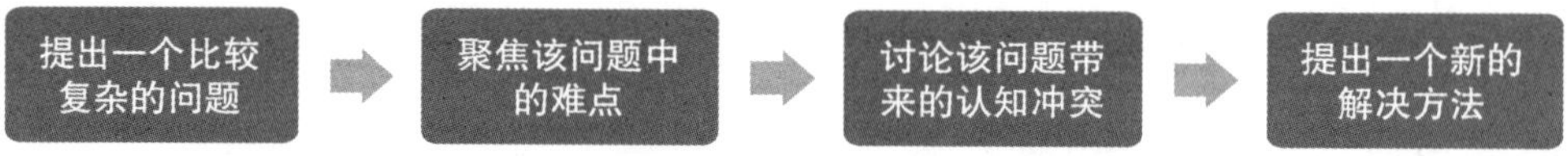

图1　虚拟学生帮助化解复杂问题的难点

（二）呈现简单问题中的“不简单”

以初中六年级《条件判断》一课为例，“把垃圾扔到垃圾箱中”这个任务看起来简单，要求学生把一个任务变成一个个步骤，并把这些步骤的每一个细节都描述清楚。这个问题看上去就很简单，学生很容易想到一个答案，但是大部分学生的答案尚属于“60分答案”，也就是说学生知道该往哪个方向去思考，可是却很难思考完整，尤其是“判断条件的设计”是极容易被忽略的地方，此时教师需要指明学生答案中存在的不足，抓住启发学生思考的时机。教师利用专业经验进行判断，预设学生在什么时候一定会犯怎样的错误，及时启发学生，达到更好的教学效果。对于这类问题，用虚拟学生互动的流程见图2。

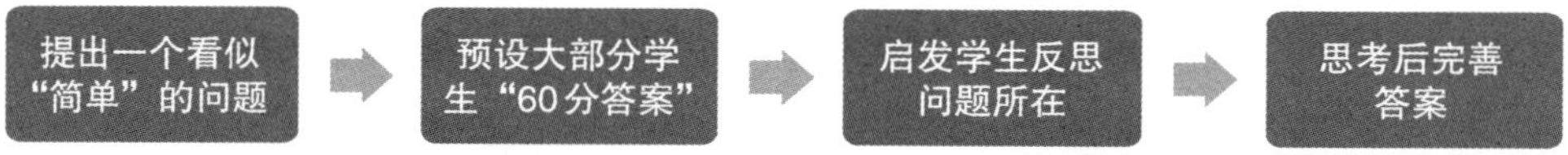

图2　虚拟学生帮助呈现简单问题中的“不简单”之处

（三）促进理解学科思想方法

如果视频课不是为了解决一个问题，而是为了促进对学科思想方法的理解，虚拟学生的作用则更加重要。以初中六年级《初探人工智能》一课为例。要让计算机完成对几种水果的分类，从人工智能的发展历程看，这里有一个从专家系统到机器学习的方法创新过程，而从基于专家知识到机器学习这个方法的创新如何让学生有所感悟，是一个很难的问题。通过“小智”与“小能”的对话，将按照规则能解决问题以及按照规则无法解决问题的窘境呈现出来，把使用规则这一方法的局限性体现出来，促进学生理解为什么人工智能会提出机器学习这一新的思想方法。在这个过程中，虚拟学生之间高质量讨论问题就非常关键。这种情况下，用虚拟学生互动的流程见图3。

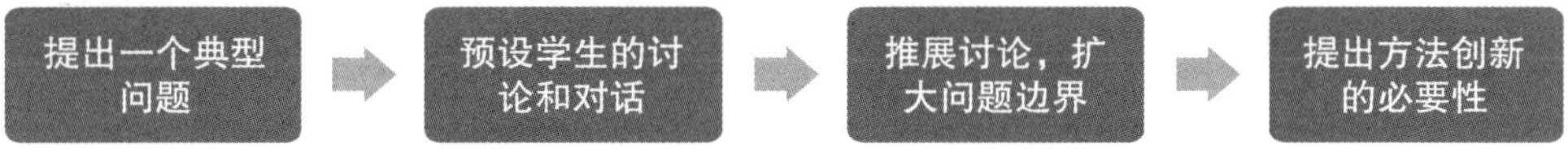

图3　虚拟学生帮助学生理解学科思想方法

（四）虚拟学生设计的反思

无论是六年级思维活跃的“小智”和“小能”，还是高一年级思维更加缜密的“小雅”和“小达”，他们只是呈现在视频课中的一个代表，一个符号，在虚拟学生的背后，是教师准确把握学习内容的价值，把学习内容以问题为线索进行转化。如果没有问题，“小智”和“小能”就无法展开对话；如果问题缺少思维含量，“小智”和“小能”可能也只是简单地、机械地对话。如何设疑，如何启发，背后是教师对如何激发学生思维的精心设计。

线上线下融合教学：在量变中实现质变①

信息化、智能化融入教育，是未来的教育发展趋势。如何发挥传统线下教学与线上教学各自的优势？不是简单的累加和混合，而是有机的融合，发挥1+1>2的效应是未来线上线下融合教学的核心追求。那么，线上教学、线下教学究竟有哪些主要差异？线上线下融合式教学究竟有哪些基本样态？这种变革是颠覆性的，还是渐变性的？……

---

① 本文作者：上海市教育委员会教学研究室副主任、博士王月芬。

线上教学与线下教学的主要差异

要研究线上线下融合教学，首先要分析清楚线下教学、线上教学的本质差异。其实浮现在每个人脑海中的线下教学、线上教学场景可能是不完全一样的，因为每一种类型都有各种实施形态。比如，线下教学有教师讲授学生听讲的形式，也有师生一起对话、做实验、完成项目任务、充满挑战与创新的形式，还有教师带着学生一起劳动、进行体育运动的形式；线上教学有通过线上答题、统计、反馈的自主学习模式，有基于学生各种学习数据诊断推送个性化学习资源的自适应学习模式，有学生观看统一录播视频的形式，有师生进行同步直播教学形式，还有观看录播视频与线下互动相结合的形式。

线上教学究竟有何独特的优势？仅以没有学生参与的线上录播视频课为例来看，即使是这样一种最为简单和初步的线上教学方式，就有线下教学难以拥有的一些独特优势。

精确性。每个环节、表达、语速、问题、练习、活动都精心设计打磨，视频短小精悍，确保科学性和逻辑性。

可控性。通过拍摄技术、剪辑加工技术，可以反复修正；不需要教师太多现场教学的临场反应；确保每节课语言、文字、画面、要求等的整体性和适切性。

层次性。通过整体设计、反复修改，确保不同课时要求的纵向衔接性。

全媒体学习。融讲解、音乐、动画、视频、人物模拟等多种形式，满足学生的各种认知风格。

短小精悍。一个微视频可以由“问题链”串在一起，每个问题3~10分钟；一节录播课控制在20分钟左右。

可反复学习使用。可以复制传播，学生可以通过点播、回看等方式多次播放、反复学习，教师可以整体使用或者选择切割部分内容反复使用。

与线下教学相比，线上教学拥有学习资源丰富、随时随地、个性化学习、自主学习、差异化学习、数据诊断分析、个性化资源推送、对于知识技能的学习效果尤为显著等独特功能。线上教学还可以不局限于固定的班级、班额；可以不受制于每节课40分钟左右的时空限制；可以采用不同的学习进度，让不同学习能力学生自主选择相应的学习内容与资源；可以通过点播、回放相关视频资源等方式反复学习巩固，满足了不同学生对于同一学习内容需要不同的学习时间的学习差异需求等。

但是不可否认的是，线上教学也有巨大的局限。线上教学最大的劣势在于对于学生的社会实践能力、合作解决问题能力、劳动素养、艺术素养、德育、体育，以及师生面对面情感交流等方面有明显局限，而线下教学在这些方面的功能是极其显著乃至于是不可替代的。线上学习对学生视力的损害，网络环境对学生学习的诱惑干扰，对学生自控力和自主学习能力的要求极高，容易导致更大的两极分化等问题。另外，要实现上述线上教学的美好愿景，需要建立在线上教学资源丰富精致、大数据分析水平非常精准、教师信息技术与教学水平非常高超、网络环境非常流畅、软件平台使用非常便捷等基础上，没有这些前提，线上教学的优势都是难以发挥的。

可见，线下教学、线下教学都有其局限的一面，但各自有着不可替代的独特优势。因此，我们一定要警惕在教育信息化变革时期，过分贬低线下教学，而过分夸大线上教学功能的极端思维方式。

线上线下融合教学的基本样态

正是因为线上教学、线下教学有各种内容形式，有着不同的优劣势，这就为线上线下融合教学带来了各种可能的样态。如何更好地发挥线上教学和线下教学各自独特的优势，因材施教，更有效地实现“五育并举”，全面提升教育质量，是线上线下融合教学的价值追求。

那么未来线上线下融合教学有哪些可能的实施方式呢？

（一）互补型模式：线上知识技能学习为主，线下开展互动活动、问题解决等

互补型模式体现了线上和线下不同培养目标和教学内容的互补。这种模式下，教师可以提前准备好自己录制的相关知识技能讲解的微视频、学习资源，让学生利用课前提前观看、学习、练习，课堂上主要组织学生运用相关内容进行互动合作、交流展示、动手实践、项目任务等学习活动，培养学生问题解决、合作交流等能力品格。

互补型模式既保证了知识技能讲解的精准性，又保证了学习活动的充分性、深入性和有效性，充分发挥了线上和线下各自的独特优势，更加有助于促进教育质量的全面提升，实现“五育并举”。当然，这种模式对学生的自学能力，对教师制作或选择优质视频资源、组织线下高质量学习活动能力的要求很高。

（二）翻转型模式：线上提供各种学习资源让学生进行自学，线下个别化辅导

翻转型模式实际上体现了“先学后教”的思想。这种模式建议教师提前准备好各种学习资源，这些学习资源不仅仅指向知识技能的学习，也包括各种项目任务的完成等。先依靠学生自主学习完成相应的任务，教师根据学生完成情况和进度，线下进行一对一诊断和指导。

翻转型模式下，教师线上设计的学习资源要非常丰富，体现各种教育目标。这种模式可以充分发挥一对一指导学习的针对性、反馈及时等优势，但对教师各类线上学习资源准备、评价诊断和个别化辅导能力要求非常高。

（三）合作型模式：线上为相关内容配备最优秀教师，线下指导评价教师

合作型模式体现了不同教师能力之间的互补，能够发挥每位教师最擅长

的优势。比如同样是物理老师，有些特别擅长力学，有些特别擅长电学，有些特别擅长物理实验，有些特别擅长讲评课，有些特别擅长复习课……那么一个区域或者一所学校就可以根据每位教师擅长的领域，请他们在教研团队的指导下，预先准备好相关的学习内容拍摄，供区域或本校所有学生在线学习。不承担相关内容视频拍摄任务的教师就可以一边学习在线视频或资源，一边在所擅长领域教师的指导下做好本班学生学习其他不适合线上学习的学习任务，同时做好评价诊断、个别化辅导等任务。

显然合作型模式几乎兼具了互补型模式、翻转型模式的优势，不仅可以充分发挥每一个教师的所长，而且还可以发挥线上和线下的独特优势，充分发挥1+1>2的效果。但是这种实施模式对于未来学校管理方式的挑战是最大的。当然，这种模式是否会导致老师在某些方面的能力更弱、依赖性更强等后果，还有待于实践检验。

此外，在线上线下融合教学中，我们建议评价要一直贯穿课前、课中和课后。美国著名的教育评价专家斯塔弗尔比姆认为，“评价最重要的意图不是为了证明，而是为了改进”。这种贯穿始终的评价，不仅有助于发挥信息技术积累学习过程、学习数据分析迅速、诊断反馈及时等优点，也是激发学生学习动机和兴趣的手段，更是不断促进学生深度学习、高效学习和有效学习的教育价值追求。

线上线下融合教学反思与展望

根据上述分析，线上线下融合教学绝不是简单地融入部分技术就可以解决问题，这不仅对教学目标、教学理念、教学结构、教学评价、教学资源、信息技术条件等提出了巨大挑战，同时也对教师、学生、家长、校长、教研员以及教育行政管理者的专业素养提出了一系列挑战。

比如，线上线下融合教学对教师专业素养的挑战是巨大的。而教师具备线上线下融合教学的专业素养是基本的人力保障。假如说实施线下教学，对教师来说最为重要的是学科专业、教学能力等，那么，实施线上教学，教师还需要提高资源设计能力、数据分析能力、信息技术能力等，实施线上线下融合教学，教师则还需要提高线下各种综合实践类学习活动设计、组织与实施能力、个别化辅导能力、与不同教师线上线下合作的能力等。教师不仅需要思考如何与线上内容配合，而且要能够对线下的教学内容进行系统化思考，与线上教学形成互补、拓展或深化的关系。

线上线下融合教学对教师的专业素养要求是越来越高，越来越多。就信息技术水平、资源获取能力来看，整体而言年轻教师往往更加能够娴熟掌握现代信息技术，互动强，资源获得能力强，效果也比较好，而年龄较大的教师因为技术能力、资源获取能力等相对比较弱，往往导致线上学习效果相对较弱。调研结果显示，任教15年以上的教师认为最大挑战是“音视频等技术工具的掌握与运用”。教龄较长的教师自己制作在线教育资源的比例相较其他任教年限的教师更低。因此，对教师每提出一个新的专业素养要求，都需要有一个逐步学习与发展提升的过程，这也决定了未来线上线下融合教学不可能一蹴而就，而是有一个从量变到质变的渐变式过程。

除了上述挑战与要求之外，线上线下融合教学还需要很多基本的设备保障，比如通畅的网络环境，具有相关功能的软件平台，学校电脑、网络等软硬件的配置，等等，这些标准也可能会随着时代的发展不断迭代更新。此外，线上线下融合教学还面临着未来实际效果的考验。比如，线上线下融合教学更加依赖于学生的自控能力、自主学习能力，以及教师的学习能力，这是否会造成更加严重的学生发展的两极分化以及教师专业成长的两极分化？再比如，线上线下融合教学的人力、财力和物力的投入与产出是否合理？这些问题都还有待长期效应的显现。

从线下教学到线上线下融合教学，中间还需要经历一系列过渡的形式，比如观看统一录播的视频课、观看统一视频课+简单互动、同步直播，等等，在这些过渡方式中逐步改变教师、学生的学习观念，发展教师的专业素养。

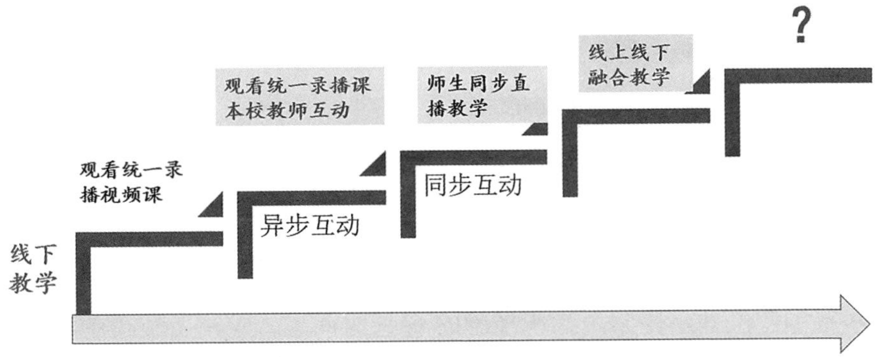

图1 从线下教学、线上教学到线上线下融合式教学的发展过程

因此，从线下教学到线上线下融合教学，不应该是一场立竿见影的颠覆式改革，而应该是一场渐变式的改革，有一个从量变到质变的过程。或许未来还有超越线上线下融合教学的其他的融合方式。

正如日本的佐藤学教授所言，这场教育革命要求根本性的、结构性的变化。它绝非一场一蹴而就的革命。“因为教育实践是一种文化，而文化变革越是缓慢，才越能得到确实的成果。”

嘉定：双师云课堂，一场为未来教育提供可能的试验[①]

从2月17日到2月27日，为期两周的嘉定双师云课堂直播测试结束。在这为全市范围“停课不停学”累积经验的10天时间里，录制了覆盖中小学所有年级的442节网课，有44名区教研员负责课程开发指导，383名区内各校教师参与区级课程开发，90名职初教师协助课程录制，25位教师主播用声音传递知识与力量，嘉定全区中小学学生累计在线观看超过75万人次。

当熟悉的学校学习被突如其来的意外打破，当在线学习突然成为主流的学习模式，当未来教育已经不再遥远，嘉定的教育部门、学校、教师与学生是如何完成了这样一场为未来而准备的大试验的？

开放共享，迅速打造优质在线教育资源

正逢春节长假，一场意外席卷全国。1月24日，正是农历的大年三十，嘉定区教育部门却紧急动员起来，紧张地汇总分析各方面传递过来的消息。“疫情发展可能造成延迟开学！”在形成这样一个基本判断后，嘉定区教育部门率先行动，果断于当天启动了嘉定区线上教学筹备工作。

然而线上教学谈起来容易，做起来却千头万绪。长期以来作为学校课堂教学补充的线上教学能担当主力重任吗？课程从何而来？直播网络支撑得住吗？教师们会在网上直播上课吗？互联网的特色就是开放共享，区教育部门决定利用寒假开设双师云课堂寒假生活指导课，既作为在线学习的测试，也帮助教师、学生和家长提前适应在线学习。在严峻的抗疫形势下，区教育学院与互加计划、新教育学校管理研究所共同策划了“停课不停学”双师云课堂课程，以

① 本文作者：《上海教育》记者赵玉成。

师资众筹的形式，通过CCtalk直播平台直播课程。

嘉定教育人的热忱出乎想象，招募在线教师的消息传出后，立即在全区广大教育工作者中引发热烈反响，大年三十当天，就有500多位教师踊跃报名。一件件工作严密而有效地迅速展开：1月27日是大年初三，区教育学院与区内部分中小学校长一起商定了小学组、初中组课程研发组长人选，完成了学科小组的组建。1月28日，区教研室统筹安排区内骨干名师上课，制订课程计划。1月29日，全体项目教师参加沪江教育网络授课培训。1月30日，区教研室与授课教师紧锣密鼓地完成开学后两周课堂教学的课程研发；教育学院师训部进一步协调助教和直播人员，细化各级段课表；信息技术中心完成网络环境下直播平台的技术对接与调试工作。

陆瑶是上海大学附属南翔高级中学一名年轻的高一英语教师，这次她作为普通一员参与到了“停课不停学”高一英语网络视频课录制工作中。1月31日，她在家中接到了嘉定区高中英语教研员陆艳艳的通知，不假思索便参加了高一组10位教师的准备团队。在准备团队确定了“初高中语法知识点衔接的复习巩固”的主题之后，陆瑶承担了“动词不定式”的教学任务。在完成了第一轮的教案撰写和课件制作后，陆瑶与学校高一备课组组长刘鸿哲共同商讨，进一步完善教学结构、丰富教学内容，完成第二轮的修改。在把教学材料发送至陆艳艳处后，教研员与团队专家又对课堂容量、教学情境的设置、习题设计等方面提出了很多专业意见，尤其提醒陆瑶在录课时需关注网络授课的特性，应采用新方式实现与学生的互动。针对这些建议，她又进行了教案和课件的第三轮修改，并优化成40分钟的课堂内容。最终，经过录制剪辑后，2月18日，“动词不定式”网课正式出炉。

区域整合形成优质教育资源成为在线教育推进最坚实的后盾和保障。双师云课堂的每一节网课录制都由区教育学院教研室按照课程计划制定课表、教学内容和教学进度，挑选区内各学科骨干教师和学科带头人组成优秀教师团队，组织授课教师集体备课并由区教研员审核教案，依托区现有的嘉学院平台完成录课。区教育学院师训部在像陆瑶这样1~5年教龄的年轻教师中招募志愿者担任助教，帮助经验型教师完成网课录制、上传和作业小视频的制作。陆瑶说：“回顾此次网课录制的点点滴滴，我不禁感叹在线教育的力量，它正推动着一场‘学习革命’。”正是从这样一节节课的开发录制中，教师们一次次讨论试错开始，嘉定的教师们走上了对未来教育的探索之路。

模式革新，培育教师在线教育能力

钉钉、CCtalk、联合直播、视频会议，原本对于一些老教师有些陌生的网络技术手段，当下成为嘉定教师们最耳熟能详的老朋友。在此次双师云课堂实践中，担当主力的并不仅仅只有熟悉网络的年轻教师，更有经验老到的成熟教师。在嘉定，双师云课堂有两层含义，首先指的是网络课程在录制过程有“双师”，每堂课均由经验型教师和懂技术的年轻教师组成；其次指的是学习过程的“双师”，每堂课均由经验型教师与任教班级的教师合作协同教学。区教育局副局长、区教育学院院长祝郁表示，“双师”这一模式，既发挥了区优秀教师、名师的示范引领作用，也为教师的成长提供了良好的学习机会。

通过这次上课的经历，陆瑶获得了专业成长。嘉定区高中英语教研员陆艳艳回忆说：“我提出能否引导学生注重语法在语境中的意义和用法。陆瑶马上想到了与当下的疫情相结合，举一些相关的例句，在学科中渗透德育，教授知识的同时，更实施生命教育。”她强调，每一节短短40分钟录制课的背后，都有数不清多少个40分钟的材料收集、教学设计、课件制作、思路调整、反复修改。在正式直播的时候，还有年轻教师担任主播，完成课程穿插和与学生的互动。其中，7位分别从安亭小学、上大南翔高中、南翔劳技中心、丰庄中学、大众工业学校、桃李园实验学校、交大附中嘉定分校招募的志愿者主播成为全区学生最熟悉的教师。在直播课程的最后一天，教师与学生在网络两端洒泪惜别。四年级主播、嘉一附小教师赵鹏说：“在课程开始之前，我反复地在群里做直播前的测试——麦克风的音量开到多少合适，摄像头的位置放在哪里最美观，确保自己在直播过程中没有任何失误。”

由经验型教师与任教班级教师合作双师协同教学，同样是一个基于在线教育和教师能力情况的现实之举。全区同一个年级的学生按照相同课表，借助平台一同收看区内经验型教师网上授课，在学生学习的同时，各校任课教师与所任教班级的学生一同进入直播间进行网上学习，任课教师根据自己对所任教班级学生学情的了解，通过CCtalk互动平台和学生钉钉群及时做好作业设计、课后辅导和学后评估，及时督促反馈。这种模式实现了线上名师与学校教师的协同教学。在协同教学时，德富路小学的备课组提前分工，一人一课梳理要点，在备课组分享。在娄塘学校，教师梳理好每一个课时的知识点（重难点），互动时直接以PPT呈现给学生，并设计好与知识点对应配套的练习与作业。以边练边讲、精练精讲的方式推进，学生先练，教师紧跟着批改、解题、答疑。

在嘉定各学校层面上，通过教研组线上会议、联合教研等形式实时解决出现的各类问题，持续进行教研活动，保证教师教学质量。在马陆育才联合中学，学校将各教研组和备课组的在线备课放在全校教职员工大群，校长和分管领导等可以实时关注、引领教研、备课，随时发现和解决问题。疁城实验学校建立了“教师信息技术能力提升志愿者钉钉群”，随时为师生在线教育提供技术支持、服务保障。教研组及备课组每周五下午3:15召开钉钉群会议，研讨教学工作。双师云课堂作为寒假生活指导课，备课组根据需要不定期开展钉钉群教学研讨，任课教师加强每天课后反思，就课前备课设计、课中组织实施、作业布置批改、课后答疑辅导、教学过程评价、教学平台使用、师生互动过程、教师语言表达等方面进行沟通，确保第二天的在线授课呈现更好效果。

嘉定还在区域层面上，对教师能力提升打出一连串的组合拳：坚持“学用融合、聚焦能力”的原则，根据区域学校信息化应用发展情况和教师信息技术应用能力基础，组建由教育局领衔、教育学院主管、基层学校行政人员落实为核心的信息化管理团队，研制区域方案和各校教师全员参与的信息技术应用能力培训计划。据悉，这个培训计划主要聚焦教师四大类能力的提升，包括线上教学工具的使用、线上教学与互动（主播能力）、线上作业布置与批改、在线学生管理与评价。同时嘉定不断完善调整培训方案，由区教育局、区教育学院组织开展核心团队（校长、教导主任、主讲教师、录课助教、在线主播）分层培训，并推送各类教育资源、撰写《嘉学院“停课不停学”网络课程制作说明》供全区教师学习；学校根据“以校为主、基于场景”及教师实际培训需求制定校本培训方案，合理配置学校培训课程套餐，采用自主选学、实践为主的培训方式，组织开展教师全员培训、教学实践和应用研修。

嘉定还汇集全区智慧，形成了一本专供教师使用的《嘉定区中小学在线教育智慧分享手册》。手册分为学校管理篇、学生管理篇、教学活动篇、教研活动篇、资源建设篇、作业布置篇、家校互动篇和技术培训篇，囊括了教师在在线教育中会遇到的方方面面的各种问题，通过一个个关键问题，汇集了众多教师的在线教育智慧，为全体教师提供解决思路。如在学校管理篇，针对“如何推动教师不断适应、反思在线教育模式，改进自己的教学行为”的提问，城中路小学给出了“教师填写每日在线教育工作日志；通过远程视频会议对教学内容、作业进行研讨；建立教育技术支持组，每日在线解决教师们在在线教学互动中遇到的技术问题；全体行政派驻各年级的班级群，进行巡课，发现教师们在协同教学中的闪光点立即分享推广、发现有待改进的细节问题及时提醒整改”4条建议。再比如江桥小学在小学高年级，针对“如何让学生在20分钟时间里开展讨论”的问题，提供了自己的实践经验：“设置时间，教师提前观摩视频并编辑好内容定时发送讨论，让学生在课堂结束后即可收取互动内容。讨论时间适当放宽，提前告知学生20分钟内积极讨论互动，20分钟外可私聊提问答疑、提交作业。”

此外，嘉定还通过完善教学考核评价激励办法，将教师在疫情防控期间开展的在线教学计入日常教学工作量，将在线教学课时统筹纳入相应的绩效管理办法核定，对优秀在线教学成果予以表彰奖励。

在嘉定二中，一场在线教育引发的课改实践正在发生。语文教师通过双师云课堂总结的经验，在"停课不停学"中采用"教师指导+学生阅读+学生写作反馈的方式"进行语文单元整体阅读、整本书阅读实践。还有教师通过得到的学习数据对学生进行精准分析，建立不同学习小组群开展合作学习。嘉定二中校长宋保平表示："教学有法、教无定法，教师作为教学主体，是课堂教学质量的唯一把控者。变革教育的终极因素是人，而不是技术。因此，不断探究问题，努力寻找在线教学效益最大化的路径与方法，无疑是我们应有的坚持与守望。如何更好发挥在线作用，更好利用在线提升教学质量，以使学生在这样的学习方式下学得更好，这需要我们通过不断实践去实现。"

问卷调查显示，在嘉定，99.8%的教师通过多种渠道完成了市级5讲"教师在线教学能力提升课程"的学习。这一课程受到了教师的一致好评，他们还提出了"增加实例操作讲解型课程、推荐自主学习资源"的小建议，这也为市、区、校三级培训内容的优化提供了思路。

在这场全区所有学校所有教师都参与的实验中，嘉定不断从教师、学生、家长等方面收集反馈信息，不断优化教师在线教育能力，改进培训方案和课程内容，进一步帮助教师掌握具体实用的在线教育技能，更好地提高学生学习成效。通过集体智库+经验型教师+年轻教师助教+年轻主播+任课教师的实践，一边是教学能力的增长，一边是在线教育能力的摸索，嘉定教师在这次对未来教育的探索中得到了全面的磨炼。

自主与互动，关注学生个性化学习

一位家长给班主任发消息说："学校为我们提供了网上课程，我家孩子非常开心，早早地坐在屏幕前准备好。本以为孩子会坐不住，可是孩子给了我惊喜，他一直在认真听。网课形式虽然简单一些，但是内容很丰富。我们期待着下一次课程。”多样的视听终端、有趣的课程内容、热烈的线上互动让学生们感受着云课堂带来的不同的学习体验。看着孩子们认真投入学习状态，学生家长、基层学校的校长纷纷给予了高度的评价。

以学生为中心，全过程学习体验。线上学习更倾向于学生自我学习与管理。直播测试期间不上新课，嘉定的云课堂资源从开发阶段即兼顾了新授课与复习课、专题课与拓展课等课型。除了由区学科带头人、骨干教师担任网络课程主讲外，各学科还配备了助教教师共同备课、录课，每个年级的课表以周为单位发布，学生通过扫二维码即可进入相应教室学习。一年级每天的课程还有两名主播在线直播互动，更好地提高了学生学习的趣味性和有效性。

嘉定在双师云课堂上为全区学生开设三类课程，共有网课442节，涵盖了小学、初中、高中12个学年段。内容既注重疫情防护知识普及，加强生命教育、公共安全教育和心理健康教育，也有防疫阻击战中涌现的先进事迹学习内容，同时，关注学生的身心健康，适时安排了眼保健操、韵律操等活动环节。在小学网课的下午，会提供一些综合活动，供学生自主选择，让学生在艺术名家名作鉴赏、趣味实验、韵律体操等活动中愉悦身心。在古猗小学，由学校德育室安排，班主任分主题组织美食主播、劳动能手、运动达人、才艺型秀等有趣活动，学生则把照片、视频等资料分类上传班级文件夹。班主任则结合每周一次的在线班会课，组织学生观看分享、交流互动。初中、高中的网课则偏重于专题指导。这些课程都以学生为中心，根据不同的学习对象，设计不同类型的授课内容。比如语数英，对毕业班的学生，围绕知识点开展专题复习；对非毕业班的学生，开设寒假作业疑难讲解、学法指导、专题讲座等。上海市语文特级教师、嘉定区教育学院高中教研室主任沈国全介绍，在物理、化学等以实验为基础的学科，会增加更具趣味性、可以与老师有更多互动的小实验。在嘉定一中，记者发现，学校还开展了升旗仪式、主题班会、心理活动、社团活动、体育健身、新闻引力波等活动。区教育学院教研员俞春燕表示，在教学过程中，教师也会尽可能用轻松愉快的语言启发学生思考，让学生从实际生活出发，感受学科的魅力。

为了让学生居家也能学得有效，上大附属南翔高级中学利用信息技术手段将教师对每一位学生的个性化关注精确到了每一天的每一个数据。在“停课不停学”期间，学校指导培训教师充分发挥在线教育平台的“统计”功能。教师随时收集学生课堂出勤、在线学习时长、作业提交、课中互动的数据，发现问题较为集中的学生。同时，教师及时公布学生在线学习数据，私信学生作业批语、阶段学习评语，加强鼓励和鞭策。教师们还创新方法抓好学困生线下教育，利用电话家访、视频谈心、互助小组等方式，持续关注和引导这部分学生。正如一位教研员所写：“如何更加努力地克服传统教学整齐划一的弊端，更加充分地利用信息技术，关注每个学生的个性差异，发现不同学生的学习需求，并且努力去满足他，这需要我们更多的教师去探索，更多地去实践。现在，我们迈出了第一步。”

步步为营，盘活在线教育一盘棋①

新冠肺炎疫情发生以来，上海市教委积极贯彻落实教育部要求，要求各区科学研究制定疫情防控期间本地区中小学教育教学管理工作方案，因地制宜做好“停课不停学”工作。嘉定教育积极行动，结合嘉定实际情况，采取迅速制定相关政策、协同多部门共同组织实施、积极推进优质在线教育资源共建共享、开展师资培训提升教师在线教学技能、加强平台建设和技术服务支撑等举措，步步为营，帮助各学校顺利开展在线教学，盘活区内在线教育一盘棋。

① 本文作者：上海市嘉定区教育学院汤杰。

布局

“布局”，围棋术语，指棋子分布的态势，意在全面谋划与安排。

嘉定区教育局对标上位文件要求，基于区教育现状，制定《嘉定区新冠疫情防控期间中小学在线教学的实施方案》，全面规划和安排区“停课不停学”工作。1月23日武汉封城，24日嘉定即启动在线教学的筹备工作，28日区教育工作党委、区教育局联合启动应急响应机制，专门成立教学指导组。2月5日市教委宣布延迟开学到2月底，全区开始积极准备寒假延长时段在线教学的试播课程，明确将2月17日至29日定为本区响应开学后在线教学的准备期。一方面为学生提供公益、便捷、有效的寒假学习生活指导，丰富学生寒假生活，帮助学生收心，引导他们建立在家学习的习惯，学会自我管理，合理分配时间，从制订在家生活计划和学习计划到自我约束执行学习计划再到反思自省；另一方面帮助教师、家长提前适应在线教学与学习，为在线教学活动做好准备。

打通市—区—校三级网络平台，明确功能，摆正位置。实现市平台（授课）、区平台（实战模拟）、校平台（个性化辅导）三级联动。延期开学阶段，采用“区双师云课堂+各校互动平台”模拟测试模式；正式开学阶段，采用“有线电视、IPTV、上海微校（上海大规模智慧学习平台）+各校互动平台”在线教学模式。延期开学阶段的所有模拟是为了3月2日正式开学阶段时，师生可以进入一种比较熟悉的在线学习环境学习，以提高教与学的效率。

召开全区中小学校长会议，解读中小学在线教学工作提示。全面解读《嘉定区新冠疫情防控期间中小学在线教学的实施方案》《嘉定区中小学双师云平台使用提示》《上海微校使用工作提示》三份文件，帮助基层学校校长提前了解区在线教学工作的整体部署、准备期区级平台的运作流程以及正式开学阶段上海微校平台的使用方法，未雨绸缪。

以问答的方式，发布全区告家长书。对家长普遍关心的课程内容、开播时间、授课师资、课程安排等问题做了逐一的解答，对每一个孩子、每一位家长在开展在线学习前做好清晰的指导。

强手

“强手”，围棋术语，指比常规着法更积极、主动，或更具有对抗意识的着法，意在主动出击，夺取先手。

嘉定区教育学院第一时间对接区“停课不停学”工作。及早启动、明确责任。1月底便启动了在线教学的筹备工作，主要工作是在延期开学期间，指导教育系统中小幼学校做好教育安排和其他相关工作，协调专业技术部门建设优化在线教学软硬件环境，建立并完善发布在线教学规范指导，组织把关优质在线课程资源。局院协同，部门联动。基础教育科有机结合教育局、教育学院整体工作的推进情况，统筹区内在线教学管理制度建设，成为局、院协同共进的桥梁，确保了工作方向的一致，形成了强有力的合力。教研室统筹区内骨干名师完成本区网络视频课程教学资源建设，出台区在线教学课程计划，科学排定分年级课表，确保课程设计、指导、录制等各环节畅通，同时完成市教研室布置的市课程资源库建设的相关工作。指导学科教师利用网络平台进行辅导答疑，推介样本学校，给予全区学校参考借鉴。师训部精选助教，为名师录课提供支持。成功招募志愿者478人，其中授课教师316人，助教90人，主播25人，研训员47人，其中学科带头人12人，骨干教师12人，特级教师2人；开展在线教学技能培训；采用“助教帮录、主讲自录、学校统录”的方式，确保课程录制无一遗漏；完善教学考核评价激励办法，将教师在疫情期间开展的在线教学计入日常教学工作量，统筹纳入相应的绩效管理办法核定，对优秀在线教学成果予以表彰奖励。教育技术部为在线教学资源录制和学生在线学习提供全程技术支持，配合完成278节区级在线课程的录制与直播工作；开展全区在线教学数据采集与分析；指导教师运用钉钉、QQ、微信等平台功能，丰富教学方式；引导教师尝试开展与学生合作的作业设计、课后辅导和学后评估，完成与市级名师的协同教学。德研室充分发挥六个区级班主任工作坊骨干班主任队伍力量，开启在线研讨模式，形成集体智慧，共形成16个德育公共课程设计，内容涉及学科学习建议、亲子游戏、趣味运动、健康提示等，涵盖小学、初中和高中学段。新闻中心承担324课时市级录播课程制作任务，科学协调拍摄场地、录播设备、技术人员、后勤保障等工作，做到一周一安排、一人一岗位。

打谱

“打谱”，围棋术语，指在教授围棋时用标准性的棋谱、棋局开展研究讨论，意在尊重规律，章法有度。

区各基层中小学校有效贯彻落实《嘉定区新冠疫情防控期间中小学在线教学的实施方案》，排摸学生家庭网络学习条件情况。排摸后限定每校统一使用1个平台，对没有终端设备和未返沪的学生施行个别化关照（一生一策），确保每个学生都能及时获取课程资源，不让一个学生落下一节课。制订下发校本化的《告家长书》。学校根据区相关提示文件，通过电子版《告家长书》的形式，告知家长学校开展在线教学的各种注意事项，保证家校沟通的畅通无阻。转变学校教研方式。2月17日至29日是全区中小学在线学习实战演练的两周。各校积极寻找在线辅导、评价、布置作业的最佳方法，测试班级互动群，构筑稳固而积极的教师，学生、家长的三角关系，为网上正式新课学习做好一切操练和准备。参与市课程资源建设的教师将好的经验做法及时分享给本校教师，带动本校教师迅速熟悉在线教学模式；加强集体备课，反思差距，取长补短，有效互动，共同进步。开展网络教研，精准施策。各备课组对在线教学学科平台搭建、测试、使用方式做了统一，基于单元设计对在线教学学校自主部分作相关教研，充分发挥钉钉工作群完成交流群各项测试工作，并根据计划提前录制微课及相关练习解析视频。

趣向

"趣向"，围棋术语，指按对局者的意图、设想，走出与一般应接不同的着法。含有"别出心裁"之意，旨在创新与变化。

一方面，在线教学使得教师的授课方式发生了转变，从传统的单一教师授课转变为双师授课模式。这里的"双师"有两层含义，录制过程的双师是由经验型老师和懂技术的年轻教师组成的，学习过程的双师是经验型教师与任教班级教师组成。另一方面，在线教学使得教学流程发生了转变，实现了线上管理、教学、辅导、反馈的一体化。8:20前完成在线学习设备调适和学前准备；8:30师生共同观看上海微校在线授课；课间互动时间任课教师根据课程内容，通过钉钉直播、录播的方式进行知识的指导点拨，对未上线的学生询问原因，做好记录，做到一生一策；遇到异常问题及时上报，并要求教师每日填写在线互动反馈表，完成线上作业的批阅，形成过程性的评价。同时，倒逼教师优化教学方式。与线下课堂教学相比，线上教学没有固定的教室，没有师生之间面对面的情感交流，也没有课堂纪律的约束，如果教师仍然采用线下课堂讲授的方式开展教学，无异于穿新鞋走老路。在教学方式上，教师逐渐以问题为导向，先学后教，实现真正的课堂翻转。在引导学生学习新知识前，通过在线进行前置诊断，了解学生是否具备学习新知的知识储备。在此基础上，教师提前一天安排学生预习新课，根据学生预习时遇到的重点、难点问题，制作在线网络视频或在平台上选择相应的课程资源在线推送。综合运用图表、思维导图、现场板演等形象化手段，抓住学生的注意力，加深学生对知识的理解和记忆。

双活

"双活"，围棋术语，属于活棋的一种，意在自由与开放。

宅家的在线学习，让学生的学习方式发生了转变。公位集中式教学组织结构转变成了异位分散式（不在统一学习环境/场地）的结构，更加注重自主式、探究式学习，对学生自主学习能力提出了更高的要求。嘉定努力从四个方面提升学生的学习品质：一是建立在内在动机基础上的“想学”；二是建立在自我意识发展基础上的“能学”；三是建立在掌握了一定的学习策略、学习评价基础上的“会学”；四是建立在意志努力基础上的“坚持学”。培养独立分析和解决问题的能力。引导学生借助思维导图、学习导图等工具，自主掌握知识，并将知识在实践中运用，设置问题情境开展一系列变式训练。同时，在线学习还可以将综合学习、项目学习落到实处。在线学习不是学生个体的单打独斗，建立学生学习小组，共同讨论、切磋在学习中遇到的问题，开展跨学科的综合学习和项目学习。

各级学校积极应对

上海纽约大学：线上教学全面开花，技术经验全球共享[①]

上海纽约大学自2020年2月17日开始全面实施线上教学，近1 000名师生通过数字化技术参与了约300门课的教学与学习。学校更在3月初公开发布了一整套数字化教学工具包，为受新冠肺炎疫情影响亦将步入远程教学阶段的全球各大高校遥相助力。

迅速反应，课堂实现数字化转型

自1月中下旬新冠肺炎疫情在湖北迅速蔓延，上海纽约大学迅速做出反应，整合全球资源，开展疫情防控相关工作，并以最快速度调整学校开学时间（原定2月3日），宣布自2月17日开始全面实施线上教学，以保障广大师生员工健康安全、学校各项工作平稳运行。

“从实施数字化教学的决策落地到第一节线上课程正式开课，我们只花了三周时间。”上海纽约大学图书馆馆长祖晓静告诉记者，“而且我们一直在根据实际情况进行微调，不断优化现有技术与工具，同时扩大其覆盖面。”

---

① 本文作者：《上海教育》记者徐星。

学校信息技术部与图书馆的科技服务团队分工合作，配置了一整套工具、指导材料与教学建议，协助各位教师完成从面授到数字化授课的转型，包括大型课堂的转型。学校鼓励教师根据实际情况和教学效果，灵活运用学校搭建的在线教学平台、工具和系统，自由选择直播、录播或者两者结合的授课方式。教师和学生还可自由选择视频会议、电子邮件、微信群等方式，进行学术讨论、小组学习等各类教学互动。

纽约大学全球教育体系有14个校园及海外教学点，连线上网课对上海纽约大学的师生来说并不陌生，这也解释了上海纽约大学为何能在较短的时间内完成所有课程的数字化转型工作。

开学第一周，所有计划的260门共计717门次课程顺利开课，分布在全球各地的183位、740人次教师实施线上授课，800位、8 421人次学生参与线上学习。待学校正式开学、学生返校后，即可实现与正常教学方式的无缝对接。

学校身处世界各地的教师克服时区差异，积极响应。身在法国巴黎的计算机教授Promethee Spathis自打开始线上授课，就是凌晨三四点起来工作的节奏。当被问到为什么不采取录播形式时，他说："有些学生住在宿舍里，远离自己的家。作为教师，每天在场是我的责任，所以我远程'督促'他们的日常作息。学生需要知道有人在看着他们，保持跟平时在校一样的学习节奏。"

学生对线上课堂的反馈总体积极。有学生表示，对于新的学习内容和新日程感到些许压力；另一部分学生则表示，待线下课堂恢复后，希望部分在线工具仍能继续用于课堂教学，因为这些工具着实有效。例如，提前录制的课程能帮助学生自学，最大程度提高课堂互动的效率。"数字化教学为我们带来了更多的可能性。"2022届学生刘启宸感慨道。

为保障在线活动顺利开展，开课前，学校对全体学生进行了技术设备情况摸底，确认学校所有本科生均有智能终端设备后，安排学生课前测试网速、熟悉教学软件。遇到特殊情况，学校将为学生提供包括邮寄电脑、补贴4G网络流量等个性化解决方案。为保障关键时期的网络通畅，学校将所需使用带宽和运营商的国际带宽均升级了近两倍，减少由于网络路由选择导致的延时和信息丢失，并且实时监控网络流量，安排专人保障每一节在线课程的视频通话质量。

玩转技术，在线教学品质不降低

上海纽约大学世界语言项目的高级中文语言讲师柴晶近期主要在上海的家中工作，每周在线教授2节课，与学生线上见面4次。她使用NYU Stream Kaltura Capture上传提前录制的课程视频。这一工具可同时捕获教师屏幕和教师本人的影像。学生可在窗口间切换，既能专注内容，又仿佛与教师面对面互动。该工具含有嵌入式测验功能，允许在录播视频间插入问题。测验没有评分，主要帮助学生检查自己对知识的理解。

在非同步教学环节中，柴晶准备了四五集10分钟左右的语法课供学生自学。她认为，Go Formative这一工具在简化同步和非同步教学环节上做得很成功。此外，她还使用Flipgrid在线平台，学生可录制视频上传回复，参与课堂互动。由于是在家授课，她常利用家中道具，如毛绒玩具或宠物猫，录制示范对话，继而鼓励学生发挥创造力，使用手头的道具，录制自己的对话视频。

缺少教室环境，如何保持学生的积极性和参与度成为远程教学的挑战。在目标语语境中教学，是上海纽约大学世界语言项目组一直以来的目标。因此柴晶与同事一直在探索方法，帮助学生学习和维持所学语言知识，同时将其应用于现实生活。他们在一周内为学生赶制了65集教学视频，还计划在本学期完成近500集视频。视频内容包括国内当下的真实故事、新闻、轶事，以将课堂知识与现实生活紧密联系起来。

NYU Classes，NYU Stream Kaltura Capture……这一系列有助于开展在线

教学的工具现在都可以在上海纽约大学的官网上找到详细介绍和使用指南。学校已于3月初公布了这一整套数字化教学工具包。

“新型冠状病毒疫情最早在中国爆发，所以上海纽约大学在远程教学方面先行一步，”上海纽约大学常务副校长雷蒙表示，“目前，疫情的进一步扩散迫使越来越多的高校关闭校园，将教学工作转移至线上。作为数字化教学的先行者之一，我们很乐意与国际学术界分享教学工具包，共享技术专长，与大家同舟共济、共渡难关。”

他同时认为，在线课堂最关键的是“要确保学生依然可以积极参与课堂学习、与老师保持互动，而不是只能被动地在电脑上观看视频”。

分享经验，助力全球高校“不停学”

上海纽约大学的在线教学工具包推出不久，纽约大学佛罗伦萨和阿布扎比校区陆续宣布全面采取远程教学。上海纽约大学的成功经验为两个校区提供了“定心丸”，当地的教学支持团队和上海纽约大学科研与教育技术团队开展了沟通和学习，借鉴上海纽约大学的在线教学模式和工具包，按部就班地展开了准备工作。3月15日，阿布扎比校区顺利上线远程教育。

上海纽约大学的科研与教育技术团队还配合学校宣传处，在工具包的基础上，撰写了多份教学案例，覆盖多学科和多种教学法及模式，向全球高校教师展示了在疫情下，如何根据自身和课程实际情况顺利开展远程教学。上海纽约大学传播部相关负责人介绍，康奈尔大学、普林斯顿大学、芝加哥大学、宾夕法尼亚大学、密歇根大学、卫斯理学院等大学的院系和校领导均表示，上海纽约大学的成功经验，为他们争取了时间，提供了宝贵的借鉴。

随着在线教学的逐步常态化，上海纽约大学的科研与教育技术团队将学校从准备阶段到开课及稳定阶段的所有在线教学最佳实践都撰写了知识库。目前这些知识库信息都可以通过上海纽约大学的网站查看。

嘉定一中：让线上教学同样精彩[①]

今年春天的开学季，网络授课成为全国所有学校、教师不得不直面的一项新挑战。视频软件怎么用？直播平台如何操作？怎么确保学生认真地看视频学习？如何尽最大努力让线上教育的教学效果不输于在校教育？这些问题考验的既是教育工作者在非常时期的应变能力，也考验着他们对教育教学的理解深度。作为嘉定区信息化标杆实践学校，上海市嘉定区第一中学一直在研究智能环境学习方式变革。据悉，在此次嘉定区语数英三科第一期开发的90节课程当中，嘉定一中老师主担了30节课程的录制。正是因为教师足够专业的设计和学校较为完善的管理，网课的学与教，让学生喜欢、教师“有谱”。

嘉定一中的线上教育，并非简单地将线下面授的课程搬到线上，而是以屏幕背后教师较高的专业素养和学校完善的教学管理作为支撑，通过当下疫情时事与学科教学紧密结合，进行有广度、有深度的设计。嘉定一中深知，教学的空间变了，但教育的规律没有变。

嘉定一中认为，在线教育，首先是“教育”，其次是“在线”。如何为学生在线学习保驾护航，如何为教育生态的转型做出探索，是在线教育期间嘉定一中人始终思考的命题。

链接学科知识与时事动态

网络教学最大的难点之一，是难以保证屏幕另一边的学生能够专注于视频学习。在嘉定一中的教师们看来，网课首先就要在教学设计上下功夫，增强教学的吸引力。而目前这个阶段，就要把本学科知识和当下疫情的时事动态结合

---

① 本文作者：《上海教育》记者陈之腾。

起来。

早在“防疫公开课”在线收看准备阶段，嘉定一中就成立了在线教学演练小组，协调推进各项准备工作。各个学科组也早已准备。教师从学科知识入手，结合当下的新冠肺炎疫情，设计了多道讨论和互动题目。

学校政治教师以其较高的时政敏锐性与学科专业素养，牢牢把握当下时政热点，以现实作为最好、最生动的教科书，集学科组之力，发挥自身优势，编写了一套《时政热点解读——战疫》的学习材料。材料中包含疫情热点回放、知识点评析、小试牛刀三个部分，高一着重经济学、高二着重政治学、高三着重哲学，涵盖了以疫情解读为主的学科知识能力训练与思维提升。比如针对高一年级，政治教师设计了这样的问题：口罩供不应求、价格飞涨，试着从经济学的角度进行思考，分析其原因和解决方法。这道题立刻引起了学生们的兴趣，他们纷纷给出了自己的解答。

在网课备课过程中，生物组教师围绕新冠肺炎疫情精心设计了多个讨论帖，包括“关于新冠传染病的预防，关键在于切断传染链，你能说说看到的、听到的、自身体验到的措施中分别属于切断传染链中的哪个环节吗”“你能说出口罩选择中的生物学知识吗”……讨论除了考虑到学生的参与度，更鼓励大家积极探究，用专业学科甚至跨学科的综合知识破解难题，为此，生物组与化学组还进行了联合教研。

哪些因素会影响疫情预测的准确性？新冠病毒为什么能在空气中飘浮传播？如何利用地理信息系统监测疫情的传播与发展？瘟疫对中国古代历史产生什么影响？……一个个有趣且生动的问题串起了学生的学习任务单，他们的视角也从疫情本身不断拓展，并尝试用在课堂习得的学科知识去解决这一个个问题。用曾获得上海市“十佳班主任”荣誉的宋睿老师的话说，嘉定一中的网课“见于疫，思于疫，力求学以致用”。

当知识与现实世界紧密挂钩，学生知识的获得也突破了课堂这一物理空间，开创了无限的可能。

在战疫中挖掘育人价值

育才先育德。网课不只是传授学科知识的地方，也是思政教育的阵地。

在寒假期间开展线上教学的准备过程中，学校政治组老师们结合不同年级的特点，安排新冠肺炎疫情的时政专题，精心备课，把抗击疫情的时政热点融入了“云”课堂。他们努力当好政策的宣传者，当好学生的引路人，在学科教学中浸润育人功能。在“云”课堂上，有最坚定的逆行者、最热闹的方舱医院“广场舞”、最美的脸庞……政治组老师充分挖掘丰富的育人素材，并结合寒假作业中对时政热点的评析，及时把全国抗击疫情的重大举措、感人事迹、典型做法等内容补充到教学中，利用疫情热点上好社会课。学生们在时事背后感受到了坚强、无畏和担当，更感受到了国家的强大和人民的勇敢，坚定了抗“疫”的自信。

在嘉定一中，思政育人不只是政治教师的专长。高一（2）班班主任秦汉在上数学模型一课时，现教现用，让学生以数学建模中学到的函数作为模型，计算这次疫情的感染人数。学生通过推算发现数据结果远远高于新闻里确诊的病例数。面对学生的疑问，秦汉引导全班学生从武汉封城、倡导居家隔离等措施进行了思考，由此感受到了国家决策之迅速、中国特色社会主义制度的优越性。

完善管理，让线上教学井然有序

线上教育，既要有趣，也要有序。线上教育尽管形式新颖、内容鲜活，但背后仍然少不了一套完善的管理体系进行支撑。

早在2月23日，嘉定一中就召开教学筹备组会议，研究、制订学校在线教育方案，布局在线教育管理体系。学校将自行开发课程与市录像资源相互融合、相互补充、整合使用，采用每个年级同一课表、同一授课、同一时间，统一使用钉钉平台开展在线教育。到2月28日，在线教育方案、安排表、作息表等就已经发送到教师、家长的手上。

教师上网课，同样要规范教学五环节。参与录课的地理教师蔡袁芬至今仍记得市地理教研员殷育楠所说："我们的网课不是个性课，不是标杆课，更不是完美课！而是协同课、保底课，更是责任课！"这句话，也是嘉定一中备战网课的真实写照。学校各年级备课组以"团结合作、明确分工、成果共享"为原则，落实教研训一体化，每周组织至少进行一次网络教研，开展集体备课，统一教学进度和内容。在此基础上，学校结合班级学情分析、开展分层分类教学，并布置相应的作业，做好统计、批改和反馈，确保教学质量。学科主任将在线教学具体工作（采用直播或录播形式）落实到每天每人，保质保量完成教学任务。

在嘉定一中，线上教育不只是上好文化课，除学科教学外，学校在班级、年级钉钉群，采用集中和自主两种方式，开展升旗仪式、主题班会、心理活动、社团活动、体育健身、新闻引力波等教育活动，发动班级、年级、学校三级学生自管会，通过师生、生生在线互动交流，加强全方位的身心指导。积极发挥学生主观能动性、自主管理意识，使学生即使宅在家，也能自觉规范网络言行。"这次新冠肺炎疫情，虽然缩小了广大学生的身体活动范围，但是更多的同学们并没有因此而放弃锻炼身体，他们利用家里的有限空间来进行有氧操、太极拳、综合体能等练习。指导他们更好地进行居家体育锻炼，是我们体育老师的责任。"体育教师黄友德也通过网络上起了体育课，这次他作为一名青年教师加入了市教委组织的高中体育与健身网络教学资源建设团队并主要负责体能（下肢及核心）部分。经过团队近一个月的集体备课，已经在3月2日前完成了9节课程内容的录制工作。

战疫即将取得胜利，在迎接全面胜利之前，网络教学还将是教学的主阵地。嘉一的教师们把每一天都当作开学最忙碌的一天，不敢有丝毫的松懈。3月2日起，校长管文洁以及各级部主任进入各班钉钉群进行听课，并及时向教师反馈意见与建议。同时为确保在线教学顺利开展、有效发挥活动功能，学校为教师统一配备手写板的同时也积极征求教师在试运行阶段的经验和建议。

合作共生、协同发展的观念意识，人文关怀、自主管理的生活方式，质疑探索、创新发展的学习方式，发现自我、突破自我的精神气质，是嘉定一中人始终坚守的课程育人目标，期待在线教育的背景下，其一以贯之的坚守会结出累累硕果。

风华初级中学：未来学习，学校的应为与作为①

2019年初读朱永新教授的《未来学校》一书，感觉其中充满了教育的浪漫和理想主义色彩，但随着疫情来袭，我们曾经习以为常的学校生活、学校功能正发生着翻天覆地的变化。未来学习样态已经到来，未来学校已经到来，传统学校如何转型应对？作为上海市首批信息化标杆校，风华初级中学正在行动和思考。

未来学习，线上学习特征带来的挑战和思考——学校的应为

学习资源、内容的泛在化，引发我们对学校教育价值的思考：学校必须凸显为国育人才、立德树人的功能。网络的互联和互通，让每一个学生可以在任意空间里接触和了解海量的知识信息。这意味着，只要学习者想学、愿学、有兴趣学，知识本体的学习随时随处可以发生。但是未来学习面临的网络资源不仅有科学和真理，也有谬论与谣言；线上网络学习可以实现知识的积累和增长，但是虚拟的人际社群却很难促进学生的社会化成长。学校教育就是要回答好何种学习内容有价值、何种知识和能力结构可以促进学习者健康而全面的

① 本文作者：上海市风华初级中学堵琳琳、林文琴、姚程琳。

成长、何种价值观可以推动人类社会的文明和进步这些基本命题，回归教育的根本价值，实现人充分而全面的发展，为国家培育高素质的各类人才，推动人类文明进步。

学习状态、环境自主化，引发对学校教育组织管理形式的思考：学校必须成为学习者学习力提升的实践场域。

长期以来，学校通过班级授课这一高控制教育管理组织形式来保证教学秩序、教学效率及质量。当线上学习大规模开展时，钉钉这一非常不错的办公App，被用于监督学习者的学习，家长们对于互联网学习这种低控制、多干扰的学习环境下的学习效度产生了极大焦虑。学习说到底是学习者自我选择、自我推动、自我调适、自担结果的过程，学习效度很大程度取决于学习时长、专注度、思维的活跃度和深度等自主学习状态。要让学生始终处于主动学习状态，学校的作用就是要引导和点亮学习的兴趣，激活学生思维，形成系统方法，使学生自主的深度学习常态化，使学生在离开教育体系以后，依然具有持续学习的意识、动机、方法和习惯。

学习过程、路径个性化，引发对学校教师专业化研修系统的思考：学校必须成为学科教学知识的研究场域。网络的大数据积累和分析能力、智能学习能力让未来学习有了更多个性化实现的可能。如何科学判断怎样的学习路径和学习体验更适合不同的认知风格、知识起点、兴趣爱好、智能类型？如何让最有价值的学习发生？如何把学科知识根据学生的认知水平和学习情趣进行教育学转化，进行生本化表达？在传统课堂与新型云课堂的对话中，教师兼具了学习设计师、学习指导师、教学评估师等多重角色，教研组的研究要由“研究怎么教”转向“研究学生怎么学”，从“我讲清楚了”到“学生哪里会不理解”。研究主题要转向聚焦如何利用信息化，实现教学结构与学习类型的变革，促进线上线下深度融合学习，要在组内达成利用网络资源帮助学生寻找自身问题的共识。教研组还要重新规划教师的校本专业技能培训体系，重点推进教师信息化能力提升板块，尤其是在线辅导互动技巧、线上课堂掌控、在线教学能力等，确保学生收获有质量的在线学习。这些区别于学科知识的教师专业知识，应该成为校本教师专业研修的核心内容，成为学校教学文化和智慧生成的聚焦点。

基于应为思考的学校实践作为

“空中课堂”“线上学习”为实施层面的行为跟进提供实践舞台，在未来智慧校园场景下，我们试图在以下几个方面破题、解题。

遴选适切的网络技术资源来多元服务于学生成长，比如“K12+钉平台”。线上学习不仅包含课程资源的分享，还应包含交流、互动、作业、评估、反馈等学习全过程。风华初级中学自2014年就建设K12学生综合素质多元评价系统，包含了对学生个体的身心健康、品德发展及各学科过程性学习的评估，还兼具了学校教育资源共享、作业发布、家校沟通等多种功能，已经实现了师生和家长的常态化、全覆盖使用，并在此次线上学习之前，进一步拓展了笔记分享、作业线上提交、批阅、反馈、错题个性化收集等功能。但是K12系统不能承担起教学及时互动、交流、答疑等功能。学校成立了线上教学技术支持小组，在众多的成熟市场化应用中遴选出高互动性，能支持直播、视频、录播、点播功能的产品——钉平台，和原有K12形成了优势互补，构建了线上学习过程全覆盖的技术路径。

“问题化学习”重构教学流程，强化学生学程个性化实施。学生利用微课资源作为工具反思自身问题（预学中的不足），找到关键方向（突破重难点），构建知识框架（提高元认知能力），形成线索（解题思路）并最终引向成功，形成了“预学反馈—对话理解—建构深化”自主学习的问题化学习模式。

课前，不同层次的学生通过微课预学提出质疑，从“你提出的问题”到“你被追问的问题”，再到“你被回答的问题”……“问题”成为重要的课程资源和学习资源。依托问题，教师确定教学起点、重点和难点。课中，通过有效的提问和教学决策图的分析，及时调整教学策略，结合学生个性化的学习目标实现分类分层、个别化指导。课后，根据学生的作业反馈，个性化推送补救学习资源。学生可以以个体或群体的方式创造出真正个性化的学程。

“一频两单”深度解析学习过程，校本研修聚焦教师学科教学知识的生成。建立学科行政组（学科分管的行政干部）——课程与教学研究中心/质量监测与评估中心——教研组的三级在线教研协作机制，围绕“人人学有价值的内容、人人获得必需的学习、不同的人在学习上得到不同的发展”的目标，以一频两单为载体，帮助教师生成更多的学科教学能力。“一频两单”即一个微视频（针对特定的问题播放时长为几分钟的教学视频且可重复使用）和两个设计单（微视频设计单、微视频学习单）的微课制作入手，遵循课堂教学方法（讲授类、问答类、启发类、讨论类等）和课堂教学环节（课前复习类、新课导入类、知识理解类、练习巩固类、小结拓展类等）分类制作，以期更好地帮助学生解决实际的困惑。

在拍摄微视频之前，首先是教师对两单的精心设计：“微视频设计单”主要是依据各科课程标准和初中教学基本要求，对微视频涉及的相关核心知识点进行分析。包括：本单元和本节学习内容之间的基本关系，本节学习内容将经历的主要学习过程、需实践的主要学习方法和获得的学习价值；学情分析，主要是对学生的生理、心理特点分析，已有的认知基础和前备知识分析，学生的个体差异分析，学生对于本学科学习方法掌握情况的分析和学习时可能遇到的困难分析；重难点分析，突出本节学习的重难点、必需的学习经历和重要的学习方法。“微视频学习单”与微视频学习配套，内容力求体现双基，通过课前学习单的自主学习达到概念生成和基本方法的掌握，课中或课后学习单内容力求体现课堂内容的延伸，通过课中或课后的研讨进一步掌握方法、提升能力。在具体实施上还可以采取点面结合的方式制作微课推送给学生，面上各年级均选择重难点和易错点模块。

“自我成长力，自主学习力”的班级管理聚焦德性成长和学习动能。传统班集体在促进学生个性形成和发展，培养自我观念，内化价值观念，传递社会文化，掌握生活技能，培养社会角色等学生的社会化发展中发挥着重要的作用。通过多次班主任工作坊的研讨，把自我成长力、自主学习力拟定为班级管理的侧重点。宅家抗疫期间，通过微信推送《写给每一位风华初孩子的一封信》，德育线上小课堂“我的雷火建设日志”向学生呈现了中国人民在这场战“疫”里的众志成城与坚忍不拔；组织“责任”“榜样”“行动”抗疫系列特辑，学生通过报道战斗在一线的家长们的平凡工作，感受各行各业在战疫中的坚守与责任，激发每一位学生的爱国热情，树立社会责任感。学习准备期，各班班委在班主任的带领下制订线上学习公约，指导学生提升自我管理，做一个自主的、负责任的学习者。高效进行时间管理，线上交流分享切实可行的学习计划。线上学习开始后，沿用值日班长制度，以短频快的“自主学习学法指导”系列教育开启每日晨会，每日渗透，唤醒学生自纠学习习惯、自我调整学习状态、自主积极管理班级的行动力。在学校微信公众号相继发布了图文并茂的文章，倡导学生作息自律、学习锻炼有机结合、学做家务爱劳动等良好的学习成长习惯。线上学习一周以来，学生的自主管理能力得到了有效的提升，教师普遍反映作业完成情况、课堂参与情况甚至优于线下，感叹孩子们在特殊学习经历中的特别成长。

上海世界外国语小学：“空中课堂”自平台演变记①

随着3月2日新学期到来，“世外空中课堂”也完成了新一轮更新。这个“有必选有选修，有教师传授有自己探究；有作业要求也有方法工具；上半天观屏，下半天动手”的课堂，为居家学习提供了良好的在线条件。

对世外小学来说，空中课堂并非新生事物，这得益于其数年前开始的用人工智能创设更个性化的教育教学系统的尝试。疫情期间，学校在市教委线上课

① 本文作者：《上海教育》记者潘晨聪。

程资源基础上，依托初步搭建的包括教学和评价在内的平台与在线课程资源，选用了自行开发教学视频的方案。

熟悉的自平台为师生快速上手创造了条件，也无缝衔接了居家学习新课程的落地。如果将这场大规模“停课不停学”看作“未来学习”的剪影，讨论时代变化中的学校与教师何为，那么世外小学交出了自己的特色答卷。

从课堂到客厅，学习内涵一以贯之

世外小学线上课程均处于同一个学习平台“录播课堂”中，课程的模块设计使得学生查找十分便捷，录播也有明确清晰的管理制度和流程：由校长室负责确定课程的模型，制定线上教学以及评价的标准和原则；各学科组具体实施，包括进行集体的教研活动、安排人员、分配任务、确定时间节点；每个教师按要求设计和制作在线课程，并在备课组内第一次分享获得建议和意见，上交大组后获得第二次反馈，再纠正与修改。所有通过两次审核的课件最后由学科大组交校长室进行第三次检查，通过后由技术部门人员在规定的时间内转码上架到课程平台。

在此次超长寒假至新学期期间，世外小学积累了许多校本课程资源，各类网络课程资源丰富。目前，在线课程系统覆盖了五个年级，分语文、数学、英语、音乐、美术、体育、科学、道德与法治等必修课程以及书法、阅读、戏剧、思考和探究、劳动和卫生等选修课程。

必修课程遵循了国家课程标准和课程计划。选修课程根据学生居家学习的特点，设计了劳动课，包括烹饪、洗涤、打扫、整理、缝纫等系列。特殊时期除了传统课程外，家政、防疫、学习工具和方法都成了学习内容，以求更契合当前时情。比如“体育与卫生”栏目推出了广播操、眼保健操和防疫课程。学习方法类指导课程包括了“思维导图8法”“错题集的整理”“批判性思维五步法”等，探究性课包括了“方舱医院的设计与改进”“人类为什么要吃野生动物”“职业再认识”“问题解决”“未来城市”等项目内容，几乎所有的课程都是视频和音频相结合。

“既然用在线学习打开了新学期的大门，就要充分体现它的优势。”在世外小学校长张悦颖看来，在线课程要遵循自主学习、开放兼容、适度适量、“听”“看”结合的四原则。

具体来说，在线教育要实现学生根据自己的时间和学习的节奏来进行自主的在线学习；学校除了提供自己的课程，也要吸纳和推荐一些校外的线上课程；控制每天在线课程的总量，以确保学生有时间进行一些探究项目和实践活动；“听”的课程与“看”的课程结合，避免用眼过度。

这也意味着，“停课不停学”下的学习场景发生了迁移，内涵不仅不变，还要利用线上技术的优势，在便捷性、交互性等方面体现特色，为个性化分层学习提供了一种可能。

个性课程增值不增量

“无论是内容还是形式上，我们都希望能够利用好线上教学的优势，尽可能地给到学生个性化的学习空间。”张悦颖希望，借助此次“停课不停学”，学生能逐渐决定自己学习的节奏，可以自定义部分课表，也可以自主选择部分课程内容。

线上课程绝大部分采用录播课的方式。世外小学在保存之前课程以便学生查询的基础上，每天在课程平台中上新当日的课程，一节课时间控制在20分钟以内。

因为全部是录播课，学生可以按照自己的认知水平和自己的节奏来进行学习。需要记录和思考的时候可以暂停课程的播放，遇到重点和难点时可以对某一个片段进行反复学习，对已经掌握的知识点可以跳过。

学校为低年级和中、高年级提供了不同课表，学生可根据需要调整课程学习的顺序。语文、数学、英语这些每周高频次出现的课，可以纵向选择每天上这些课的先后顺序。学校也会建议把个人觉得学习最困难的学科放到最前面，按由难到易的顺序排列。而像音乐、体育、美术这些每周低频次出现的课，学生可以横向来调整自己的学习顺序。当然，他们也可以决定每节课自己所需要学习的时长。

“每张课表存同也有异”是张悦颖想看到的，即便在必修课中，部分内容也是可以选择的。比如居家体育课包括了球类、游戏和体能运动，学生可以选择其中的一项作为体育课的内容。音乐课安排了“形体舞蹈”和“名曲欣赏”供学生选择。再比如语言类课程每周会有一节复习课，学生可以选择上复习课，也可以到图书馆课程里进行自主阅读。中高年级每天下午留出充分的探究时间，学生既能选择一些探究课进行学习，也可以自主决定探究的内容，离开屏幕进行自主探索。

这些内容丰富、增值不增量的个性化课程的背后，是充沛的师资力量和良性有序的更新机制。张悦颖告诉我们，世外小学的教师队伍相对年轻，有一定的媒介素养，师生比1 ∶ 9的情况也保证了有足够的教师来参与线上课程的设计与制作。再加上“智慧共筹、成果共享”的理念，同学科、同年级的教师能够共同使用，平均每位教师每周只需设计和制作一到两节在线课程。

可以看到，符合学生学情、需求的课程和教师资源是在线教育开展的关键要素。“停课不停学”向学校发起了挑战，也向教师抛出了难题。

如何成为魅力“线上教师”

在2月25日上海新闻综合频道播出的《课外有课》寒假特别节目中，世外小学美术教师朱懿琳和体育教师孙菁华走进演播厅，介绍了当主播、上网课的经验。她们谈到，线上教学要把握好短短几十分钟，课程必须更加高效精练。由于上课环境的改变，加上隔着屏幕，怎样吸引住孩子变得更为重要。无论是知识点的拓展，还是语言的魅力，都要做更多、更充分的准备。

张悦颖也提到，线上教学最大的难点是学生在没有外部监督的情况下如何提高自己的学习愿望和能力。“学校要求教师的课程设计和制作要符合学校的要求和标准，有整体的风格，但也不主张千篇一律，以免学生产生审美疲劳。”在世外小学课程大框架下，每位教师都有自己探索和设计课程的空间和自由度，有形成自己教育风格的机会。“我们鼓励教师站在学生的角度来思索，怎样的课才对小学生更有黏性？怎样的课能既有意义又有意思？”

有的教师会在授课时设计一些贯穿性的卡通动画形象来增加趣味，比如体育教师在教跑步摆臂动作的时候，会设计一个卡通小人与自己的动作进行互动和对比，让一节原本枯燥的训练课一下子就生动起来。有的教师会为内容设计一个情境，把自己也设计成其中的一个角色，比如播音员或导游等，使教学内容具有故事性和趣味性。也有的教师会穿插一些契合教学内容的补充、扩展和说明，比如教学五年级语文课文《红楼春趣》时，教师剪辑与《红楼梦》相关的电视剧和电影片段进行扩展，让这节课非常具有画面感。

教师们也反映，录制的工具、方法和角度对一节课的质量也会产生很大的影响，从而直接影响学生的学习效果，为此，他们尝试用不同的方式来进行录课，进行对比分析，选择最恰当的技术手段来支持课堂教学。

用教师的话来说，在课程视频制作过程中所有设计都是为了“教有成，学有效”。大规模的线上授课是一种巨大的挑战，也是给教师自我更新的一次机会。他们通过纠正和优化作品，更迭知识和技术系统。他们并不看重能否成为线上明星教师，一切只为让特殊时期的学生学习不留下一丝遗憾。

卢湾一中心小学：特殊时期的学习需要“信任、包容、鼓励”①

“Janey老师好像哭了……快下课的时候，她说你们看得到我，我却看不到你们，然后就掉转身去了。过了一会儿我看到老师打了一行字：孩子们，我

① 本文作者：《上海教育》记者徐倩。

想你们了……”在转述孩子们的话时，黄浦区卢湾一中心小学五年级学生的妈妈被感动了，“老师想孩子们了，孩子们也想老师了。”

尽管疫情停滞了线下学习，阻隔了交流，但师生的情谊却在此时显得尤为珍贵。这次特殊时期的在线学习，对于黄浦区卢湾一中心小学、嘉定区卢湾一中心实验小学这样跨越两区，拥有2 700名学生、200多名教师大体量的“卢一”来说，不啻为一次考验。而学校和家庭在困难时刻齐心协力，师生通过屏幕交流互动，拓宽学习的时空。

“孩子们，我们看到了你们的努力；家长们，你们感受到了我们的辛勤。任何一种新事物都可能会带给我们不适应，我们需要磨合、需要包容、需要彼此信任。第一天，在一起，我们不是十八线网络主播，我们是一群肩负责任、初心永在的教育人！”

这是卢湾一中心小学“云课堂”微信公众号上的一段话。疫情期间，停课不停学，全员在线学习的实际应用终于呈现在所有师生面前。学校不是单纯地将课堂教学搬到网络上，而是按照保底、公平、稳妥、安全的原则推出“空中课堂”，并根据学习环境、设备、内容、学生情况来做出相应的调整，设计、安排学生的在线学习。

事实上，准备阶段仅有一个星期。要在不长的时间里梳理清思路，切实落实好各项准备工作，是全体卢一人要经历的第一道关。全面排摸学生参与在线学习的基本情况，调试优化学校现有网络、使用平台，梳理课程资源，做好线上教学准备，实施教师、学生全员线上培训……卢一人全力以赴。

为了全力保障正式教学的实施，市教委举行了两次面对全体学生的在线学习演练——2月25日的防疫公开课、28日的德育公开课。卢一结合实际情况，要求全体教师及时跟进，做好组织动员，加强家校沟通。两次的演练结束，学校即时收集了家长的反馈信息，并给出相应的对策。有家中老人不会调节频道，没有看到电视直播的，教师通过电话教会学生、老人如何寻找频道；有不熟悉操作平台，没有参与互动的学生，教师跟进指导，帮助他们重新操作。

3月2日，卢一师生迎来了真正的大考。家长们虽然陆陆续续复工，却在岗位上牵挂着家里孩子的学习情况。孩子按照课表一天学习下来，学校及时跟进，了解教师授课情况，听取家长反馈。第二天，学校就分别给教师和家长各写了一封信。

在线教与学过程中，如何做到“减负增效”是卢一最为关注的内容。学校在给教师的信中为他们“支招”：每天安排一位教师采用直播或到讨论区进行互动指导；几门主科教师事先协商好，将互动的时间相对固定；在视频教学结束后，遇到确实需要讲解的难题，教师可以通过语音讲解；任课多个班级的教师不建议使用讨论区；减少线上教学互动作业，线下作业教师之间相互协调，控制学科作业量和作业总量，表述言简意赅，多一些思考应用的内容，少一点机械抄默作业，少一点图片呈现形式的作业，等等。

在给家长的信中，学校不仅介绍了市政府、市教委在整项工作中的投入和重视，还将家长遇到的问题一一进行梳理，因为学校知道，只有家校携手才能使在线学习取得成效，“信任、包容、鼓励”成为这封信的关键词。

经过前期的在线学习，教师和家长、学生都在慢慢探索整个在线学习流程，正如校长吴蓉瑾所说：“一种新的模式可能会给所有人带来不适应，但是在这特殊的时期，我们必须彼此信任、彼此包容、彼此鼓励，才能为孩子营造较好的学习氛围，获得较好的学习效果。”

在线教学引发学习变革[①]

实施在线教学第一天，我们就收集教师和家长的反馈，进行了反思。既有做得不错的，也有遇到问题的。有初始觉得忙乱的，有很快觉得能适应的；

① 本文作者：上海市黄浦区卢湾一中心小学校长吴蓉瑾。

有双职工家庭上班过程中牵挂家中老小共处的；有担心一天的学习，孩子们是否能够坐得定的；有即使在上班，却总是忙着看晓黑板“讨论区”的；有回家以后忙着问孩子，急着上传作业的……对所有教师来说，也是同样的忙碌，因为我们都是第一次，我们会有发现孩子能自主学习的欣喜，也会有无所适从、手忙脚乱的焦虑。

特殊时期的教学与学习对于我们来说是一种经历、一种体验，背后是全体卢一人扎扎实实的行动。停课不停学，目前学校逐步稳定的在线教育状态并不意味着对传统课堂的偏废，它应该激发我们教育人更大的思考空间，积极推进在线教育与传统课堂结合，更好地为学生服务，更好地为每一个学生提供适合的教育。

如果对卢一目前“在线教学”的稳定做一些探寻，我想可能与以下几方面有关——

信息化标杆培育校建设的基础。学校自2009年开始探索信息技术与教育教学的深度融合，实施“云课堂”教学模式。2018年6月，在上海市教委的指导和黄浦区教育局的支持下，学校以“发掘学生潜质，激发学生兴趣，指导学生学习，成就学生价值”为基本目标，通过数据采集、数据治理、数据挖掘，达到洞察、预测和决策的目的，作为首批上海市信息化标杆培育校，探索大规模因材施教。聚焦学生、教师、教育教学过程，基于数据驱动逐步走向智慧应用，注重五育并举，倡导减负增效，进而为每个学生提供适合的教育。在此期间，学校的信息化基础建设得到进一步加稳、加固。

注重日常教学研究的“减负增效”。在之前的探索实践过程中，学校拥有一支教学水平、信息素养双高的教师队伍，针对传统教学中“备课、上课、作业、辅导、评价”五个环节，通过伴随式无感知的学业、行为、生理数据采集，获得动态学情实时反馈，为备课和教学提供科学依据，大幅提升课前教研的效率。“线上线下结合，变常规性教研为主体性教研”“建立学习大数据库、丰富课堂素材并实现个性化推送”等促进教师智慧的凝练，大幅提升教师课前教学教研的效率。

不断调整优化的沟通渠道。通过年级组、教研组，家委会、班主任群，全面、多次听取意见与建议。如此全覆盖地实施在线教学对绝大多数人来说都是第一次，难免遇到一些问题。我们直面问题，聚焦重点，能解决的想办法解决，暂不能解决的也及时沟通，在整个过程中，充分获得了教师、家长的理解，形成合力，完成特殊时期的学习，保障学生学习效率的最大化。

当然，此时我们特别需要家长们的理解与支持。再过一段时间，孩子们会渐渐适应这样的学习模式，我们即将迎来新一轮考验，因为那时对于他们自主、自觉、自律的能力有着更高的要求。

在线教学教会我们很多，我们能够通过屏幕交流互动，拓宽学习的时空，不因疫情出现而停滞学习，阻隔交流，教师们开始更为珍视课堂教学中真切的师生互动，家长们开始思考家庭教育中孩子习惯养成的重要性，孩子们开始想念伙伴合作学习带来的愉悦……每一次的变革都带给我们思考，每一次的思考都将引导我们教育人去寻求、去实现更好的愿景。

杭州锦绣育才教育集团：扶放有度的结构化在线教学探索①

疫情下的在线教学既是危机下的应对，又是教学改革的一次契机。在决定开始居家学习的前一天，育才集团召开了“万人动员”电视会议，把此次的居家学习定调为“在极端条件下难得的教学法改革之实验研究”。在抗击疫情第一阶段，集团所有小学、初中和高中开发了适合居家学习的“习得课程”；千名教师天天晚上“在线答疑”；万家（学生）周周“诚信测试”。在有序推进全面复工的抗疫第二阶段，集团教师全员上班，在教室里全程

① 本文作者：浙江省杭州锦绣育才教育集团。

陪伴学生线上学习，各科教师全天预约且全体区（小区门口）访、村（村庄）访。

多年来，我们一直积极探索教学变革，做了多种尝试，并重点聚焦于在线学习环境下的有效教学研究。我们发现，如果仅是让学生看录播或直播课，教师批改作业，两者中间缺乏支撑环节，自我学习调节能力差的学生就会出现“跳水”现象。不仅如此，在线学习环境在很大程度上缺乏面对面的“温度”，教师育人功能在这样的教学中无法充分发挥。如何为学生的在线学习提供合适的支架，最大限度地发挥在线学习环境的优势，使各种教学方法能在在线环境中更有效？

费希尔和弗雷提出的扶放有度的结构化教学

美国圣地亚哥州立大学教育领导学教授道格拉斯·费希尔（Douglas Fisher）和南希·弗雷（Nancy Frey）在观察了大量的课堂后，提出了扶放有度的结构化教学模式，即有目的地通过教师示证、教师辅导、同伴协作和独立表现来实施教学。在这个过程中，认知负荷逐渐从教师转移到学生身上，最后学生能独立运用所学去解决问题，学习真正发生了。他们指出，教师示证、教师辅导、同伴协作和独立表现是学习的四个必要元素，缺一不可。这四个元素搭配起来，根据不同的需要进行组合，可以使教学最优化。

在线学习环境下的扶放有度的结构化教学

在线学习环境因为缺乏面对面的交流和反馈，更需要在教师示证和自主学习之间搭建脚手架，因此，我们将“扶放有度的结构化教学模式”引入在线学习。我们主要思考了两大问题。

（一）在线学习环境下四个元素的新形态

在线学习环境下，教师示证、教师辅导、同伴协作和自主学习这四个元素均要发生一些变化，否则很难适应需求。

1. 教师示证：逆向设计，定位高阶目标

教师示证往往决定了目标的定位——是定位于高阶的素养发展，还是简单的知识传授？为此，我们做了以下工作：（1）将理解为先模式（Understanding By Design）本土化，开发了适合居家学习的“习得课程”，以概念为联结点形成学科内容的纵横网络，通过概念有效组织内容，课程从“宽而广”转变为“少而精”的概念学习。同时在具体课程实施时，做到期统筹→月计划→周目标→日落实。（2）以基本问题为线索，评价保证预期目标的实现。根据理解为先模式的逆向思路，先确定预期结果，理清本阶段学习内容的几个基本问题，明确学生将会获得的预期理解；再确定合适的评估证据，弄明白怎么能够证明学生理解了自己所学的知识，依靠学生的自我评价和反馈，以及我们的日习、周测、月考来印证；最后落实到每一天的学案里，教师们为学生设计了层层推进、环环相扣的学习任务和活动，积极开展项目式课程，将生活资源融入学习之中，以丰富大家的学习体验。

2. 教师辅导：差异化全方位辅导

在线的缺点是缺乏面对面的交流，好处是可以通过数据进行反馈。因此，我们充分利用线上特点，进行差异化全方位辅导。

（1）四维反馈，关注个体差异。学生填写“习得问卷”，涉及学习基础、习得态度、学习习惯、学科思维四个维度，教师比对分析学生15个方面的习得表现与作业和周测结果的内在关系，找到学生值得保持和发扬的优点，发现学生应该克服和改进的缺点与不足并逐日跟踪，并特别关注那些有明显进步和退步的学生。

（2）双线辅导，语音实现超“面对面”辅导。双线辅导是指通过“分管校长—年级组长—班主任—任课教师—学生、家长”和“分管校长—教导主任—教研组长、备课组长—学科教师—学生、家长”两条线，关心学生的学习和生活。超“面对面”辅导的意思是超越面对面效果的辅导，是指在线可以提供更加灵活的辅导，通过双线辅导和语音反馈等方式，学生同样可以感受到如同面对面交往的温度。

3. 同伴协作：异质小组共享问题

学校组织各班组成学习小组（微信群或者钉钉组），以6~8人为单位，设小组长和副组长。每个小组里都有成绩上、中、下三个层次的学生，形成异质小组。学生自主答疑解惑（组员有疑问，可随时在学习小组群里留言提问，其他组员可以进行解答；教师先是从旁观者的角度看他们讨论，待到时机成熟，给以规范、成熟的结论）。要减轻教师辅导的负担，就要提高同伴协作的质量，通过共享问题可以加强异质小组中学生之间的互帮互助，以组为单位评选最佳“共享问题”和“疑惑问题”，教师可以对问题进行梳理并予以公布。

4. 自主学习：习得日记，提高元认知

我们一向重视学生的自主学习能力，在线学习环境对学生的自主学习能力提出了很高的要求，同时也为发展学生的自主能力提供了契机。我们首先通过量表对学生的自主学习能力和学习风格进行测量，在数据的基础上进行有针对性的集体和个别干预。同时，通过每日让学生写习得日记引导学生用成长性思维积极归因，总结直接经验，寻找替代经验，从而不断激发自我系统，加强元认知。同时，育才也对学生的在线自主学习进行了积极干预，即育才“三三六”。（1）在线学习三原则：作息规律、行止得当和自学为主。（2）三个“育才小日子”：独立习得日，父母、老师对孩子学习、生活完全放手，化身观察者和欣赏者，让孩子们真正地自立自主、自律自强；互换体验日，孩子们担起“父母”的职责，父母则完成“习得”的任务，多一个角度，多一种体验，多一分理解；哲学house日：孩子们放下手中的课业，和师长、同学一起关注社会热点，讨论生命话题，思考人生哲学，学会深度思考，培养成长型思维。（3）育才六步学习法：预习落实、独立作业、及时纠错、认真听课、诚实考试、多想多问。

（二）四个元素组合的不同模型

在线学习环境下，教师示证、教师辅导、同伴协作和自主学习四个元素需要如何混合应用才能更好地发挥作用？

针对不同学习能力和学习风格的学生，我们对四个元素的比例和顺序有所调整。比如对学习能力比较强的学生，成立育才“领航班”，增加自主学习和教师辅导的比例，并且在顺序上有所调整，从自主学习开始，遇到问题就可以通过教师辅导和同伴协作等方式来解决，而教师示证可以以微课的形式出现，作为补充或引导。

针对不同的学科、单元和课型，四个元素的组合也不同。初中的科学实验课和小学的项目式课程，我们的初中科学教师已经设计了50个趣味小实验，并编了实验手册，小学也开发了跨学科的项目化学习手册，这类学习加大了自主学习和同伴协作的比例。

针对不同的年段和年级，四个元素的组合也不同。比如小学生因为自主能力相对还比较弱，因此可以加大教师辅导的比例，而中学生自主能力较强，可以加强自主学习的部分。

扶放有度的结构化教学在线教学模型的构建

基于以上问题，我们对在线学习环境中的教学作了整体性思考。我们按照“教师主导”逐渐过渡到“学生主导”的思路，设计了扶放有度的结构化在线教学模式。在前期的实践中，我们也关注到在线学习环境需要关注“外部”力量和“隐形”调控。所谓的外部力量是指，在线学习毕竟发生在家里，因此，家庭是学生学习发生的地方，而不仅仅是网络，因此，要充分调动“家长共育”，疫情也真正促进了家校间的互动，育才做到了“万家天天全力支持”。此外，在线学习使得校长看不到“老师”，老师看不到“学生”，需要有一条“隐形”的线索保证学生的学习成效，因此，“质量管理”要一以贯之，才能使结

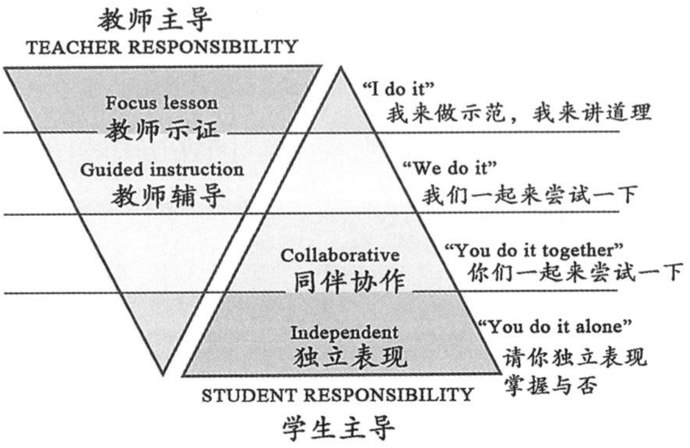

图1　扶放有度的结构化教学模式

时辰	时段	周一	周二	周三	周四	周五
卯辰之诵	8:00—8:30	背古诗	英文通读	读名著	口语达人（英）	撷英华（语/英）
巳午之学	8:40—9:40	语文习得	语文习得	“浮生半日”系列课程（语文校本课程）	语文习得	语文习得
	9:50—10:50	数学习得	数学习得	数学习得	积本求原（数学校本课程）	数学习得
	11:00—11:50	文综习得	品味花朝节（文综校本课程）	文综习得	文综习得	文综习得
	12:00—12:40	午餐				
午未之修	12:40—13:20	语文书法	音乐欣赏	美学“散步”	英语书写	心理健康教育课程
未申之习	13:30—14:30	Yucai Vision（英语校本课程）	英语习得	英语习得	英语习得	英语习得
	14:40—15:40	科学习得	科学习得	科学习得	科学习得	“实”事求“释”（科学校本课程）
	15:50—16:10	劳动	劳动	劳动	劳动	劳动
	16:20—16:50	育言・育行（习惯养成课程）	自习	育才“开讲啦”（客座教授课程）	景・润无声（教育景观课程）	男篮女舞（活动课程）
酉初之动	17:00—17:30	活动兴趣小组： 勇攀高峰（跑楼梯） 健美达人（核心力量） 舞动青春 拥抱自然（越野跑）	活动兴趣小组： 现代版“蹴鞠” 趣味俯卧撑 家庭羽毛球 小区跑步达人	活动兴趣小组： 趣味“瑜伽”（拉伸） 非正式家庭乒乓赛 我是“大力士”（投掷） 寻找自我“顶点”（摸高）	活动兴趣小组： “器械”狂人（练上肢力量） 勇攀高峰（跑楼梯） 舞出精彩 篮球少年	活动兴趣小组： 一跳跃千里（立定跳远） 传统“绳飞”（跳绳） 脚步丈世界（有氧跑） 我的运动我做主（自定）
酉戌之问	讲评时段	学科安排	学科安排	无作业日（时代课程之宅家看武汉、宅家学防疫、宅家“云赏春”）	学科安排	学科安排
	18:30—18:50	语文答疑	语文答疑		语文答疑	语文答疑
	19:00—19:40	数学答疑	数学答疑		数学答疑	数学答疑
	19:50—20:10	英语答疑	英语答疑		英语答疑	英语答疑
	20:10—21:00	科学答疑	科学答疑		科学答疑	科学答疑
	21:00—22:00	育才“夜话”	家校在线		夜闻天下	育才“夜话”

图2　习得课程初二年级课表

构化教学不脱轨。我们不仅通过日习、周测、月考、期结的评价周期，保持住师生的心理张力，让教学评一致，形成教学质量管理的大小闭环，从而保证特殊时期的教学质量，还通过教研来护航，做到了“千人天天集体教研”，每天傍晚5点（育才下午茶）或晚上9点半（育才夜话），近千位老师同时在线，校长通过录音文件的方式，集合所有参与一线习得的老师展开问题探讨。

杭州新世纪外国语学校：创新小学英语多模态线上学习通道①

英语作为一门互动性较强的学科，线上教学环境的时空分离导致教学行为与学习行为的分离，因此，探索建立线上学习环境下学生英语学习的通道十分有必要。疫情让我们更加深入地思考学生学习英语的机制和规律，研究一系列问题：在线上学习环境中，交流互动如何实现？怎样获得学习的反馈数据，并根据这些数据调整教学？如何对线上繁多的英语课程资源进行取舍和整合，更有利于学生的学习？

杭州新世纪外国语学校自20世纪90年代开始探索英语学科的教育教学改革，从强化外语教学的发展思路走向以学科育人为核心的办学思路，从“全境英语”走向“小外交官”课程，学校英语学科改革的探索实践结出了丰硕成果：以课程内容和学教方式为抓手，高位推进英语课程改革的“全境英语（ELITE）：外国语学校英语特色课程群建设实践研究”于2014年荣获首届基础教育国家教学成果二等奖；从目标深化、结构调整、方式变革、评价创新四个维度重新设计英语学科改革路径的“小外交官课程：外国语学校学科综合改革的实践研究”于2018年荣获第二届基础教育国家教学成果二等奖。

当前疫情背景下，学校立足于校本“小外交官”课程体系与英语学教方式

① 本文作者：浙江省杭州新世纪外国语学校滕梅芳、周芹、蒋昕昀。

的实践，在多模态理论框架和课标的支持下优化学生学习方式的可行路径，研发出“小外交官超越课程”，搭建起独特的多模态线上英语学习通道。

多模态（Multimodality）是两种或两种以上感官参与的交互方式，多模态的线上英语学习指的是在多模态学习环境下学生通过听（listening）、说（speaking）、读（reading）、写（writing）、看（viewing）、演（acting）协同融合的学习通道，提取多模态学习资源，开展多模态交流互动，获取多模态学习评价，实现全面发展综合语言素养的过程。

多模态学习资源、多模态学习平台、多模态互动交流、多模态学习评价是多模态学习通道运行的四维保障机制。与线下的学习环境相比，线上多模态学习环境的特点主要表现为学习资源多样化、学习平台多模化、交互活动智能化、学习评价多元化。线上多模态环境中的教师是学生多模态认知的引领者和指导者，其教学行为主要表现为搭建学习通道，运用互动策略，获取学习数据，实施学习评价。

融合联动，多模态学习的六大通道

在多模态理论中，所有的互动模态都是学习中意义生成的资源与通道。构建多模态英语线上学习通道的意义就在于促进听、说、读、写、看、演多种模态的联动与协同，调动学生多种感官，改变单一模态的线上学习带来的局限性。英语学科运用表1所示的学习方法，打通学生学习通道，激发学生的自主学习动力，促进学生个性化的语言能力发展。

蓝思平台是学校运行最为成熟的六维学习通道，它通过阅读力研判、个性化阅读、剧本“云”改编、“云上”表演show四个多模态环节开展个性化的分层阅读，实现学习资源选择的自主化、语言能力评价的精准化、语言实践活动的个性化。四个环节具体如下：

阅读力研判。学生通过蓝思平台的阅读能力检测获得阅读能力前测评价，为后续进行多模态线上学习提供依据。

个性化阅读。蓝思平台根据学生的阅读兴趣、语言水平进行资源推荐，为学生私人订制阅读计划。丰富的阅读资源以多模态语篇的形式呈现，学生既可以听、看、读，也可以录制成自己的朗读作品，完成阅读后，匹配的Quiz机制检测学生阅读的实效性，学生获得即时的学习评价，同时教师的后台也将收到学生的学习数据。通过线上的阅读小组，教师指导或学生主导多模态互动，以读后分享、话题讨论的形式深入语言的学习。

剧本“云”改编。在以阅读兴趣、阅读能力分成的学习小组内，学生结合绘本阅读、故事阅读开展写作实践。在线下写作教学中，学生普遍有单词记忆、语法运用等困难，学生的个性问题也很难得到关注。而在多模态的线上学习环境中，教师可以通过多模态的学情数据把握学生整体与个体的词汇储备情况、语法知识水平，有针对性地给予指导。在教师的指导下，阅读小组运用共享文档（石墨、腾讯文档）的形式进行小组剧本“云”改编、“云”创编，形成小组原创的学习成果。

“云上”表演show。Acting指的不仅是戏剧表演，更是学生个性化的语言实践。通过剧本的创作、改编激活学生“演”的欲望与动力，开启“云上”表演show，学生形成学习作品，实现语言知识与技能的巩固、内化，进行语言的输出。上传学习作品至平台后，通过自评、互评、师评、家长评、平台评等形式获得多模态学习评价。利用平台的奖励、推荐功能分享优秀的学习作品，供更多的学生与家长学习欣赏，形成良好的成果互动。

联合保障，多模态学习的四维机制

美好智能，优化多模态线上英语学习环境。在多模态的智慧学习环境中，学习资源、学习工具、学习主体、教学主体、学习方式、教学方式都将通过多种模态的协作融合发生转变。学校通过线上信息平台构建线上的英语课堂，通过多元的师生、家校互动的实施实现师生间的无差别信息沟通与家校间的及时反馈，形成“资源储备—平台实施—后台监督”的学习环境架构，实现信息技术与英语教学的融合式发展。

多模态线上学习平台，是学生进行英语学习的主要信息通道，教师的互动问题、学习作业、实践活动都需要通过平台通道达到师生交互的目的。按照学习兴趣、学业水平分成的多模态学习小组进行多模态的互动交流，确保每一位成员都能参与到学习之中。

融会贯通，完善多模态线上英语学习资源。听、说、读、写、看、演多种模态资源的相互关联与组合，形成多模态的学习资源。学校充分利用蓝思分层阅读资源、UMU微课库、爱数线上学习资源包、英语公众号资源集锦、PLET线上资源包、趣配音视听资源等丰富学习资源库，对学生进行多感官刺激，增强学生的学习选择性与自主性。

精准把脉，运用多模态线上英语学习评价。在多模态的学习环境下，收集学习的过程数据和结果数据、学习的共性问题与个性问题，并将这些数据进行关联分析和深度挖掘，对分析结果进行可视化呈现，让教师能更直观地掌握学生的学习状态、学习投入、学习进度、学习效果等数据，关注学生听、说、读、写、看、演全方位的语言能力培养。教师可以根据数据分析做出课堂教学改进、互动策略改进，为开展教学干预和教学决策提供参考。教师根据数据分析调整教学，利用多模态教学模式进一步完善沟通、评价与反馈的机制，关注学生综合语言素养的发展，实现个性化的学习指导。

由于线上的学习环境更易于学生进行分享与讨论，也更易于学生多元的学习评价，多模态的评价方式有助于全面关注学生的学习情况。例如，通过“UMU互动学习平台”线上口语分享为学生提供展示平台，开放自评、互评、师评、家长评、平台评的多模态学习评价，让学生获得多元、全面、丰富的评价，促使学生有意识地进行自我思考，满足学生个性化的发展需求。

联动共享，促进多模态线上英语互动交流。多模态的互动策略包括师生间的互动与生生间的互动。通过平台的互动话题、口语连线、兴趣小组等形式构建多模态的学习互动。互动话题的问答既可以考查学生对学习内容的掌握

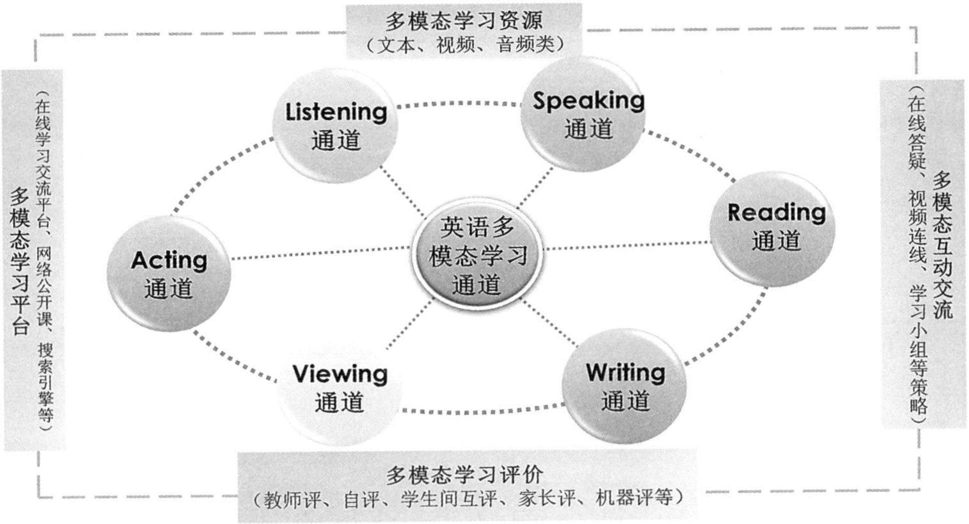

图1　小学英语多模态线上学习通道

程度，也可以激发学生对自主学习的思考；线上学习活动，例如Spelling Bee、“云中Bakery”烘焙分享、亲子阅读，提升学生的学习兴趣；一对一、一对多的口语连线关注学生的语言表达、社交技能；利用线上空间能够灵活组合的特点，组成线上学习小组，利用学习任务、课文讨论组织学生开展合作学习。

表1　多模态线上学习方法

学习通道 学习方法	听	说	读	写	看	演
UMU线上学习	√	√	√	√	√	√
Drama online	√	√	√		√	√
口语视频连线	√	√			√	
Lexil蓝思阅读	√	√	√	√	√	√
Mini-TED演说	√	√	√	√	√	√
声临其境	√	√	√		√	
Voice of NC	√	√	√		√	√

（续表）

学习方法＼学习通道	听	说	读	写	看	演
绘本悦读馆	√	√	√		√	
短视频 show	√	√	√		√	√
剧本“云”改编		√	√	√	√	√
我爱记单词	√	√	√	√	√	
尚城 sharetown	√	√	√	√	√	
思维概念图			√	√	√	
亲子阅读 App	√	√	√	√	√	
云上 Spelling Bee	√	√	√		√	

第 2 章

云上之师

——后疫情时代的教师信息素养

“信息技术应用能力是新时代高素质教师的核心素养。”教育部教师工作司司长任友群鲜明地点出了新时代教师信息素养的重要性。

2019年4月，教育部出台了《全国中小学教师信息技术应用能力提升工程2.0》，提出了到2022年基本实现“三提升一全面”的总体发展目标——校长信息化领导力、教师信息化教学能力、培训团队信息化指导能力显著提升，全面促进信息技术与教育教学融合创新发展。

正当全国教育界上下思考如何贯彻落实这一指导文件时，一场突如其来的疫情将几乎所有教师“吹”上了“云端”。事出突然，教师们紧急上阵，刚开始虽有些手忙脚乱，但边学边做、边做边学倒也渐入佳境。

大规模在线教学“逼着”教师和校长不断提升自身信息素养，正如全国政协委员、上海市教委副主任倪闽景所言，这次教师最大的进步可能是信息素养方面的，之前喜欢用新科技手段上课的教师可能只有20%左右，但这次疫情期间教师们都要上网课，信息化水平都得到提升，“这对未来新的教育模式形式将有很大推动作用，上海教育信息化会翻开新的一页”。

疫情总会过去，待教学回归在校园开展的常态，校长和教师是否又将信息素养的提升抛诸脑后呢？我们相信，此番如此大规模、长时间的在线教育，让校长和教师对信息素养的重要性有了非常清晰的感受和明确的认识。此外，教师在实践中也或多或少“尝”到了采用信息技术开展教学的“甜头”，如提高了批改作业的效率，提高了个性化学习的程度，等等，由此积累的做法、经验完全可以移用到疫情后的教学工作中。

展望未来，混合式学习、智慧教育都要求教师具备较高的信息素养。教师要懂得如何成为信息技术的主人，借技术之力促进真正的、深度的学习。

当然，技术只是工具，无论教学在线上还是线下，无论教育是传统还是智慧，教师本身始终是最关键的因素。

疫情期间规模化在线教学对教师信息素养的考验与影响[①]

在“停课不停学”的大背景下，规模化在线教学成为疫情期间的主要教学途径与方式，一线教师作为在线教学的实践主体，其信息素养和信息化应用能力迎来了巨大考验，具体包括教育信息化理念与在线教学的深度融合、日益复杂的信息环境需要更高的判断和辨析能力、突发性规模化在线教学对教师信息化应用能力提出更高的要求。但与此同时，疫情带来的规模化在线教学也给教师信息素养的提升提供了良好的信息化环境与实践锻炼机会，有助于驱动教学理论与模式创新，实现教师之间与人机之间的协同教学，有力推动信息化带动教育现代化。

面对突如其来的新型冠状病毒疫情，教育部及时提出了“停课不停教、停课不停学”的指导意见，要求采取政府主导、学校为主体、社会参与的方式共同实施并保障学校在疫情防控期间的在线教学。规模化在线教学成为疫情期间我国基础教育领域落实“停课不停学”的主要途径。根据教育部发布的《2018年全国教育事业发展统计公报》估算，至少2亿多名学生需要在家里通过网络学习，其中中小学学生超过1.89亿人，堪称人类历史上最大规模的一次在线教

---

① 本文作者：北京师范大学教育学部教育技术学院副教授，“移动学习”教育部—中国移动联合实验室副主任，北京师范大学未来教育高精尖创新中心马宁，北京师范大学教育学部教育技术学院硕士研究生张燕玲、杜蕾。

学创新实践活动与教育教学革命。一线教师作为本次“停课不停学”行动的实践主体，疫情期间的规模化在线教学既是对教师信息素养和信息化应用能力的巨大考验，同时也是一个全面提升师生信息素养的重大培训工程。

教师信息素养的内涵与意义

在教育信息化背景下，中小学教师的信息素养一般由信息意识、信息道德和信息能力三部分的内容组成。在疫情期间规模化在线教学中，教师的信息意识体现为对国家政策、教育信息化理念的认知力与敏感性，对在线教学的主动接受与创新意识等方面。信息道德主要指教师在进行资源创造、获取和应用时须遵守的道德规范。信息能力则指教师运用信息技术进行有效教学所应具备的能力，具体包括与学科相关的教学资源的收集、甄别、整合与应用；利用技术工具支持学生线上探究与协作，促进有效互动；应用技术开展对学生学习过程的实时监督与分析评价；根据在线教学情况灵活调整教学；反思疫情期间在线教学实践，总结并运用到后续教学中。

教师的信息素养提升与信息化教师队伍建设一直是我国教育关注的重点工程。教育部于2018年发布的《教育信息化2.0行动计划》中，明确要求实现从提升教师信息技术应用能力向全面提升其信息素养方向转变。2019年，教育部印发的《关于实施全国中小学教师信息技术应用能力提升工程2.0的意见》中也提出构建以校为本、基于课堂、应用驱动、注重创新、精准测评的教师信息素养发展新机制。教师信息素养随着技术与教学的深度融合，已成为信息化时代教师必备的基本素养。

规模化在线教学对我国教师信息素养的考验

（一）教育信息化理念与在线教学的深度融合

在线教学具有学习场所的灵活性、学习时间的便利性、学习材料的小颗粒性、学习进度的自主性、学习方式的适应性等特点。在此基础上，疫情期间的规模化在线教学，其教学对象一般以班级为单位，其教学形态和教学场景与面对面教学相比均发生了较大的转变。如果将面对面教学中的经验直接运用于在线教学，对学生进行统一的、单向性的授导式教学，将致使本就时空分离的教与学更加缺乏交互，学生可能因此产生不适应或抵触心理，影响在线教学的效果和效率。

此外，随着在线教学时间的拉长，对国家关于疫情时期教育政策的理解也应不断深入。疫情期间的在线教育不仅仅是临时采取的应急措施，也是利用信息技术突破和创新教学模式的一种手段与方式。如何将教育信息化理念与在线教学设计深度融合，针对在线教学特点整合信息技术与学科教学，并明确国家教育政策的期待与要求，重新认识在线教育的功能价值，推动在线教学模式创新，是教师信息素养目前面临的一大考验。

（二）日益复杂的信息环境需要更高的判断和辨析能力

由于疫情形势突然，一线教师需从面对面教室授课迅速转移到线上授课，面对面教学中的部分资源不再适用于在线教学。许多教师开始关注学校、区域以及国家推荐的教育资源，将其选取应用到自己的课程中来。然而与之伴随的，是疫情期间在线教学课程的知识产权隐患，这需要教师进一步加深相关信息道德与信息法规的认识，共同营造良好的资源共建共享环境，促进教学资源的良好健康发展。

另外，网络中的信息良莠不齐，存在大量虚假、不良信息，盲目采用将不利于学习者的知识学习与建构。因此，面对日益复杂的信息环境，教师需要更高的判断和辨析能力，提高信息敏锐度，主动维护在线教学资源的知识产权，并为学习者树立良好的信息道德模范。

（三）突发性规模化在线教育对教师信息化应用能力提出更高的要求

教师作为在线教学的实施者，面对突如其来的教学方式转变，其在线教学能力与信息化应用能力决定了学生是否能真正参与学习，决定了其知识获取与能力提升的程度。为保证学习者的在线教学质量，教师在教学资源、教学互动与管理以及应变能力等方面面临着巨大的考验。

1. 优质教育资源结构性和适用性不足，教学资源的收集、甄别、整合与应用能力有待提升

资源是教师在线教学、学生居家学习的基础和内容，疫情期间规模化在线教学使得教师对资源的需求变得极其庞大且迫切。然而，部分教师在面对海量优质资源的时候却表现出“无从下手”与“选择性困难”等搜索与甄别资源上的障碍。教育部明确提出，实施“停课不停学”，各地要区别不同学段学生的实际情况和网上教学的特点，坚持从实际出发、科学安排，合理选择学习资源，对教师教学资源的甄别能力提出了要求。

另外，优质资源也存在结构性不足以及地区适用性等问题，为满足教师的个性化资源需求，尽快提升网络教育资源的收集、甄别、整合与应用能力，科学选择并整合形成与自身教学需求相匹配的在线教学资源，提高优质网络教育资源的利用率和网络教学的实效性，是教师需要尽快突破的难点。

2. 互动困难削弱教学效果，技术融合的教学管理有待探索实践

教学互动和教学管理是教学所需考虑的重要因素，然而因在线教学师生分离的特性，使得教师在这两方面的组织实施受到了一定的局限。教学互动方面，师生之间的关系由零距离、强关系变为远距离、弱关系，教师不能像在真实课堂中那样从学生的表情、动作、氛围等获取学生学习状态信息，及时全面地掌握课堂状况，从而在适当的时候进行如提问等有效互动，以及小组合作学习等多向型互动。这种不适应使得教师对互动的时机与方式失去了把握，变得不知何时互动、怎样互动。王冬冬等学者在关于疫情期间在线教学研究的网络问卷调研结果也显示，不知道如何与学生在线互动成为教师在线教学的最大焦虑点。因而，如何根据具体教学内容和学情，灵活应用网络资源和信息技术工具，进一步丰富、创新和优化教学互动方式，实现与学生的有效交互，提升学生的课堂参与感和成就感，对教师的技术应用能力和掌控能力提出了很高的要求。

教学管理方面，过去的教学管理更多地依赖教师通过平时课堂学生的表现、课后作业情况以及测试考试等途径实现，需要耗费教师大量的时间与精力，且最后观测的颗粒度还是相对比较粗的。但在线教学中，所有的教与学行为都会留下网络痕迹，通过大数据、人工智能等技术可有效实现基于数据的学习过程实时监督与分析评价，为学生提供个性化的支持与反馈。然而由于之前大多数的教学实践不在线上，这类技术的应用和推广受到了一定的局限，疫情的到来使得人机协同教学真正走到教师的视线中来，为教学管理与技术融合迎来新一轮的探索与实践。另一方面，班级文化具有凝聚、同化、激励、心理优化等功能，良好的班级文化有助于规范学生学习行为，提高学生学习兴趣与动机，从而促进学生的学业及各方面发展。因此，如何在在线教学虚拟空间中建构良好的班级文化，促进学生全面发展，成为教师教学管理创新的又一重要课题与考验。

3. 信息化环境制约在线学习，教师应变能力面临考验

2月10日原定开学日当天，数以亿计的全国中小学学生同步参与不同平台的直播教学，大规模的并发访问大大超过平台的常规服务能力，大多数直播平台都出现了网络卡顿、频繁掉线等现象，甚至有些平台直接过载崩溃，严重影响学习体验。信息化环境是应用在线教学与在线学习的基本保障，同时也是制约学生开展在线学习的主要因素。另一方面，学生的信息素养、学习环境及潜在问题需要教师进一步加强了解，以整合筛选出适合学生开展学习的教学内容与方式。因而，技术平台的不稳定性一方面给我国信息化环境建设提出了挑战，同时也给教师的应变能力带来了不小的考验，要求教师能结合学生信息素养与环境，更全面、更综合、更灵活地采用多种技术方案，以根据在线教学情况灵活调整教学。

规模化在线教学对我国教师信息素养的影响

（一）在线教学驱动教学理论与模式创新

“停课不停学”并不是单纯意义上的线下课程搬家，而是一种广义的学习，

强调教师作为学生学习的设计者、引导者、参与者，促进学习者的合作探究与能力培养。因此，只要是有助于学生成长进步的内容和方式均可实施应用，教师可借着这次机会，深入了解在线教学先进理论，并大胆尝试如混合式学习、翻转课堂、项目式学习、双师教学、泛在学习等教学模式，加深对在线教学先进理论的学习与应用，加快教师角色转型。

在此基础上，疫情期间规模化在线教学还为教师发挥利用信息技术开展教学的主动性，融合教育信息化理念，不断突破和创新教学理论与模式，变革原有教学设计，深入挖掘在线学习交互和学习活动对教学效果的提升作用，动态重整教学评价维度与方式，提供了充足的实践机会与创新空间。同时，教师在疫情期间宝贵的在线教学经历与庞大的学习数据将为疫情后的教研提供指导性参考，推动教师专业发展。

（二）多渠道供给优质教育资源，推动协同教学与资源创新

疫情期间，国家、学校、企业以及大量民间机构都提供了丰富的在线教学资源。例如，国家中小学网络云平台以统编教材为基础，针对小学至高三年级进行全覆盖式教学，人民教育出版社向社会免费提供电子版教材和教师用书，中国大学慕课面向社会开放在线课程，等等。另外，平台记录的各种数据、活动、问题、作品以及教学互动视频等都可作为生成性资源，形成教学资源的一大创新。教育资源的形式将不再局限于专有资源，而是呈现出优质教育资源的多渠道供给形态，一方面保证了资源的质量，实现优质资源的共建共享，另一方面也降低了教师教学负担，教师可组织开展协同教学，即擅长授课的教师负责组织教学，其他教师发挥自身特长，进行在线教学的优质资源甄别获取、答疑解惑、作业批改等工作，促进教师职能分工，提高教育服务的质量。

（三）创新教学管理，实现人机协同教学

教育信息化已进入融合创新、智能引领的新时期，将以人工智能、大数

据为代表的新兴智能技术应用到在线教育领域，可实现学习者学习行为的实时监控，基于证据对学习者进行精准的学习诊断与分析，实现数据驱动的过程评价，将教师从布置作业、批改作业、考试组卷、阅卷评分、成绩统计等机械化、重复性的工作中解脱出来，实现人机协同教学。教师可以将重心从知识传授转移到更有利于学生高阶能力发展的教学工作上来，从而真正发挥教师“育人”的核心价值。另一方面，学生也可利用智能教学系统开展自主学习，培养形成自觉无监督的主动学习，教师只需根据学生的特点与学习进程的变化提供不同程度的指导。

（四）规模化在线教学实践有力推动信息化带动教育现代化

信息化环境方面，为保证在线教学技术平台的稳定性，中央电教馆、中国教育电视台、网络运营商及其他教育信息化机构和企业协调保障网络畅通，目前已能够满足5 000万名学生同时在线学习。教师队伍建设方面，疫情使得教师信息素养的提升面临着重大的实际需求，区域和学校均加强推进教师应用能力培训，以提升教师信息素养，打造信息化教学创新团队，促进信息技术与教育教学的深度融合，完善在线教育体系，为信息化带动教育现代化起到了极大的推动作用。教师技能提升方面，通过教师培训与实践锻炼，教师已经普遍学会选用适切的平台和工具，采用多种方式开展线上教学，技术应用能力以及信息素养得到了很大的提升。相信在不断地在线教学探索与实践中，教师将从最初的技术应用者和消费者逐渐转向技术整合使用者，并最终发展成为技术创新使用者和设计者。

在线教育既是特殊时期的权宜之计，但也是未来教育改革与发展的一个重要方向。教师应充分认识到在线教育的重要价值与良好前景，利用日益强大的科技力量，把疫情期间规模化在线教学带来的考验转变成提升教师信息素养和信息化教学能力，推动国家教育信息化健康发展，并创新现有教学理论和模式，深化课堂教学改革，提升教学质量和水平，促进自身专业发展的良好契机。

上篇

云师之智

教师信息素养并非一个新课题，但此次疫情期间的大规模在线教学使其“站在了聚光灯下”。经历此“疫”，对这个课题的再认识和再思考必然被提上更重要的日程。它的内涵究竟如何理解？它的重点是什么？如何评价教师的信息素养？有哪些有效的提升途径和具体策略？这些问题考验着我们的智慧。

有一点是毋庸置疑的，教师不能为了技术而技术，而是要在真正促进学生的学习这个宗旨的前提下，将技术与教学进行较好的整合与融合，达成主体、价值与技术的统一。

对教师信息素养的再认识和再思考①

在教育部于2020年1月27日发布《关于2020年春季学期延期开学的通知》之后，全国各级各类学校就着手准备“停课不停学”的应急方案。经过两周左右的准备，3月初开始，学校以形式多样的在线教育启动了2020春季这个不同寻常的学期。

如此全员、全学段、全天候的在线教育，作为危机事件中的应急方案，一定意义上是一个非常难得的在线教育“压力”测试，在充分展现网络之于现代教育的不可或缺性的同时，揭示学校、课程、教师和学生在技术技能准备方面所存在的不足。

其中，教师的准备尤为关键。面对丰富多样的远程教学工具、数字化资源，教师如何做出适合教学需要的选择，如何恰当地使用之，无不要求教师具备相应的信息素养。

信息素养的内涵

（一）广义信息素养

信息素养是一种发现、评估和有效使用信息的能力，即个体通过定位信息源，识别满足特定需求的最佳信息，批判性地评估信息源，理解信息组织方式，并恰当使用和共享信息的能力。通俗地讲，所谓信息素养就是个体把有关信息技术的知识与技能融会贯通，能够在信息社会生存的基本能力。也就是，面对生活、工作中的问题，知道去哪里获得所需要的信息，能够有效地甄别信

---

① 本文作者：上海数字化教育装备工程技术研究中心主任，华东师范大学教育学部教授顾小清。

息，合理利用和加工信息，并有自觉遵守信息隐私和安全保护的意识。此外，信息素养的广义内涵还包括个体对整个信息生态系统的理解，如果个体了解信息是如何被创建的，以及可供其使用的信息的类型，就能更好地驾驭庞大且不断增长的信息。信息社会，公民的基本素养除了读写之外，还得加上信息素养。不具备信息素养的人将成为21世纪的“文盲”。

（二）教师信息素养：信息技术教学应用能力是核心

教师群体除了应具备广义的信息素养外，还应具备信息技术教学应用能力。面对数字化工具不断在学校渗透的现实，教师技术应用能力直接决定技术能在多大程度上发挥作用，以提高教学效率和质量。教师应用信息技术的目的当然不仅仅是在课堂上运用技术工具，而是通过设计和实施合适的整合技术的教学法，更好地满足学生学习需求。教师通过掌握技术整合教学的知识和技能，有效地将技术融入日常教育实践，是教育变革的关键。因此对教师来说，信息技术教学应用能力是其信息素养的核心，也可看作是信息素养在具体学科教学实践中的体现。

研究者对教师信息技术应用能力进行了探讨，提出了不同的教师信息技术应用能力概念模型。Johannesen等人（2014）提出的模型认为，教师信息技术应用能力包括三个方面：信息技术或数字技能、使用信息技术进行教学、教授信息技术相关知识以探索更广泛的社会问题。Ottestad等人（2014）提出的模型认为，教师作为数字教育者应该具备三种信息技术教学应用能力：通用数字化能力（Generic Digital Competence）、学科数字能力（Subject/Didactic Digital Competence）、以专业为导向的数字能力（Professional Oriented Digital Competence）。Ilomaki等人（2016）认为，教师信息技术教学应用能力应包含四个方面：有关技术使用的知识与实践，课堂实施信息技术的技能，理解使用信息技术的局限性、伦理问题及挑战的能力，参与数字文化的动机。另外，Mishra and Koehler（2006）提出的整合技术的学科教学知识（Technological Pedagogical Content Knowledge，TPACK）模型从技术知识、整合技术的学科内容知识、整合技术的教学法知识以及整合技术的学科教学知识四个方面描述了教师所需的有关技术教学应用的知识。

虽然研究者从不同的维度对教师信息技术教学应用能力进行了解构，但是其内涵都是围绕着教师首先需具备广义的信息素养，要从海量的数字化技术工具和资源中甄别出自己所需的工具和资源，在此基础上，要具备在具体学科情境中使用技术工具和数字化资源进行有效教学的能力，即应具备信息技术教学应用的能力。这项能力包括：教师要对信息技术教学应用的意图和意义有深刻的理解，清楚为什么使用技术；要理解信息技术教学应用对学生学习过程、学习策略及学习成果的影响；在此基础上，决定在不同教学情境下应该使用哪种数字工具以及如何使用。

教师信息技术教学应用能力的评估

（一）评估内容

教育部分别于2004年和2014年颁布了《中小学教师教育技术能力标准（试行）》和《中小学教师信息技术应用能力标准（试行）》，体现了在不同发展阶段对教师信息技术应用能力的发展要求，同时也为教师信息技术教学应用能力的评估提供了依据。前者从意识与态度、知识与能力、应用与创新以及社会责任四个方面，对教师信息化专业发展提出了明确的能力要求。后者从应用信息技术优化课堂教学和应用信息技术转变学习方式两方面，对教师技术教学应用能力提出了要求。

国际上，澳大利亚、韩国、日本、新西兰以及新加坡等国家都颁布了相应的中小学教师信息技术能力标准，为教师信息技术教学应用能力的评估提供了依据。除此之外，比较有代表性的还有欧盟委员会联合研究中心开发的《教育者数字能力框架》（*The Digital Competence Framework for Educator*）和联合国教科文组织颁布的《教师信息通信技术能力框架》（*The UNESCO ICT*

Competency Framework for Teachers）。前者从教与学、数字资源、增强学习者能力（Empowering Learners）、评估、促进学习者的数字能力（Facilitating Learners Digital Competence）以及专业参与（Professional Engagement）六个方面，系统地描绘了教育者需掌握的22种不同数字技能。后者基于教师专业实践的六个方面，即了解信息技术教育应用、课程及评价、教学法、数字技能应用、组织及行政以及教师专业学习，提出了三种教师使用信息通信技术的方式，即知识获取（Knowledge Acquisition）、知识深化（Knowledge Deepening）及知识创造（Knowledge Creation）。

以上框架与标准从不同方面聚焦了教师信息技术教学应用能力评估的核心内容。但整体而言，对于教师信息技术教学应用能力的评估，都需要涉及广义信息素养能力，以及信息技术教学应用能力。前者包括寻找、筛选、评价以及操作使用可用于教学的技术工具和数字化资源的能力，以及教师创建和共享数字化教学资源的能力。后者则涵盖教师整合技术进行学科教学实践的能力，具体包括：在具体学科教学中规划和使用技术工具和资源进行学习环境的构建及教学活动的组织和实施的能力，使用技术工具对学生的学习过程和结果进行评估的能力，使用技术促进学生信息素养（21世纪技能）发展的能力，以及利用信息技术参与专业发展实践活动以支持自身专业发展的能力。

（二）评估方式

最常用的教师信息技术教学应用能力评估方法是自我报告法。为指导各地对中小学教师信息技术应用能力测评工作的实施，教育部于2014年7月7日发布了《中小学教师信息技术应用能力测评指南》，包括诊断测评、培训测评、发展测评。其中，诊断测评主要是教师利用测评工具进行自评，教师登录系统，完成问卷，系统平台根据作答情况描绘教师能力图谱，可视化表达其能力水平，并且为其推荐适合的学习内容。培训测评主要是由相关部门通过教师学习成效信息和实践成果证明等，对教师的培训效果进行评价。发展测评也以教师自评为主，有条件的省份可以进行测评，为评定教师信息技术应用能力水平提供依据。自我评估也是国际上较为常见的做法，如欧盟、日本均是采用自我报告的方式对教师信息技术应用水平进行评估。

基于证据的绩效评估是另外一种常用的教师信息技术教学应用能力评估方式，以评估教师在具体情境中实施信息技术教学应用的程度。例如，新加坡就要求教师使用国家教师绩效管理系统来记录自己的作品集，国家将其作为教师信息技术能力评估的依据之一。新西兰要求参与评估的教师提供能够证明自身具备一定信息技术教学应用能力的证据。澳大利亚要求教师提供多种能够证明他们在信息技术能力方面取得成就的证据，包括教师自身信息技术应用能力对学生成绩影响的数据以及与同事进行合作的数据等。

教师信息技术教学应用能力的提升策略

对于应具备的通用信息素养，教师在日常教学实践中，面对多种技术工具和数字化资源，需要根据自己的需求，对其功能、特点进行对比分析，从中选择出最能满足自己需求的工具和资源，在实践中，不断发展自己的通用信息素养。接下来，我想主要针对教师技术教学应用能力的提升给予一些建议。

（一）渐进式发展教师技术教学应用能力

教师信息素养作为一种能力，其提升需要一个过程。建议对于教师信息技术教学应用能力的提升采取“渐进式”的发展策略。先发展在工作中使用技术优化教学的知识和技能。举个简单例子，如疫情期间，有教师要求学生完成作业，拍照上传平台，教师逐一批阅。在这个过程中，教师虽然将技术用在了教学过程中，但是并没有提高和改善工作效率。与此同时，一些教师使用平台中的相应工具，直接布置数字化的作业，学生使用手机、平板等工具作答，系统自动对学生作业进行批阅，并且第一时间给予学生反馈。很明显，后者对于技术的使用提高了工作效率，并且在一定程度上提高了工作质量。在此基础上，教师进一步考虑如何使用技术构建以学习者为中心的学习活动，利用技术转变学生学习方式，更好地支撑学生的学习过程，发展学生学会学习的能力，并利用技术手段对学生学习的过程和效果进行评价。

另一方面，教师教学中主要使用技术表征学科内容（整合技术的学科内容知识）和使用技术进行教学活动的组织（整合技术的教学法知识）。然而，目前随着信息化教育的不断推进，教师可用的数字化资源（学科内容）已经相对丰富。因此，建议优先发展教师整合技术的学科内容知识，进而发展相对比较有难度的整合技术的教学法知识。教师整合技术的内容知识的发展，会让教师感知到使用技术的优势，增加教师对于技术的积极态度，这有利于教师进一步从认知层面接受技术，进而促进教师整合技术的教学法知识的发展。

（二）关注具体情境中教师技术教学应用能力的发展与评估

对于教师信息素养的培养应该关注具体情境，尤其是对教师技术教学应用能力的发展。教师的核心工作是教学，而教学离不开具体内容情境。因此，对于教师技术教学应用能力的发展需聚焦情境，基于具体的内容情境，对教师技术教学应用能力进行针对性培训，使得技术的使用情境化，有利于教师理解技术的优势以及技术的使用能解决传统方式无法解决的问题以及获得的效果，从而感受到技术的力量。此外，应该注重所学知识与技能的可迁移与易迁移性。

除此之外，在对教师技术教学应用能力进行评估时，建议在具体实践情境中采用基于任务的绩效评估法。问卷调查、自我报告等方法有一定局限性，虽然能够了解到教师使用技术的频率以及感受等信息，但教师对技术使用的感受与实际水平存在差异。因此，建议在条件允许的情况下，尽可能采取基于真实任务的绩效评估法对教师技术教学应用能力进行评估。

（三）利用信息技术促进教师专业发展

信息技术也可以为教师自身发展提供灵活方便的学习机会。例如，信息技术的工具和平台可以使教师以基于问题、案例和项目学习的方式参与实习、实训或远程培训，获得个性化和灵活的学习支持和服务。此外，教师在参与信息技术的专业学习的过程中，也能够以“学生”的角色体验技术在促进自身知识与能力发展方面的效能，从而也可以为教师在课堂教学中运用技术优化学生学习过程、提高教学质量奠定基础。

基于学习科学的在线教学八建议①

大规模的大中小学在线教育已经进行了一段时间，有很多收获，也有很多教训。大家开始理性反思在线教育的得与失，开始考虑如何才能让在线教育更科学有效。我想结合自己之前开展的学习科学研究谈谈如何让在线教育更科学。

学习科学（Learning Sciences）是国际上近30年发展起来的关于跨学科的研究领域，涉及教育学、信息科学、认知科学、脑科学、生物科学等重要研究领域。简而言之，学习科学主要就是研究：“人究竟是怎么学习的，怎样才能促进有效地学习？”

学习科学的诞生和信息技术有脱不开的关系，因此学习科学和在线教育具有紧密的联系。可以说，在线教育的理论、设计、开发、应用和评估研究的每一部分，都可以看到学习科学的身影，学习科学都发挥着重要的支撑作用。

对于一线教师来说，虽然我也鼓励大家独立或者和专家合作开展学习科学研究，但是更多的时候，主要需要考虑的是如何应用学习科学。

这些年，北京大学教育学院学习科学实验室努力开展提升教师学习科学素养项目，致力于将学习科学知识和课堂教学深度整合起来。下面就结合我们的研

① 本文作者：北京大学教育学院副教授、学习科学实验室执行主任尚俊杰。

究心得体会，并参考其他文献，给教师们提出“基于学习科学的在线教学八建议”。不过，因为我们的研究还在进行中，这些建议还很初步，仅供大家参考。

建议1：科学制作多媒体课件

关于多媒体课件的制作放在当下讨论似乎已经是“过时”了，但是越是“老土”的东西可能越有效。我国自教育信息化改革以来，从幻灯片到微课，多媒体课件已经成为课堂中不可或缺的支撑素材。课件不仅是承载学习内容的显性媒介，更是发展学生知识储存方式和思维方式的隐形催化剂，多媒体课件的重要性不言而喻。随着信息技术可操作性的提高，以及互联网提供的海量、开放的数字资源，可供教师选择的素材呈现出了多样性。当下，多媒体课件的制作对于很多教师来说已经不存在技术上的障碍了。但是，如何将已有的素材与教学内容合理地组织成适合学生学习的课堂教学媒介，这仍然是一个值得深入思考的问题。

梅耶提出的多媒体学习理论以及其他学者的研究成果为课件的制作提供了很多可参考的理论依据。多媒体教学中的很多原则和策略都一样适用于当下的教学情景，譬如多媒体教学原则强调要排除无关认知加工：（1）聚焦要义，去除无关材料；（2）提示结构，突出关键材料；（3）空间临近，解释图示的文本与对应图示的位置应尽量靠近。还有很多原则与策略就不再一一列举了。这些已有的研究成果还是应当重视起来。在制作课件时，要考虑在线教育的特殊性，学生变成了都坐在“第一排”，所以在线教学课件和普通课件可能还不太一样，比如字体略小一些也是可以接受的。

另外，在线教育中调动学生的参与感非常重要。脑科学研究成果告诉我们：新异性刺激有助于触发注意力的觉醒和定向系统。除了适当使用文字、声音、图片、视频，并力求符合多媒体认知原则，还可以利用新异刺激，比如视频、动画、奖励等手段吸引学生注意力，同时可以采用情境变换促进学生的注意和记忆。

建议2：分块呈现教学内容

在线教学应该小步子进行，采取分块呈现教学内容。根据注意力方面的研究成果，学生一般能集中注意力的时间只有15~20分钟。而在线教学的形式需要学生一直面对屏幕，影响学生注意力的因素变得更为复杂。除了注意力，画面的清晰程度以及音质，都将对学生的注意力产生干扰。如何高效利用学生可集中注意力的时间展开教学，成为在线教学的当务之急。

面对如此大规模的在线教学，如何开展行之有效的教学任务是对每一位教师的挑战。小步子开展教学可以从以下几个层面入手：（1）对于录播课（慕课），可以拆分成微课；（2）对于普通直播课（1~3小时的课程），将学习内容分成15~20分钟左右的模块，模块之间可以用放视频、提问、讨论等其他内容调节过渡一下；（3）在线教学中师生采用概念图组织知识，清晰地呈现核心概念以及核心概念之间的联系；（4）要善于使用重复和总结。脑科学研究表明，大脑总在寻求新知识与已有知识之间的相似模式和关联，这也启示我们要根据学生的认知水平和可接受程度，对教学内容切片并进行有机的重组。

建议3：恰当呈现教师形象

大规模的在线教育，迫使许多教师当上了“主播”，这也是很多教师第一次直面镜头中自己的形象。教师形象呈现方式是在线教育中一个值得关注的问题。关于教师形象呈现对学生学习效果的影响，研究者做过一些研究。皮忠玲2014年的论文提到，在视频学习中，学习者平均会花费62.3%的时间用于注视教师图像，用于注视学习内容的时间仅占37.7%。Ramlatchan等人2020年的研究指出，在网络课堂中，通过展示教师和教学内容，可以在教师可信度和即时性之间建立一种平衡。

对于如何呈现教师形象，目前还没有清晰的定论。但是纵观已有的研究，可以确定的是，教师形象呈现对于学生的学习会产生一定的影响。虽然教师形象会占据学生一定的注意力，但是会对学生的学习情绪、学习感受等产生一定的积极作用。

所以，如果有条件请到高水平的“导演”，在直播或录播的时候可以动态切换内容，根据学生的需要恰当呈现教师形象和学习内容。如果没有条件动态切换，那就在屏幕上呈现教师形象吧。

建议4：注重促进教学互动

在教学中，互动是一个非常行之有效的手段，相关研究很多。建构主义学习理论、社会文化历史理论、社会学习理论（班杜拉）等，都很强调互动的作用。但是，在线教学和传统的课堂教学的环境差异还是很大的，这导致了互动的形式和方式都发生了重要改变，如何在原有的基础和经验之上，进行适应现有的学习环境的教学互动仍然是重难点问题。

许多研究表明，学习发生在学生之间的知识分享和同伴之间的互动。Robinson等人2018年的研究也指出，学生在线讨论，可以提高学生在线学习的质量，学生可以受到同伴的积极参与的影响。在线教学要充分发挥网络平台的优势，调动学生之间进行交流和分享。在教学过程中，要注重直播录播界面设计，譬如注意看着摄像头；注重有效提问，善用言语互动；注重利用学习平台进行深度讨论，促进有效认知互动；注重在线教育中的“个性化学习”特点；注意给学习者“及时反馈”。另外，可以尝试给予学生更多的展示分享时间，以此倒逼学生进行更为有效的自主学习。

建议5：促进深度学习

互联网的“快餐”风格似乎难以让学习者深度思考。有人认为，在线教学很难做到面授课堂的线上搬家，达到面授课一样的学习深度，主要原因在于在线教学没有留给学生更多的时间去独立思考，没有留给学生更多的机会去集体研讨和相互启发。如何能够让学生在在线学习中进行更加深层次的思考和学习呢？

（1）必不可少的是设定问题，在探究问题中学习。早有研究者发现，不是被动地看纸质信息或听口头提供的信息，而让学习者对提问思考产生信息，那么对这个信息的回忆效果就会显著改善。可见，问题情境中学习者的思考加工对于学习更有效果。在线教学中，教师不仅仅需要讲解基础概念，更需要提供思考问题。

（2）通过知识生成促进深度理解。为什么生成知识有利于深度理解呢？生成知识和观点的过程需要更多的认知努力，而不仅是接收信息，而且，我们在互联网中可以看到太多现成的资料和无须费力就可以找到的答案，相比而言，需要个人去创造性生成的信息会更容易显得与众不同，也就会被记住得越好。比如在搜索引擎上可以很快查出关于某一术语的解释，看过之后可能很快忘记，但是如果需要你自己下一个定义，那么对于这个术语的理解就更深入，也会被保持得更好。因此在线教学需要诱发学生生成信息和知识。

（3）通过设定探究任务，促进学习者的主动学习行为。具有主动学习特征的“学习行动”会让学习者有更强的控制感，有助于主动学习和记忆的长久保持。探究任务中，对知识的学习是由浅入深的过程，也是学习者发现问题和解决问题的过程，而关键在于教师发布的探究性任务是否贴近生活、跨学科、在难度和复杂度上递进。在线教学中，教师可以提供探究问题和资源列表，学生自主学习后完成自主探究任务。

建议6：创新应用学习技术

生活中我们经常提“长板理论”，在线教学中也是如此，一定要找到在线教学的特点并发挥其优势：在线教学中可以天然地使用各种新技术，并可以积累更多丰富的学习者行为数据，因此，学习也拥有了新型的方式。

回顾经典的学习理论，建构主义学习理论认为学习是学生主动建构的，是对信息的主动加工和处理，而不是被动地接受。多媒体学习的认知理论的基础是双通道模型，即人有言语和图示两个单独的加工通道，用言语和图示两种编码结合起来构建心理表征，比只有一种编码的效果更好，并且我们更容易记住一些用图呈现的信息。体验学习理论认为，知识并非是通过单纯的讲授传递给学习者的，而是通过边做边学的方式获得的。只有反复经历探究、发现、反思、运用等几个阶段，才能真正掌握并且熟练运用相应的知识。情境学习理论强调在真实情境中呈现知识和应用知识，学习具有社会性和实践性，其本质就是社会协商。综上可以发现，学习终归是学生自己主动的加工建构，是通过体验和实践获得的，是在社会情境中习得的，而通过多媒体手段可以呈现丰富的多形式的信息，利用信息技术也能够创建更富吸引力的学习环境，从而更能激发学习者的学习动机。

（1）使用慕课、微课、翻转课堂等创新学习方式。慕课提供了让学生自主学习的平台，其系统的知识体系和课程作业、讨论答疑帮助学生掌握一门课程，而微课和翻转课堂给予学生通过自主学习获得知识建构的机会。

（2）利用移动学习、VR/AR、游戏化学习创设学习环境。在学习环境的创设上，VR/AR以其仿真和沉浸性独占优势。当然，在技术门槛难以达到的情况下，用幻灯片、视频、讲故事等方式依然可以为学生创造真实情境，激发学生的学习动机。

（3）利用大数据、学习分析、人工智能实现个性化自适应学习。现今自适应学习和个性化学习已经不再虚无缥缈或仅仅停留在理论层面了，大数据挖掘学习分析为发现学习者特征和学习差异提供基础，人工智能可以向学习者推送适合学习者自身水平的资源。当然，并非每位教师都需要实现这样的技术，可以先用成熟的产品，比如使用能够智能匹配个人水平的背单词的应用软件。

建议7：激发学习者积极情绪

我们的大脑像一个照相机，能够对一些具有情绪性的事件拍下照片，创造出永久记忆，这是因为人们对那些引起积极情绪或消极情绪的信息的记忆在持久性上好于那些中性情绪信息的记忆。根据脑科学研究成果，积极情绪能影响认知连接的广度，提升学习者的注意广度、整体性思维。并且积极情绪影响人们的整体理解，使得个体在认知和创造性思考任务中表现得更好。

社会情绪学习理论则认为，儿童学习理解和管理情绪，建立维持良好人际关系的社会情绪学习对认知有促进作用。学业与社会情绪学习联合会经过大量的实证研究证明了社会情绪学习对学业成绩和认知能力有积极促进作用。在线教学让学习者隔着屏幕难以在同一空间与教师和同伴共同活动，如何激发学习者的积极情绪呢？

（1）可以采取很多有趣的活动，比如手势、击掌、放松练习等。具身认知理论认为，身体的活动、运动体验决定了我们的认识，让学习者在接受在线教育中肢体参与，在体验中感悟和理解。而且这样有趣的、有仪式感的活动可以让学习者产生更多的融入感。在一个学习任务之后，可以让学生站起来走走、做点锻炼、喝点水，提高血液中的氧含量，保证大脑的能量来源。

（2）积极的语言，如过程性的鼓励，使用幽默手段。对于过程和努力的表扬和鼓励有助于促进学习者成长型思维的形成，比如赞扬“你对这道题的创新解法表现出你肯定很努力、很善于思考”。而幽默具有很多益处，比如让体内内啡肽升高，让人精神欢快，能够引起人的注意，创造良好的学习氛围。

建议8：善用游戏化（Gamification）思维

游戏化思维应用游戏的设计和理念，增强了学习者的参与感和沉浸感，帮助学生在主动认知加工的过程中学习。基于内在动机理论、心流理论、发现学习理论、强化学习理论等，游戏化学习理论也日益丰富。我们又经过长期的研究和思考，逐渐总结出了游戏的三层核心教育价值，依次为游戏动机、游戏思维和游戏精神。在线教学中善用游戏化手段开展教学，有助于提高学习者的学习动机，促进学习者的参与感，帮助学习者全身心投入学习。

（1）在教学过程中使用适当的游戏（包括传统游戏和电子游戏），比如可以采用在线游戏对决（PK）的活动设计，让学生一起进入游戏化的答题情境中，在竞争和合作中学习。

（2）在教学过程中使用点数、徽章、排行榜等游戏化元素或机制。当前有很多游戏化课堂管理平台，教师可以在课程中采纳，及时记录学生的进步，激发学生继续探究的动力。

（3）将教学活动设计为游戏，比如设计为闯关游戏等。学科学习中有很多经典的游戏，可以在线组织学生玩学科游戏，或者教师可以根据游戏的设计方法，根据内容的规则将学习活动设计为一个游戏。

教育发展急需加强基础研究，基础研究可从学习科学开始。学习科学不仅对于在线教育有意义，对于疫情之后的传统教育更有意义。

（作者授权《上海教育》编辑部根据“俊杰在线”微信公众号文章整理）

动心设计，让在线教学“黏”住学生①

在近两个月的“停课不停学”中，在线教学有效实现了居家隔离式教学形式，这对教师和学生带来了不小的挑战：一者是教学设计，再者是平台技术。对学生而言，学生难以保证线上参与度、作业完成质量，学习任务和活动的开展高度依赖家长配合，学习目标也仅立足于基础知识过关；对教师而言，教学质量受限于网课安排、授课进度、网络反馈，常常焦虑付出与回报不符，忧心复学后难以弥补，担心优等生和后进生之间的差距会拉大。尤其是很多对信息技术不太熟练的中小学教师，在毫无准备的情况下匆忙上阵，直接实现在线教学的跨越，此路之艰难可想而知。

有些教师将教学效果不佳归因于学生在线学习的积极性低、主动性差，急

① 本文作者：华中师范大学教育信息技术学院教授李文昊，华中师范大学教育信息技术学院硕士研究生陈冬敏。

于知晓解决问题的最佳答案，但始终没有头绪。有时候，找不到解决办法的原因可能并不是问题难了，而是问题本身就错了。人类时常期望以最小的代价来获取最大的收益，因此总会趋向于更舒适的环境，更何况是身心发展尚处于成长期的中小学学生。在线教学中，重要的不是让学生自己提高自觉性，而是通过一定的方法促使学生愿意去学习、能够去学习。这个方法就是动心设计，以此策略触动学生的内心，为学生提供学习动力。

动心设计的关键是“注意”的设计

动心设计的关键实质上是“注意”的设计，这与学习发生的本质密不可分。

1974年，美国教育心理学家罗伯特·米尔斯·加涅（Robert Mills Gagne）以三种记忆（感觉记忆、工作记忆和长时记忆）系统为基础，提出经典的信息加工学习理论，描述了个体从环境（即学习情境）接收信息到做出反应的加工顺序，开拓性地提出了学习条件学说。20世纪80年代，理查德·梅耶（Richard Maver）进一步提出了“为意义建构学习设计教学”，表明“选择”（selecting）、“组织”（organizing）和“整合”（integrating）是意义建构学习的三种认知过程，也是推动人类信息加工系统产生学习活动的本源所在。学习发生的过程如下：外部信息经感觉记忆后，在注意的机制下进行信息筛选后进入工作记忆，工作记忆的信息经过编码（包括对外部信息的组织和对内外信息的整合）得以进入长时记忆，最后经过对长时记忆的信息提取再次转为工作记忆得以使用。如要产生有意义的学习，“注意”就应当被激活。在线教学中，通过“注意”的设计，能够引起学生对信息的主动筛选，推动信息向进一步记忆系统的转化。

那么，教师如何开始“注意”的设计呢？认知神经科学研究认为：人类大脑中丘脑主要负责信息转发，对外部信息进行整合与筛选。“注意”的设计要围绕丘脑的工作机制。因为其信息筛选机制可以在人的无意识下自主运行，也可以在注意力机制下，有意识地放大或聚焦某些被注意到的信息。依据这一信息筛选标准，我们可以人为地去进行“注意”的设计。保罗·麦克莱恩（Paul Maclean）在1952年提出“三位一体”（Triune Brain）的大脑假说，将人的大脑分为彼此接洽、自力运行的三个部分：爬行动物脑（Reptilian brain）、古哺乳动物脑（Paleomammalian brain）以及新哺乳动物脑（Neomammalian brain）。根据该理论，丘脑属于人类大脑的爬行动物脑，与生存和安全相关，准确来说，只有对生存有意义的信息（即新异信息）才能通过丘脑。因此，在线教学中把握好新异信息的处理，采取恰当的设计使教学信息充满新鲜感且富有变化性，就可以有效地引起“注意”。

设计原则一：通过丰富教学中的视觉信息，突出教学画面的直观印象。

既可以利用恰当的表演，比如教师形象、动作手势等，也可以利用适合于在镜头前展示的道具，比如实体的手工制品抑或是借助软件制作的虚拟制品，来丰富在线教学中呈现的视觉信息，给学生造成鲜明的视觉冲击。

设计原则二：通过强化教学中的听觉信息，加深学生对关键内容的感知。

在线教学的语言不宜波澜不惊，可以在教学内容的关键处加以浓墨重彩的“修饰”来达到提示、强调的目的。比如，巧用“意料之外”的语言，提出谜语引发好奇心、增强学习趣味性；利用幽默的语言制造出乎意料的微妙连接，令学生稍加思索便能会心一笑。

设计原则三：通过实现教学信息整合显示，助力知识的保持和迁移。

通过视觉和听觉双通道的匹配设计，实现教学信息的整合显示。在图文呈现时辅以恰当的音频，可以作讲解，深入本质，有效延长知识的保持期限，也可以作拓展，提供“意料之外”的可关联内容，帮助学生进行知识迁移。

动心设计更是系统化的设计

居家学习背景下，借助技术与媒体工具，教师、学生、教学资源等共同组成了一个开放的虚拟社区。在这个社区里，学生是学习的主体，与人（即教师和学习同伴）、与物（教学资源和外部环境）不断发生交互，形成完整的学习过程。

加拿大学者兰迪·加里森（Randy Garrison）等人提出的探究社区理论模型（the Community of Inquiry framework，简称CoI模型）是一个过程模型，系统性地勾画了在线学习环境的三个核心元素（社会、认知和教学临场感）和动态的在线教育经验。其中，社会临场感被定义为学习者在网络环境中与他人在社交和情感上的联系程度，主要受学习者之间的网络交互行为影响；认知临场感描述了学习者能够通过持续的反思和话语来构建和确认意义的程度，往往发生于学习者与学习者之间、教师与学习者之间的认知建构过程；教学临场感通过支持和增强社交和认知过程，以实现有意义的教育成果，其关键在于教师如何调控在线学习活动的开展。显然，这三个核心要素在创设优质在线学习体验的过程中有着重要作用。

因此，在CoI模型视角下，教师可以将在线教学看作一个系统的、动态的过程，从不同临场感角度，通过优化在线教学过程、学习活动、学习资源等各方面元素来实现动心设计。

（一）通过提供规范化、精细化在线教学过程组织和管理，增强教学临场感

在线教学过程的规范化组织和管理能够帮助学生做好学习准备，能够心中有数、胸中有谱、手中有招，提高学习信心，减少学生学习中的困惑感和无力感。比如，每节课建立“预习—新课—练习—复习”小循环，每周建立“阶段测验—线上讨论—反思总结”大循环，每月建立“知识梳理—答疑解惑—综合评价”总循环。教学循环期间，教师既要关注到学生每堂课的学习需求以实现横向管理，又要通过监督学生阶段性学习效果来实现纵向约束。

（二）通过定期布置结构化高阶思维学习任务，增强认知临场感

强化高认知活动的设计，鼓励学生进行输出式学习，每周或者每月（或每个学习单元）布置结构化的学习任务，如绘制思维导图、安排学生作为“小老

师”来教学某一知识点，使隐性思维显性化，逐步提升学生思维能力。

（三）通过充分利用社会性学习活动，增强社会临场感

采用异质分组策略，依据多元智能理论挖掘小组成员在不同方面的闪光点，分配相应的小组角色（如领导者、记录者、激励者、检查者等）协同学习，以小组为单位组织组内开展作业自评和同伴互评、制作小组错题集和答疑集等学习活动，加强学生间的社会交互，减少孤独感。

促进深度学习的教学：主体、价值与技术的统一①

国务院印发的《关于全面深化新时代教师队伍建设的改革意见》等政策文件中指出，“要造就党和人民满意的高素质专业化创新型教师队伍，要求教师主动适应信息化、人工智能等新技术的变革，积极有效开展教育教学”。符合技术高速发展的深度学习，成为一种不可逆的发展趋势，教师的发展必须跟随时代发展，应对社会蓬勃发展带来的挑战。其中，教育主体、信息技术与教育价值的融合起关键作用，其既是教师实施现代化教学的起点，也是学习者从浅层学习转向深度学习的重要节点。

此前，笔者在成都市基础教育领域的教师教学质量调研中发现，教师的信息素养已经可以满足时代发展的需求，然而拥有较强信息技术运用能力的教师，其年龄层聚焦在30~40岁，却不是大家所认为的“数字土著”——伴随着数字化工具成长起来的“90后”教师。加之在此次疫情中，教师的慌乱与无助等表现，体现出的是目前我国教师信息素养的培养与研究主要集中在信息技术的运用与信息化教学能力的提升等方面，关于教育主体、信息技术与教育价

① 本文作者：西南大学教育学部副教授、深度学习研究中心主任胡航，柳州职业技术学院讲师杨旸。

值的融合尚未引发大家的深层关注。基于此，我们必须认清三者之间的关系，明确智慧时代教师的发展框架，从核心层面促进教师教学走向促进深度学习，迎接时代发展所带来的变革。

智慧时代的教师

智慧时代的教育价值，不是技术运用的多少，而是将其用到恰到好处，实现互联互通。教师的信息素养，不是体现在提高了教学的效率，而是从根本上提高教学效益。教师所采取的教学方法，不是静态的结果，而是动态的手段。信息技术融入生活的方方面面，这已是客观事实。如何将其与教育完美融合，实现教师角色的转变，提高教学效益，是教师未来发展中所应关注的问题。

教师是教育的核心，而不是单一的学科知识传播者。教师的教学技能固然是教师职业所需要的，但教师内在生命的发展才是最本质的内因。在TPACK（Technological Pedagogical Content Knowledge的缩写，即整合技术的学科教学知识）视域下的新型教师，形成技术知识、教学知识与学科知识的统一：教师不仅要掌握技术、教学与学科内容，更应该掌握在特定情境下三者之间相互作用所形成的整合知识，并不断提升知识整合的能力。教师不再是单一的知识传播者，需要穿梭于技术、教学和知识之中，把握在不同的教学情境中三者相互作用、相互变换的内在机制和原理。

技术是教育的工具，而不是必然。从关系主义的视角来看，信息技术的本质是一种联通各方主体的桥梁。在空间维度上，教师是实现知识联通关系的关键，在功能上实现深度学习联通；在时间维度上，教师的角色联通了现在和未来，决定所培养的学习者是否具备新时代发展的深度学习能力。在意识的层次上看，教师的发展是受制于主体意志，联通成功与否主要受主体认可的规律性所约束。也就是说，当技术介入教育教学中时，教师需要恰当地把握技术、教学与知识之间的动态关系，并创造出新的平衡与联通，以适应现代化教育教学的需要。

方法是教育的手段，而不是新型教育模式的堆砌。翻转课堂、混合式教学等教学模式与方法层出不穷，基于信息技术的教学模式改变了课堂教学环境、教学过程与师生关系，但是却因为教学问题的灵活性和复杂性，以至于对课堂教学方法的研究，往往囿于利用技术复制教师的行为，所显现出的是太过于简化教育中“人”的本质特性。教师若仅仅想通过新型教育方法的堆砌，把通过阅读和师生交流就可以达到的学习内容，搬到学习平台上，进行所谓的交流互动，把本可以几分钟说明白的问题和知识点，让学生进行线上讨论、上网搜索、组织汇报，这样的教学手段违背技术存在的本意。

综上所述，教师的发展应该遵守教育基本规律，在注重培养教师运用技术和提高信息素养的基础上，明晰信息素养只是信息化教学与学习的组成部分，是促进学习者利用信息技术实现深度学习的必要手段之一。在这样的思路下，教师教学应更加关注的是学习者如何学习、如何思考的问题。对于教师而言，融信息意识、信息知识与信息技能为一体的深度学习思维显得更为重要。只有适应时代的发展，尤其是拥有信息技术与教育的融合创新能力，才会成为具有独特魅力的教师。

智慧教师的融合发展

教师的融合发展应包含三个维度，即工具理性、价值理性与技术保障。从机械的角度来看，三个维度依赖于教师三个不同方面的能力，并且表现为不同的教学实施路径，在教学课堂中由不同的因子生成；从辩证的角度来看，三个维度融合联通，构成智慧教育深度学习的完整系统。教育主体与价值理性指向教育所蕴含的生命意义与价值，技术保障为教学的有效实施提供必要的硬件与物质保障。

工具理性，给予适切的教学交互与评价。正如东北师范大学解月光教授所说，“人的工具理性是对知识所蕴含的工具属性的主观反应，体现主体对思维客体内在规律的认知和驾驭，其不在乎行为、手段本身的价值，而注意行为之目的达成的有效程度”。拥有工具理性的教师，辨析事物的内在联系与规律，以引导学生能够基于基本的教材和资源，发现知识的内在逻辑。具体而言，教师将抽象的逻辑隐藏在教学设计之中，引导学生根据预设的问题与讨论，通过搜寻工具、资源和研讨，经历知识联通的过程。在这个过程中，教师能够更加明晰教学本身的意义，提高对学科知识的理解；学生能够体悟到现有知识与问题背后的意义，并在此基础上，形成新的思维方式与工具理性。

价值理性，构建适切的教学情境。马克思认为，“个人与他人的关系，在本质上是社会关系尤其是社会利益关系的表现形式”。具备价值理性的人，能够以符合社会道德、伦理、规范与美的方式开展实践。价值理性寓于教学场景中，是教师通过联通知识的价值属性，并将其融入教学情境中，让学生在适切的教学情境中主动联结知识与知识、知识与生活、知识与社会的关系，构建价值理性。由此可见，具备价值理性的教师，能够为学习者构建现代化的思维、观念与价值提供必要的要素和支撑。

技术保障，提供实时跟踪与精准教学。智慧时代所追求的技术，应能够实时、精准、恰当地辅助学生学习，在意义建构、思维培养中，教师对学生的启发、辅助以及教学都应是灵活的、个性化的、适应的。传统课堂中，单一的、机械化的教学方式已无法满足当下教育多样化的需求。在人工智能、大数据、脑科学等信息技术的支撑和保障下，可为教师提供实时跟踪、有效评价，为学生提供个性化的学习支持服务与指导。技术于教育而言，是可以信手拈来的，而不是被迫选取的。

在现代化的教育课堂中，教师基于以上三个维度，联通知识中所蕴含的工具、价值及意义属性，进而将其分别寓于对课堂问题、情境的设计及与学生的评价对话之中。学生在教师的引导下，培养自身大数据思维、批判性思维、逻辑思维等符合教育现代化发展的能力，并从教学活动中体悟教学实践与学习过程的内涵，最终实现学生的学走向深度学习。

深度学习视域下教师的发展路径

深度学习视域下，教师能够自然地融入教学情境中，使学生能够在深度学习的范式下，实现知识联通。具体而言，教师发展路径包含以下三个方面。

教育主体：融合学与教，实现知识整合。教师在教学中，应基于教育规律，在拥有较高信息素养和信息技术能力的基础上，将学与教完美融合。这里的融合，所指向的是教师能够灵活运用信息技术、新型教学方法、适切的教学资源与精准的教学服务，将学科知识、学科技能与人文传授给学习者，让学习者能够从本体论上理解知识背后所蕴含的意义与价值。

教育技术：打通学与教，促进互联互通。技术与教育的融合，是复杂、动态、多维的，教师需要从教育现代化的建设过程中抽离出来，理解信息技术使用的真实意义。技术能够促进教学是必然的，但是在课堂中使用技术与否，是由教师的教学设计与学生学情所决定的。从疫情中也可看出，教师对于在线教育的理解和认识仍然不够，这就是由于教师对于信息技术的认知不够造成的。

教育价值：渗透学与教，构建适应情境。在信息技术高速发展的时代，资源越来越丰富，教师需要厘清资源的逻辑关系，在保障资源的数量基础上，让资源更精准。另一方面，合理的情境构建，能够让教师清晰理解教学内容、知识、教学主体与教育价值之间的关系与属性，以形成对教育内容价值属性的把握。在教学的合作、对话与交流之中，实现教师与学生的个人价值追求与社会价值追求的协调统一，生成符合教育现代化发展所需要的教学。

随着信息技术的发展，教育领域不断改变着传统课堂的教学范式，迫使教师进行教学方法与教学模式的改变，从而对他们的知识与个人能力提出了新的要求。教师需要跳出技术与教育的矛盾关系，避免盲目运用技术而限制了学习主体的自由性。因此，教师应在不断的实践与探索过程中，反思并积累知识与经验，提高知识联通能力，在深度学习的范式下，实现智慧时代下自身专业的不断发展。

中篇

云师之谋

以一种积极的心态来看待此次疫情逼出来的大规模在线教学，变革传统教学模式，让学习更自主、更深入、更具个性化，是很多人都提到的。待学生返校后，在线教学的优势能够继续发挥作用，革除传统教学的一些弊端，也是很多人都希望看到的。

"在线教学如何赋能传统教学"，围绕这一议题，2020年3月21日，上海市第四期"双名工程"名师云论坛开讲。两位专家与十位名师就教学新常态、重建教学范式、优化教学设计三大主题，与学员们分享了在线教学赋能传统教学的新思考、新谋略。

与此同时，各区域也积极动员当地的名师资源，为广大教师出谋划策，助力在线教学走向深入。

2020年3月21日上午，“在线教学如何赋能传统教学”上海市第四期“双名工程”名师“云论坛”开讲。本次论坛由上海市教委主办，上海市师资培训中心和华东师范大学开放教育学院承办。上海市第四期“双名工程”“高峰计划”“攻关计划”和“种子计划”近300多位主持人和学员在CCtalk的直播平台一起分享在线教学赋能传统教学的新理念、新策略、新方法与新展望。

上海市教委副主任李永智作了题为“疫情下的区域全日制在线教育：周密谋划，谨慎施策，探索‘四全’在线教育”的微报告。他说，面对突发疫情这场前所未有的挑战，市教委及时开展在线教学需求调研，通过统一课表、优课示范，教学分开、双师教导，全市统筹、全媒分发，先录后播、实时互动等方式，最终实现全上海市大规模在线教学。上海市“空中课堂”的有效实施不仅满足了疫情下在线教育的基本需求，还推出全优课，统筹全市网络资源，师资培训到位，以“一生一策”的指导方针，确保每一位学生都能够正常学习。这次在线教学探索，是一次相对优质均衡的教育，形成了一套完整的在线教学资源，是一场全行业的“大练兵”，使师生信息素养全面提升，在线教学平台全面完善，教师教学水平整体提升。由此也引发了后疫情阶段教育范式的思考，要做好后疫情时代的新“四全”教育，即全日制、全融合、全育人、全个性。未来要通过教育信息化，用数据驱动大规模因材施教，进一步发掘学生学习潜质，激发学生学习兴趣，指导学生自主学习，成就学生最大人生价值。

本次云论坛上，各位专家立足当下，面向未来，研判即将到来的“教与学新常态”，提出了“重建教学范式”的思路，分享了“优化教学设计”的尝试。后疫情时代，该从哪些方面提高教师素养？本次论坛已经在回答这个问题了。

教与学进入新常态

疫情总会过去，但是，疫情过去之后，我们的教学肯定不可能重回原状了。学校教学与在线学习同时并存、互为补充的混合学习将成为教与学的新常态。

在线教学与教学新常态①

面对突如其来的疫情，面对停课不停学的质量要求，我们上海基础教育在比较短的时间里面能够做到这样一个程度，我感到非常不容易。这说明我们这支队伍的专业功底、协同机制都非常好。疫情防控期间在线教育的发展，大家都有目共睹。虽然在线教育是突如其来的，但是其实也为上海基础教育、为上海教师的培训、教育工作的改革发展按下了一个“快进键”。客观上，这个过程成了我们教师信息素养提升的一个培训过程，也是信息化教学的一个大范围

① 本文作者：中国教育学会副会长、上海市教育学会会长尹后庆。

的社会实践。所以运用信息化手段推进教育教学方式，是有历史性的意义的。

“互联网+”时代的教学新常态

我今天的题目用了“在线教学与教学新常态”。疫情总是要过去的，但疫情过去之后我们不可能让教学回归到原来的常态。我这里用了一个“新常态”，什么是新常态呢？英特尔公司曾与上海市教委合作研究课题，对“互联网+”时代的新一代数字化学习的图景做了一个描绘，课题组研究的成果当中，有四句话刚好可以用来表达这个教学的新常态。

第一，未来的教学将是面对面学习和在线学习同时并存、互为补充的混合教学模式。我高兴地听到，很多老师都讲到我们是混合教学模式。我们不可能没有学校，不可能没有班级，不可能没有老师跟学生面对面的教学。但是，今天学生大部分在线学习可能是在碎片化的时间里完成的，不是同步而是异步的，学生通过各种媒体手段在进行学习。其实，今天手机已经变成了学习工具，我们所有人都在用这种混合学习模式。不太理想的是，这次疫情逼着我们把课堂先搬到线上，让我们在实施过程中间就感悟出很多新的东西，然后我们再思考很多做法能不能进入到我们未来的常态里面去。

第二，书本知识的传授将逐步被支持个性化的网上学习替代。当然，这是个递进的过程。对孩子来讲，不同年龄的孩子也会有不同程度的网上学习的要求。现在，我们的教学改革，已经能够让我们的高中学生真正有越来越多的个性化网上学习的机会。同时，他们到学校里也在进行师生、生生的交互。所以书本知识传授跟个性化网上学习的关系已经在发生变化，现在大家已经感悟到了。

第三，课堂将成为应用互动、体验和探究学习方式、促进知识理解与应用的一个场所，具有网络学习不可替代的功能。课堂不完全是一个知识传授的场所，课堂学习是人与人之间的互动。

第四，深度学习将打通课内与课外学习、面对面学习与网络学习、学科学习与综合学习的界限，使之能随时成为一个整体。这个整体体现在学习者身上，即“我的学习轨迹整个地满足了我个性的学习需要”。班级授课制、学校的学习比较多地满足了学生的共性需求，但是大量的碎片化的学习就是个人在学校学习的同时进行的一个非正式的学习，更多地符合个性的需要。当然，我们学校的教育也应该慢慢提供更多的让学生选择的空间。

我总体感觉，应对疫情的线上教学已经为我们开创教学新模式、早日形成“互联网+”时代的教学新常态，进行了大规模的有益尝试。

信息化背景下形成学与教的新常态

但是这仅仅是有益尝试，还不是一个理想的模式。在信息化的背景下，我们怎么来形成学与教的新常态？也就是说，疫情过后我们怎么办？

我们要利用疫情防控期间形成的基础，乘势而上，加快观念的转变，是有可能把面对面的教学与在线的教学结合起来的。我们确实是可以创造出一种混合式的学习，成为学习的新常态的。因此，我们要去创造这个新常态，让今天学生的知识获取方式、教与学之间的师生关系能够进一步发生变化。

这次上海的“空中课堂”有两个环节值得大家关注。

一是在统一授课之后的互动和辅导环节，仍由原来的任课老师组织。这使学习者在群体学习意识得到延伸的同时，初步尝试了虚拟的学习社区环境。3月2日那天，学生通过网络在班级群里面与同学讨论，对他们而言就是一个回归群体学习的过程。我觉得这就是一个很好的基础。

二是学生通过电脑、平板、手机各种终端接入了空中的课堂，开展听课、作业、互动交流，一定程度上尝试了智能的、泛在的教学活动。以前，很多学校不同意学生用手机，很多家长不同意孩子用手机，其实手机、电脑已经变成学习工具了。学生通过这些工具进行听课、完成作业、互动交流，在一定程度上尝试了智能的教学，这是有好处的。

疫情过后我们能不能让这些积极的因素得到进一步的发展，而不是回归到原来的形态里面去？

我们多样化的学习终端要继续在学生学习中普遍地延续应用，而且要应用得更频繁、更有意义。像这样的任务，可能部分学校没有问题，但大部分学校恐怕会遇到问题。我们原来做一个App，家长很有意见，因为学生没有手机，教师只能把东西发给家长，因此家长烦得很。我们的信息化，怎么能不用App呢？

我们曾经倡导的一些东西，在教学中间是可以应用的。信息化的很多东西对于我们来讲并不遥远，很多学校已经应用在真实的课堂里面了。翻转课堂、微视频教学、自适应学习，等等，我们要顺势更加广泛地尝试和推广。这是我们教与学的新常态要做的。

然后，大家能不能更有意识地去主动适应学习方式变革的这种客观的开始，去改变基于讲授训练的学习方式，去催生教学流程的再造？在此背景下，教育行政部门或者研究机构要做学校没办法做的事情。

我最近看了香港的网上教学，很有感触。虽然我们给老师提供了网络教学的资源和工具，但老师在备课时还是觉得不够用。香港的网上教学系统，不仅支持学生自学，老师也能够获得很多教育资源。这个系统首先提供给学生多样化的学习资源；其次是工具，在提供这些资源时边上有小贴士、有问答，中间掺杂有游戏；再次，还提供自我评价的功能。另外，系统给老师提供多样化的教学资源、教学工具、教学设计的案例。我特别要说的是教学设计的案例（教学策略、教学范例），因为深度学习是需要设计的，是需要老师设计的，所以，教学策略的设计实例是很重要的。

我最近看了一本书，书中有国内外学者对深度学习教学策略的研究。他们提出了十多种策略，在进行深度教学、深度学习的实践过程中，他们又去研究哪些策略最有效、使用得最多。筛选下来发现，很重要的策略有：激励、联系（旧知识跟社会生活和真实生活的联系）、反馈、参与、问题化的学习过程、交互、拓展、认知重组。深度学习需要挑战（真实情境中的问题，这个知识对学生是个挑战，没有挑战就没有学习）。这就需要有一个学习管理系统为教师提供这些策略以及评价工具等，为教师参与教学变革提供支撑。

当然，很重要的是，我们信息化背景下形成学与教的新常态，要对教师进行培训。给教师有效的支持是教师信息化能力提升的重点。如果说原来的教师信息化能力提升是1.0阶段，现在则到了2.0阶段。2.0阶段教师的任务是，掌握在信息化背景下指导学生学习这些理念、方法、工具的技术。我们对教师的培训，要着眼于帮助他们面对有差异的教学情境，并用工具、资源为学生设计有效的丰富的教学活动，促进学生的深度学习。当然，我们培训要与教学需要紧密结合。与此同时，空中课堂的备课也应该成为新常态，成为我们教研的新常态。在未来的教育改革、教育实践的过程中，很多老师可以结合教学任务，自己组成教学社区来进行研究，进行空中的教研。

形成学与教的新常态的几项任务

如果大家认为新常态是需要建立的，那么我们需要做几件事情。除了教育行政部门负责的事情外，学校、老师可以做什么？比如刘京海校长讲学校信息化时说到，从校情出发，规划好实践路径，同时把握好三大核心要素：第一个是因类分层，第二个是因材施教，第三个是个别化教学。

要实现这样的目标，我们可以抓几件事情。

第一是学习空间的重构。泛在的学习环境要求重构学习空间。学习空间可能是现实的学习空间，也可能是虚拟学习空间。两者结合起来，实现资源的便捷获取、智能推动，构建新型的学习场。

我们要建立一个教与学的新常态，就要这样去建构更加灵活的、人性的学习成长空间。网络的虚拟空间与现实的实体空间结合，构成未来学校泛在的智慧空间。我下载了一个软件听音乐，然后软件根据我听过的音乐隔三岔五地就推荐给我最新的音乐，我曾经听了好多遍的音乐隔段时间以后软件又再次推荐给我。假如我们的阅读、我们的图书馆能够这样做，那也是非常好的。网络学习的空间建设也是我们学校要做的。我们学校整合信息化的软硬件建设，加快构建网络学习空间，让每个学生有一个数字书房，为教师打造一个数字办公室。基于空间的资源供给，是学习空间的一种建构。

第二是教与学流程的再造。这是今天教与学新常态最重要的一件事情。翻转课堂、视频教学、自适应学习等，都可以通过设计来实施，来改变讲授和操练的学习方式。老师在疫情防控期间已经普遍尝试了虚拟课堂的教学。虚拟教学助手帮助老师处理可以重复性的智力劳动，让老师腾出手来引导学生，先学后教、以学定教、少教多学，体验式学习、成就式学习、情景式学习，等等，我们整个教与学的形态、学生学习的经历都更加丰富。

当然，教与学的流程再造，我们的技术需要跟进。要能够提供更加智能、更具个性化的教学内容，能够更加精准提供智能导学的学习辅导工具。教师的工作重心，可以更多地转向对学生的能力培养、素养培育、心理干预、人格塑造。因此，教师的角色也会发生变化。

第三是学习资源供给侧的改变。比如说，现在创新课程、STEM课程成为教育追求的一个新的热点，其实这就是基于创新实践和体验的教育资源，已经成为一种新的需求热点。我们向企业购买一些有价值的东西，然后帮助学生更加有效地去学习知识、提升能力、建构观念。从这个角度来讲，我们要促进教师教学方式进化，要用技术来优化教学，然后促进学习方式的进化。有人提到，要用人工智能技术建设知识图谱，在这个基础上去重构学习内容，让知识呈现能够不一样。知识学习的过程中，自适应系统其实是一个个性化的学习系统，支持个性化的学习。所以，要用技术来促进学程再造，促进学习方式的变化。

第四是评价方式变革。教育信息化在学习评价领域的创新突破主要就是综合素质评价。教育数据是可采集、可分析的。基于数据的汇聚了解学生、洞见学生的数字画像，为我们今天办学改进生涯规划提供技术支持。很多地方都在做了。我上次到苏州姑苏区，看到那里所有的小学都在做这件事情，规模很大。

第五是教育资源的转型。基于大数据的教育数据挖掘与学习分析技术正在慢慢地进入我们的教育。教育的治理、科学的决策、学校整个教育教学的流程，其实都要通过数据收集来加以改进。这个过程的核心是智能化。基于数据的教育治理，基于技术的环境设计，基于个性的推送服务，都是建立在大数据的基础之上的。

这五个方面的任务其实并不遥远，我们可以在今天的基础上进一步取得突破，通过信息化的手段实现教育的变革，其中的很多变革应成为我们的新常态。

在线教学促动“互联网+”教育变革①

此次在线教学，按照市教委的统一部署，我们与各兄弟学校一样认真推进。我们主要抓了以下三方面的工作。

为全体教师提供基于在线教学的指导服务。为保证“拷贝不走样”，对全体教师进行在线教学方法、信息技术应用的全员线上培训，编制《在线教学指导手册》，解决线上教学可能遇到的难点和重点问题，强化培训效果，保证全员参与；以教研组为单位，推动线上集体教研，做到精准帮扶，保证线上教学有效性，形成闭环管理、动态管理，保障学生在家学习的基本质量。

让教师的“十八般武艺”与学校智慧教学、管理和服务平台相嵌合。公共基础课，市级层面的录播课程，教师与学生的互动，可以运用各种工具，将PPT、语音、视频分享到班级群中，有微信、QQ、钉钉、腾讯、Zoom等，我们老师自嘲是“十八线”主播，但实际是拿出了“十八般武艺”。但是，我们要求教师必须与学校的智慧教学、管理和服务平台相嵌合，了解各维度的教学状况，师生访问情况、活跃度，资源建设、作业批改等数据实时可视，为诊改提供数据支撑，便于安全管理、全员管理和精准管理，从而提高学校整体的线

① 本文作者：上海市商贸旅游学校校长李小华。

上教学质量。

家校合力让线上教学效果最大化。线上教学不仅是“教书”，更是家校合作“育人”良机。根据学生的线上学习时间、时数、作业等数据，做好教师间沟通、家校间互动，促进教师共同体、家校共同体建设。不少班主任“潜在水下”，观察学生学习态度、学习方式，做好幕后服务。如据数据统计了解学生作业的时间分布，若学生很晚还在做作业，班主任就要干预，指导学生养成良好作息习惯、作业习惯。家校合作、精准指导学生自主学习，促进同侪互助，分享学习成果，为学生成长赋能。

此次在线教学催生教育教学变革

此次应急的、超大规模的在线学习，我们经受住了考验。学生对在线教学的适应性普遍高于教师，进一步催生面向未来教育的教师培训培养变革。

“今天的学校和课堂仍是工业化时代的产物。”我认为，信息技术本质上还没有融入课堂，仅仅是手段的信息化，展示方式、传播方式的生动化和形象化，教育本身并没有实质改变。需要我们深入发掘“互联网+”时代教师成长的内在规律，线上学习活动设计、弹性教学策略、探究式学习等应对未来教育场景的创新教学方式，顺应互联网+规律，培养新一代教师。

此次线上教学将成为促动课堂教学变革的“催化剂”。此次在线教学既是全员性的“大培训”，也是“大实践”，是一次前所未有的集体尝试，随着互联网“原住民”教师越来越多，教师信息化教学能力、信息素养提升，将会推动“全员性”的课堂教学变革。更重要的是，此次线上教学实践积累的各种数据、实践中不断完善的方案、许多行之有效的经验，展现了现代教育治理所蕴含的巨大潜力。

“互联网+职业教育”如何变革

“互联网+”已经进入我们生活的每个角落，职业教育如何尽快适应这种变化？要借助互联网，拥抱数字经济。这次抗疫实践，体现了中国企业线下线上强大的整合能力和效率，海量需求得以在线满足，充分显示了数字经济强大的动员和管理能力，“互联网+”的职业教育变革迫在眉睫，“融合”将摆在更为突出的位置，“互联网+”全面渗透、融合和赋能，这是学校变革的决定性力量，实现“换道超车”关键变量。

面临“互联网+职业教育”变革挑战，要有非常强烈的危机意识，可能过去所有的经验都不再有效，需要我们突破原有的思维方式，摆脱过往的经验，学会战胜自己，用更宽、更多的视角去审视教育变革。不能只是理念的巨人，而没有真实的行动。

混合式教学将会“常态化”应用。现在大家都在讨论线上教学的种种不足，也有人说要替代传统教学。我认为，两者都有偏颇。未来的趋势是加快“融合”，一定是线上线下相结合，是新一代信息技术与传统课堂教学深度融合，教师角色将会发生变化，而“面对面”“育人”是不会变的，本次线上教学将驱动越来越多的教师参与变革，用持续的变革让自己不断成长。未来，教师不再是传统的知识传授，而是以典型工作任务作为教学内容的载体和训练素材，师生共同参与“资源”建设、“课程”建设。此次我们线上教学开设的“计算机常用软件工具”课程，有10位教师共同参与，不同专业、不同年级学生共同参与学习，每个学生自行设定学习目标，选择合适的深度和广度，自行制订学习策略。如何参与？如何完成？都给课程设计、教学实施和支持服务带来挑战。学生拥有较大的自主性，依据个人需求和爱好，根据自身需要进行选择性学习，从而为教学中的个性化应用的实现提供了可能。教师根据学生需要不断投放学习素材、学习资源，开放、多元、弹性、可选择，共享学习成果。当在线开放课程给了学生这样的机会，立即对他们产生了巨大的吸引力，对比之下，学生自然会对当前学校的常规课程提出新的诉求，必然会给我们的教学带来新的挑战。

泛在学习将打破原有课堂边界、专业边界和学校边界。我们培养新商科、大旅游和创新创意复合型人才，绝不是过去商贸、旅游加“数字化”的简单组合，而是基于深度的“融合”，是以人工智能、大数据为代表的新一代信息技术与传统产业的融合创新，由原来知识技能的单项应用转向“复合化”“数字化”，由学科本位、知识本位向育人本位、核心素养本位转变。学校正在打造“基于核心素养的综合实践课程”，需要我们推进泛在学习，把线上线下学习资源创新联系起来，促进资源的开放和共享，有社会实践、野外考察、企业实践，也有基于虚拟及增强现实技术（VR/AR）的课程学习，为学生提供了一个远比课堂环境更为丰富的真实学习情境，这一系列丰富而生动的跨学科学习场景，不仅可以降低管理成本，还可以提高管理服务效率，优化资源配置，有助于学生综合实践能力提升目标的达成。我们与“第一教育”微信公众号、全国餐饮职业教育指导委员会联合推出“跟大师学做上海菜”系列课程，反响很好，接下来，“篆刻”“顾绣”“装裱”系列课程也即将上线。此次线上教育实践，将会大大加快推进线上线下相结合的职业教育培训。

开展新型课堂教学探索，要为一线教师提供教学模式与技术支持。我们设计的“学评用一体化教学模式”是一个注重操作技能的课堂教学模型，力图使教学由“粗放”逐步转向“精准”，从关注技术转变到关注教学活动本身，把理念转化为可操作的课堂教学结构框架和活动程序。“学评用一体化教学模式”既是教学理念、教学策略、教学模式，也是教学的主要流程，是从“教师视角”出发、适合教师工作实际和表达习惯的教学模式。以学生为中心，以“学”“评”“用”重构教学活动，“学”是起点，“评”贯穿始终，“用”是核心，明确路径，可测量、可评价，三者构成相对独立又紧密联系的有机整体，联通课前、课中、课后，通过翻转课堂、团队合作学习、提升职业能力一体化思考，重视学习过程、思维品质和创造创新能力，有机融入文化育人元素，强调“自主学习、多元评价、学以致用”，促进学生智慧学习、智慧提升。根据职业教育特点，围绕“学习任务”“项目学习”，聚焦教师课堂教学遇到的普遍问题，选择性截取一些获奖的优秀课堂教学案例中精彩、典型、有价值的教学片段，制作成微视频应用于教研活动，对特定的教学片段进行观摩研讨，解决实际问题，教师基于自身体验、感悟、反思、实践，内化为自己的教学风格、特点，塑造出更多的“金课”“好课”。

利用教学生成的数据做好数据分析、利用。“评”是“学评用一体化教学模式”的最大创新点，通过“提问设计—数据分析—新的教学决策”课堂运作流程，用“数据”了解学生的潜能与优势，以创造更高效能的智慧教学。依托平台和工具，为教师课堂教学决策提供充分有效的数据和依据，即时诊断、反馈、补救，促进教学效率和质量的提高。探索数据挖掘，通过构建学科质量分析模型，从教学、检测、分析和改进四个方面开展以“数据”为基础的课堂教学变革，包括试卷分析、学生学情分析、命题内容结构分析和各试题的技术指标情况等，完善终结性评价手段，为教师课堂教学决策、学校教学管理提供充分有效的数据和依据，解决教学诊断与改进中隐藏的问题。

“互联网+职业教育”变革，需要学校根本转型，需要不断试错、纠正、迭代，用不断的自我批判驱动成长，需要从知识技能、信息系统、组织平台、沟通系统、对学校整体发展的认识等方面，从根本上把整个学校治理能力提上来、转过来，这是催生学校变革的重要力量，是现代学校治理必须跨过的一个重要桥梁。

从在线教学中的协同对话看未来教育的关系重构[①]

关于本次的在线教学，我有三个没想到。

第一个没想到是“传说中”的在线教学来得如此迅猛，疫情的危机反而成为在线教学发展的契机。

---

① 本文作者：上海市建平实验中学校长兼党支部书记李百艳。

第二个没想到是在线教学组织起来的困难竟是如此之繁多。我还记得在线教学开展的前一周和第一周，学校教研组、备课组及教工的微信大群里面经常在深更半夜聊得热火朝天。各种各样的问题、交流互动，一时间可以说是崩溃与收获并存、段子与例子齐飞。

第三个没想到的是被迫卷入在线教学的老师、学生和家长们竟然能够释放出如此巨大的潜能。在开展在线教学的过程当中，我们有一个深刻的体会——决定在线教学能否顺利启动、有效推进，不仅仅是信息技术与组织方式的改变，最核心的还是教育主体之间的顺畅互动沟通、高质量的协同对话，相互支持的关系建构。

在这个过程当中，我们有实践、有认识、有思考，这里我主要分享三个方面。

在线教学尤需协同对话

为什么说在线教学尤其需要协同对话呢？首先我们看对话。对话是人类生命的一个基本的特质。一个人通过对话理解他人、理解世界，也能更好地理解自己。一个人的对话质量常常决定了生命的质量。而对话是教育的本质，因为教育本身就是交往。交往的主要形态就是对话。古今中外大教育家都是对话的大师，孔子、苏格拉底都是如此。所以我们说，教育是一种传统。但是当我们强调面向未来的教育时，我们知道对话既是传统，同时它也是未来。

在本次在线教学当中，协同对话的作用尤为重要。什么是协同对话？根据我们的研究，协同对话就是以哈贝马斯的交往理性为预设，以主体间性的关系思维为原则（彼此都是主体而不是主客体的关系），以协商民主为过程，以伙伴合作关系为特征，以达成共识和理解为目标的交往沟通行为。协同对话是自由的、多元的、平等的、民主的、互助的。它广泛存在于教育当中，存在于各种关系之间。在本次在线教学当中，我们建平实验中学基于伙伴关系的协同对话主要表现在以下六个方面：思想的互相交融，抗疫联盟共建；教学的互相研讨，学习社区共塑；资源的互相流通，学术联盟共享；情感的互相激荡，价值取向共鸣；技术的互相传授，管理团队共进；心理的相互支持，家庭学校共育。正因为这多元的、立体的、随时随地存在的对话，才使得难度如此之大的在线教学能够顺利地推进，取得了非常好的育人成效。

非常时期加推特别项目

在在线教学期间，我们一方面是收看市教委统一推送的“空中课堂”的教学资源，加上我们建平实验中学每一门学科教师的个性辅导，同时我们特别推出了项目化学习。为什么要开展项目化学习？因为项目化学习的特征是以学习者为中心，以真实性情境为前提，以挑战性任务为驱动，以持续性探究为路径，以展示性成果为导向。这个特征，特别有助于学生居家长时段地进行一个长任务的学习。它强调学生学习方式的变化，强调动手实践，打破学科界限，注重分工合作，引发深度学习，关注差异发展，有助于培养高阶思维。我们一共有三个项目。

第一个项目是特别作业“谈古喻今名言隽句诵写讲画演”。我用四句话来概括：项目策划是价值引领当先，微课制作是年轻主播率先，课程开发是科研攻关领先，整合资源是融入生活创先。

大家看价值引领。我们这一次项目的内容是针对习近平总书记这么多年以来的用典，即“名言隽句”，用多种活动形式，即“诵写讲画演”，来开展一些线上活动。在这个过程中，我们11位见习教师一马当先，非常棒。他们开发的课程包括“战疫国画公共招贴”“古本易筋经”“趣味劳动”“经典新唱”“情景剧创编”“以史品句”“书法入门”“积极心理学”。这些课程很好地落实了德智体美劳五育并举。给我们的启发是，我们学的不再是独立的、没有联系的、干枯的死知识，而是从知识转向故事教学，从灌输转向对话，从大道理转向了小细节，学生从思想感悟转向生活的践行。

第二个项目是我们孙伟菁老师带领语文组针对部编教材的名著导读的要求，开展的《骆驼祥子》的整本书项目化阅读。这么有名的一部作品仅仅用

20分钟学习怎么够呢？所以我们进行线下的辅导，开展了整本书阅读。这个项目最主要的成果就是每个人都制作了一本非常独特的阅读手帐。一场个性化、体验式的全新阅读拉开了序幕。阅读主要是针对我们在线学习的几个弱点。第一是直播统一、阵地转交，效益需要加强。第二是平台开放、资源共享，教师不再先知，要承认学生也同样能够获得资源，所以我们要使学习走向深度学习。第三是师生相隔、互动减少，学生重在自律、自学。第四是伙伴分离、独学居多，对话亟待畅通。这里包含八个真设计：真任务体验、认真阅读、创设真氛围、实施真合作、进行真探究，诞生真成果、展开真交流、促进真成长。

第三个项目，我们开展行为契约教育，保障在线学习。什么叫行为契约？就是我们聘请专家，和我们的班主任老师一起，指导家长和学生，在特殊期间制订行为契约。契约涉及方方面面，有学习契约、生活契约、健身契约，甚至使用手机的契约，等等，有目标行为，还有奖惩措施。孩子获得的奖励有娱乐卡、购物卡、健身卡，甚至还有拥抱卡等多种多样的形式。契约教育保证了学生养成自律的好习惯，而且化解了居家的矛盾。对这个项目，我们用四个全来概括：一，它使家庭和学校的界限被打开，课堂和生活的界限被打开，主体与客体的界限被打开，全盘打开；二，学校家庭和社会全员参与；三，我们这里面还有很多志愿者、心理老师来辅导，还聘请了心理方面的专家，带来全新体验；四，带来的是全面改变，主要是学生变得更自主、更自信，家长变得更民主、更智慧，教师变得更专业、更乐业。

这三个项目贯穿了我们整个延长版的寒假一直到现在。我个人始终认为，在在线教学当中针对我们学校学生的特点创设的这几项内容，是非常有帮助的。

疫情大考催生关系重构

谈到关系重构，我们就想到了后喻文化。美国人类学家玛格丽特·米德在一本关于代沟研究的书中谈到后喻文化。后喻文化针对的是一直普遍存在的前喻文化。前喻文化通常是先生教导后生、长辈指点晚辈、长者指引幼者，而后喻文化恰恰是下一代来影响上一代、后生启发先生、晚辈指导长辈、幼者帮助长者。在我们学校，就是青年教师在在线教学当中引领中老年骨干教师、学生能够指导家长。

在线教学环境下，伙伴关系、师生关系都发生了根本性的变化。首先是同侪关系的重构，资深骨干引领变成了青年先锋反哺个体，单兵作战变成了伙伴协同共研，单独学科封闭变成了跨学科融合，微观碎片实践变成了中观宏观兼顾，被动执行教学变成了主动创设课程。其次是师生关系重构。教师的角色发生了很大的变化，由学习历程的先驱者变成了同行者，由学习资源的独占者变成了共享者，由学习任务的教授者变成了设计者，由学习活动的主导者变成了组织者，由学习成果的评价者变成了受益者。再次，亲子关系重构，由单向的家长对孩子的霸王条款变成了主体间的平等契约，由家长一直把孩子当成自己的私人财产随意性地训诫命令变成了科学化的理性沟通，学生由被迫的敷衍应对变成了主动的自我践行，亲子关系由生理上的血缘连接变成了精神上的亲密交融，代际的望子成龙变成了两辈人的生命成长。最后，从展望的角度来讲，线上教育的开展也引发了我们对人与自然、人与社会、人与文化知识之间关系的深刻思考。教育是通过交往实现的，而交往中的各种关系的建设与更新，是影响教育效果的主要因素。

在未来教育的组织生态当中，教育关系还将发生更为深刻的变革。当然，在后喻文化特征日益凸显的同时，前喻文化仍然并存，资深教师的经验辐射与精神传承、教师对学生的引领点拨和纠错扶正、家长对孩子的管束训导和教诲惩戒也是不可或缺的。而我们作为教师，要研究的是如何真正能够以人为本，尊重规律，因时而变、因势利导，动态化地重构各种教育关系，真正实现教师的文化自觉、学生的成长自主、学校的氛围自由，这仍然是值得我们在未来教育当中探索的问题。

重建教学范式

过去，由于实体课堂的时空限制，以学习者为中心的教学理念难以实现；现在，在线学习让这一限制得以突破。如何促进以学生为中心的个性化学习？大家的共识是必须研究在线学习的特点，根据新的学习环境、新的学习需求，进行教学范式的重构。

从居家在线教学看未来教育创新设计①

这次疫情期的在线教学，被称为人类历史上最大的一次教育实验。居家的在线教学确实给我们带来了很多挑战，但同时也带来了很大启发。当教师们终于可以回到熟悉的课堂教学环境，而这个时候的反思就特别具有价值。

① 本文作者：华东师范大学开放教育学院院长闫寒冰。

5年之后，教师之间的差距在哪里

为什么说当下的反思特别有价值呢？未来教育学会前主席罗伊·阿马拉（Roy Amara）曾说过，我们总是高估了技术的短期影响，而低估了技术的长期影响。我想这次我们会不会也低估了疫情期间在线教学给我们带来的长期影响，而顺其自然地回到了熟悉的课堂？

当下进行反思之所以是非常有价值的，是因为很多事情已经发生了变化。而产生这种变化的原因在很大程度上并不是因为专家和学者说了些什么，而是因为教师在真正体验了在线教学后所打破的很多思维定式。比如，在学习场所上，以前的课堂是一个绝对核心的学习场所，现在是随处都可以进行学习。在混合学习的方式上，以前是在线和离线，现在是同步和异步。在教学成效上，很多教师以前认为远程的效果一定不佳，但现在明白远程并不是影响学习质量高低的主要因素，学生的自主自律能力、教师的设计能力，才是决定效果优劣的主要因素。在评估的方式上，以前更注重测验和考试。在课堂环境中，我们能够看到孩子们的眼睛，我们知道他们参与的过程，但是当我们看不到孩子们的眼睛，看不到整个学习过程的时候，基于证据的评估会让我们更能感觉到学生的学习状态。在合作方式上，原来可能更多的是合作教研，现在增加了合作授课等方式。

疫情期间的在线教学虽然说是应急之举，但是它孕育着未来。未来可能有更多的项目学习、个性化学习、野趣学习、STEM学习、混龄学习、居家学习和生涯定向。这些学习方式，不再会以个例的形式出现，而会是百花齐放的形式。如果说5年之后，教师之间会产生差距，我觉得差距的产生，有理念上的原因，有实践上的原因，但更有可能的是教学设计上的原因。

在线教学设计的三种类型

为何信息化能促进新时代基础教育公平？教育公平可以分成三个层次：低位公平是指对贫困区、薄弱校、困难生精准帮扶。中位公平是指提供优质的资源，提供资源具有多样性、充分性和选择性。这次疫情期间，很多地方已经达到了中位公平。比如不仅仅有行政力量开设的空中课堂，还有民间力量努力建设的名师课堂。那么何为更高位的公平呢？其不仅仅是让民众都能享受优质的资源，还要能享受优质的教学过程，提升核心素养，适应个体差异。

然而，信息化既可以带来公平，也可以带来数字的鸿沟。怎么用团队或集体的力量去促进这种更高位的公平？在促进高位公平的过程中，教师的信息化素养、信息化教学能力很重要。我们先来看看疫情期间的在线教学设计有哪些类型。

初级版：在线教学“三板斧”。开始课堂导学，推送学校任务与资源，然后播放名师精讲内容，一般来说要求不超过20分钟，然后布置互动作业等。通过这种方式，一般的教师很简单地就可以把自己的线下教学移到线上来。

进阶版：同步授课八步法。包括目标导学、名师精讲、练习反馈、疑难提出、互动研讨、展示分享、评价点拨、作业布置。前面三个为一个梯度，掌握基础知识；中间三个又为一个梯度，突破疑难问题；最后两个又为一个梯度，提升和拓展。即便是同步授课，有了梯度的设计，更为精致。

在线教学“三板斧”和同步授课八步法都是在40分钟内把线下的教学移到线上的同步授课。同步授课解决了空间分离的问题，但是对远程教学来说还有时间分离的问题，那么怎么把时空变成优势呢？

一种设计是“先学后教”。先学后教是翻转课堂的线上版。从八步法来看，目标导学、名师精讲、练习反馈是可以预设的，早早地把课放在线上，学生在规定的时间段内就可以完成。其后的几项一定要根据学生的学情来调整疑难问题，如可以预设的就可以异步，通过提早在线上展示，让学生先看。然后加入一个自学检测，同步进行后面的工作，这就是先学后教的模式。先学后教的模式相比最开始的同步授课的模式优越在哪里呢？它可以解决不同网络环境的问题。比如说学生在网络条件不是很好的情况下，可以先学习网师精讲，根据书本自学，然后再与教师约定时间进行直播答疑，学生的自主空间比同步教学大。

还有一种设计是项目学习。更高级别的学生自主学习情况是怎么样的？在常规的课堂教学中，教师经常对学生说："你现在学的东西以后就用得着了。"这叫延迟实践。但是如果考完驾照迟迟不开车不上路的话，初学者很有可能就忘记怎么开车了。学习之后需要实践，这是项目学习的方式。项目学习包括提出任务、讲解标准、学生自主探究、展示分享、评价点拨。如果在自主探究的时候产生问题了怎么办呢？去看名师精讲，进行直播答疑，进行个别辅导。用这样的方式可以更好地发展学生的核心素养，学生也可以更好地展示思维过程，进行互动交流，引发探究生成。而且项目学习不仅仅适应基于表现的简单学科，也同样适应比较复杂的学科。

在同步授课、先学后教、项目学习这三种模式中，学生的自主空间越来越大，对教师的信息化教学能力要求也越来越高。信息化促进基础教育公平的最终目标是高位公平，高位的公平是学生的个性化的发展、综合素质的提高。只有通过相应的教学模式的匹配和适应，促进综合素质的发展，才有可能达到高位公平。

创新学校的成功模型

什么样的学校才是一所创新学校呢？我们认为，一所创新学校的学习加速度不能低于年级水平，要等于和高于年级的水平。学习深度上不能够停留在知道、领会、应用，要向前发展到评价和创造。在学习阶段中，也一定要从依赖、感兴趣，进入到更多的自主学习中。所以我特别珍视向更高层次、更深深度、更快速度发展的学习模式的产生，特别是那些不仅仅完善自己的学校，还可以辐射更多的学校的学校，他们是信息化促进基础教育公平的基础。

在疫情期间，每位教师都迎接着极大的挑战。在未来的教学中，我们还有更多的挑战，那就是赋能学生，拥抱未来，让我们的学生更好地发展。

线上教学催生教学范式的全新建构[①]

根据防控疫情期间线上教学的要求，市西中学针对学生实际，采用“年级直播+班级答疑+个别辅导”的方式，更好地促进了学生个性化的优势学习与发展，助推了学校承担的教育部重点课题和上海市“AI+学校”场景项目的研究。

线上教学方案体现五大特点

学校线上教学严格按照上海市课程计划编制课时，由学校统一安排的年级直播实行大课30分钟和小课20分钟，每天180分钟。由教师自主安排，学生主动学习的班级答疑和个别辅导每天200分钟。每门学科的教学方案经备课组集体讨论之后制订，选派优秀骨干教师轮流直播，其他教师配合做好作业编制、PPT制作、资源搜集等工作。同时，每位教师坚持“自己孩子自己抱”，依托作业布置、收交、批改和反馈，通过答疑与辅导，将教学目标与内容落实到每位学生。

学校方案体现了五个特点：单位课时大课与小课结合，教学组织集中与分散结合，教师安排团队与个体结合，教学管理规范与自主结合，技术支持基础与优化结合。这一方案的实施，推进了学校思维广场所引发的教学改革，并依托信息技术开展整体因材施教的实践探索，催生学校全新建构面向未来的教学范式。

实践探索教学流程再造

市西中学从2012年启动“思维广场”教改项目以来，在语文、英语、政

---

① 本文作者：上海市市西中学校长董君武。

治、历史、地理等学科建构了“目标引领—自主研习—合作研讨—思辨提升”的教学流程。

2016年，数学学科启动了将信息技术融入教学的“网学课堂”探索性研究，在梳理高中数学知识结构的基础上，教师们录制一套基于核心概念与方法的教学微视频，并编制了一套基础性题库，由此初步建构了“目标引领—视频先导—自主学习—练习反馈—释疑深化—思辨提升”的教学流程。

2020年2月开始的“线上教学”，深化了这两类教学流程的应用范围，使教师指导下的学生自主学习方式拓展到所有学科。

新型教学范式的探索性研究

面向未来，以防疫期间的线上教学为契机，学校在思维广场和网学课堂实践成果的基础上，进一步凝练和践行“优势学习”理念，探索建构学校整体因材施教的全新教学范式，试图在下列两个方面寻求突破：

其一，在数字化背景下，突破以年龄为依据安排学习内容与进程、以教师预设和讲授为主等教学局限，建构以学业状况为主要编班依据，满足学生个别化学习需要课程与教学系统，适应学校整体因材施教需要，促进学生优势学习与发展。

基于学科课程标准，研制学科知识结构图谱、课程模块与分级标准，探索以学业发展水平与状况确立学生学习内容与时间进程的教学组织形式，突破以年龄为主要依据的传统年级和班级的编排方式。

基于学生发展状况，以学习为中心，突破以教师预设和讲授为主的教学方式，探索建构“目标引领的自主学习—注重双基的练习反馈—培育能力的释疑研讨—聚焦思维的深化拓展”的教学流程。

依托技术与教育的融合，运用自主研发的学习与资源平台，探索“线上与线下”“独立与合作”“自主与互动”“接受性与探究性”相结合的学生个别化学习方式，形成以及时反馈、即时诊断、精准推送为特征的学生学习与改进策略。

其二，应用信息技术，探索建构突破传统教室的新型学习环境，研究开发基于知识结构图谱，具有学习资源、诊断评价和匹配推送等功能的学习平台，探索建立支持学校整体因材施教的学校管理制度，保障学生个别化优势学习。

建设安全舒适宽敞、分合恰当、资源丰富的共享学习空间，探索建立信息技术与教师资源、学习资源全面融合的学科学习空间，支持整体因材施教的展开，促进学生个别化因需而学。

研发支持个别化学习和整体因材施教的网络学习平台，建立基于知识图谱和多标签标识的结构化资源库，研制学业个别化诊断与评价指标体系，建立过程性诊断与匹配推送的操作流程。

研制保障整体因材施教的学校管理制度，探索建立导师制、学长制、社群制，建立适应整体因材施教评价体系。

通过疫情期间线上教学的大力推动，在建构新型的教学范式实践研究中，我们努力寻求三个方面的突破：突破相对封闭、单一的教室，建构包括网络平台的开放、多元的教学空间和环境；突破以教师讲、学生听为主的教学方式，建构多种学习方式融合的教学范式；突破以年龄作为教学进程安排的主要依据，以学生学业发展水平与状况安排教学进程。学校将一如既往地致力于探索建构面向未来的新型学校形态，更好地促进课堂教学的全面转型，更好地让学生实现全面而富有个性的优势学习与发展。

以技术实现“有意义”的学习[①]

现状：是否“危”中有“机”

疫情的爆发，让在线教育被迫匆忙上线。从近一阶段的教学实践来看，还

① 本文作者：上海市建平中学副校长郑朝晖。

是可以解读出很多有意义的信息。

意义之一：在上海，在线教学采取了统一教学资源+在线互动平台的模式。这种模式解决了教学基本要求一致性（规范）和学生学习差异性（个性）之间的矛盾，也为在线教学提供了一个大致可行，并且基本符合教学规律的工程框架（Engineering Framework）。

意义之二：大规模使用了多个目前市场上的在线交互平台，从音视频播出、音视频互动到后台数据统计、行为分析管理，以及用户行为数据的即时反馈，这个过程让教师和学生感受到了一种全新的教学体验。另一方面，在线交互平台也积极根据教学的实际需求反馈进行不断的更新调试，促进了在线教学技术的跨越式发展。

当然其中也有不足。有些不足是因为特殊的环境和需求造成的，有些不足则是由我们固有的、相对落后的教学观念造成的。比如提供统一的教学资源就是不得已的举措，是特殊环境与需求的产物，真正的在线教学应该提供更开放、更多元的教学资源。此外，在线教学资源的组织还需要更多技术规范，包括法律的、教学的、数字工程的、网络技术的……

有一个需要引起我们高度关注的问题是：改变固有的落后的教学观。落后的教学观会对在线教学产生非常不良的影响，因为技术是跟随观念走的，而且与观念相适配的技术还可能放大观念，这是不得不引起我们高度关注的问题。

在线教学：不是技术升级，而是教学革命

要研究在线教学，就必须承认几个基本事实：

（1）互联网化生存是人类今后相当时期内最基本的生存方式。

（2）互联网时代的教育特征应该与互联网生存的本质特点相契合。

（3）适应互联网生存的教育观念才能促进真正的在线教育的实现。

因此，我们首先要了解互联网的基本特征。无论是信息互联、智能互联还是物联网，其实质还是信息交互。但是这种信息的交互具有更为重要的特点，

就是“去中心”和“高速”，并且这两者是相互成就、相互促进的。

由于“互联网化”的特点在于信息超时空、高速而且扁平化传递，因此，人们获取信息的成本较低，获取信息量也更多。目前智能设备的出现，甚至有了智能设备之间的互联，就是从另一个角度体现人类正在创造发明工具，帮助自身处理如此丰富和庞杂的信息。

人类的这种不得已的“偷懒”，能够帮助人类摆脱信息冗余的困扰，但是也可能使人最终成为智能工具的奴隶。所以，从人类生存的基本需要看，网络化生存的核心不是信息竞争，而是对于信息的“意义”认知的竞争。这个结论很可能极大地颠覆了我们固有的学习理念。学习最重要的意义不再是获取信息，而是把握信息背后的结构与意义。

如果说20世纪末期多媒体对于教学的影响，只能算是一种技术提升，让我们固有的信息交流方式变得更为高效和多元的话（最典型的案例就是PPT的广泛运用），互联网背景下的在线教学，是从教育观念上对已有教学观的一种革命。当然这种革命，目前只是一个开端的开端而已，但是，我们迈出了非常重要的一步。

未来：一切刚刚开始

我们现在需要对疫情过后在线教学的发展做出一个符合现状的判断，让在线教学能够合理地、稳妥地向前发展。我的态度是：至少目前，线上教学无法完全替代线下教学。教学行为中的社会关系之复杂，不是目前的互联网技术和数字技术能够胜任的。在线教学和线下教学共存的局面还将长期持续。而且，互联网时代，教学方式不可能越来越单一，反而可能越来越丰富。但是，此次试水可能会加快线上教学的发展，越来越多的学校、企业会更多关注线上教学技术的提升与发展。

基于此次大规模的在线教学的实践，我认为如果能够在资源的组织上更好地体现“意义学习”（Meaning-full Learning）的理念，“资源云+交互平台”是一种很好的在线教学模式。就目前而言，最好的在线教学方式应该是，学生在特定的情境或者任务驱动下基于在线学习资源自学习，然后带着问题、思考，通过在线的或非在线的交互平台，与教师、同学或者其他相关人员互动研讨，然后再完善、温习、作业，最后呈现并获得相应的反馈。这可以作为一个相对完整的在线学习单位。这种先学后议的学习方式，应该可以改变当今教育意义缺失、过程趋同、主体丧失的尴尬局面。

在线学习平台背后的统计、分析和反馈技术，可能会在今后更深度地与线下教学实现无缝对接。教师们在日常教学活动中，与这些平台的“黏性”会增大，因为从管理的角度看，教学效率会提高。目前的困难在于“最后一公里”的纸笔输入的数字化转化。

当然，这些只是我们目前可以尝试去发展和完善的方面。互联网教学是一个探索的过程，有待于我们所有教育人的共同努力。不过我们相信，未来可期。

适度留白与过程支持：后疫情时期的思政课程学习设计思考①

由于互联网上错综复杂的信息对课堂教学形成的冲击，思政课老师常常担心自己没有掌握最权威、最新的内容。线上，成了线下的假想敌。特殊时期，我们自主开发并实施了一门线上学习课程——“疫情之下，与高中生聊聊‘公共参与’”。这是我们主动把自己的课堂搬到了“对方”的主场上。客场作战，我们发现，技术问题曾经使我们畏惧，但内容问题更加让我们焦虑。在线上学习中，学生的自由度更加高。学生的注意力能否始终“在线”，兴趣点能否被我们的课程“黏住”，是课程设计时要突破的难点问题。

对此，我们团队达成了一致意见：课程要能在复杂情境中提供给学生进

① 本文作者：复旦大学附属中学政治教研组长阎俊。

行正确的价值判断和行为选择的学习内容。这意味着，课程的学习设计要主动面向深度学习的发生。于是，我们将本课程学习目标定为综合运用思政学科知识与重大时事信息，积极选择理性、科学、合法的途径与方式表达公共利益诉求，参与维护或促进公共活动或公共决策，对公民在美好生活建设中需要发挥的积极作用形成正确的认识，积极主动承担社会责任。

这门课程的实施引发了比较广泛的关注，电台、电视台进行了报道，并在学习强国平台播出。更重要的是，这门课程帮助我们反思，反思它的创意、制作与实践的背后，是教师的设计思维“线下”与“线上”相融合的过程。疫情之下的网课，助力我们的设计思维跟上了人类技术进步的节奏。其中，特别值得一提的是对于“适度留白”与“过程支持”的探索。因此，我们也把这次网课当作对深度学习发生机理的一场实验，探寻它对未来教学的指导意义。

教师设计情境主题和关键要素，由学生选择、组织情境材料

对于深度学习而言，问题情境的创设与学习内容密切相关，但并非将疫情中的信息直接搬过来就能成为学习情境。对于这一点，无论线下和线上都要遵循。但线上学习又有不同，要让学生有更多的可能来参与情境创设。

在这一次线上教学情境创设中，我们尝试在分析学习目标的基础上，只确定情境的主题和关键要素。这就相当于教师提供了一个有标识的货架给学生，上什么货，货品具体的摆放位置，由学生通过在线、即时搜索来选择和决定。这对教师的挑战大于学生，要求教师既要有学生视角——给学生提供机会，还要有“上帝”视角——能看出表象后的本质，提供合适的货架。

在这个过程中，教师通过对“货架”留白，既给学生留下了发挥的空间，也提供了支持，使得学生在互联网上“取货”以及之后摆放“货品”有章可循。学生在参与情境创设的过程中，发现我们的世界不仅是拥有真实的情境、复杂的情境，而且还是不断变化的情境、十分复杂的情境；而最终由学生完成的情境货架，也能让教师及时发现什么样的学习内容是学生更需要的。

学生喜欢富有挑战的、劣构领域的“野生”问题

深度学习的一个重要目标是创造性地解决现实问题。一般来说，现实的问题不是那种套用规则和方法就能够解决的良构领域的问题，而是结构分散、规则冗杂的劣构领域的问题。用学生的反馈来形容这些劣构领域问题的表象，它们的直接特点是“作业帮”帮不到，“小猿搜题”搜不到，“百度”一下，你也很难知道。而骨子里，它们却能成为在学习中促进学生思维发展的诱因和动力。因此，解决劣构领域问题的意义就在于，它能够训练我们掌握原理及其适用的场域，还能训练我们运用原理分析问题并创造性地解决问题。

由学生在线选择、组织具体的情境材料，使得劣构领域的问题在学习中出现的概率提高了——学生喜欢讨论这种“野生”的问题。这种“野生”的问题，是人生不确定性的一种表现，它有利于整合意义联结的学习内容，引导学生批判建构，因为它的挑战性更强，也就提高了深度学习发生的可能性。

但同时，这些劣构问题也带来了麻烦。团队成员教师黄英樱和戴雯怡在试教第一课之后发现，如果不能及时对学生在解决劣构问题的过程中产生的新问题提供指导或解决方案，就会大大影响课堂学习的效率，因此，需要教师对学习过程提供专业的、技术性的支持。

解决劣构领域的问题，特别需要丰富多样的支架

以思维工具为例，它可以让学习过程变得更加有趣和有意义。

根据黄英樱和戴雯怡的思考，在“‘战疫’说法，用法识别迷惑行为”一课中，我们制作了一个“4A”标准，用于分析法治事件，探索疫情之下的法律适用与立法动态，可以让学习过程变得更加有趣和有意义。

“4A”标准中的第一个A，来自age，它是法律关系的主体要件之一，代表着主体和客体的适格，意味着当事人是否是法律上权益的享有者、义务的履行者、责任的承担者；第二个A，来自act，要求学生如实描述当事人客观上

有哪些言行举止；第三个A，来自affect，要求学生考察当事人的行为和损害结果之间的因果关系是否成立；第四个A，来自law，学生需要根据前序分析的线索，进一步查找相应的法律适用。

同时，在线评价反馈的工具也值得我们关注。我们知道，持续评价、及时反馈是引导学生深度反思自己的学习状况，并及时调整学习策略、实现深度学习的有效途径。这些工具在线体验的效果非常好。例如我经常使用的一款直播软件，之前是不能发点赞、鼓掌等表情的，前不久该软件进行了更新，增加了这些功能，并且把这些功能与聊天框区分开。我将这次更新看作它由“会议型工具”向“学习型工具”靠拢的一个标志，体现了需求引导下的技术改进。教育同样要思考需求。当然，靠表情包引导深度学习肯定是不够的，有推动力的反馈是关注学习过程，可以引导学生不断努力的具体支撑。在引导学习逐层深化的过程中，让学生能意识到自己的能力是一个动态发展的过程，自己当下的每一步努力，可以汇聚成未来无限的可能。从这一点上看，线上线下是一致的。

基于此，疫情之下的网课，也可以看作一场关于促发深度学习条件的教学实验，完善了之前我们攻关项目团队对于单元教学促进深度学习发生的研究，并找到了具有共性的一项原则：适度留白与过程支持。这场实验还让我们明白，课程本就隐藏了丰富的内容和维度，等待我们去挖掘；学生喜欢从不同侧面去理解知识，根据自己喜欢的方式去掌握知识，需要我们去引领；适度留白和过程支持的有机统一，是主动面向互联网生态的设计理念，有助于引领学生通往更深层次的素养迁移与运用。而对我们教师自己而言，也能从这场实验中，体会到重塑教学设计能力的重要性。即便疫情结束，探索线上线下设计思维的差异化融合，也仍将是一个需要我们共同长期努力的任务。

优化教学设计

在这场大规模的线上教学中，教师们很容易就会发现，当前的信息化技术已经为我们提供了一定的技术保障，确保了在线环境下的教学流畅。有了这样的基础，接下来需要做的就是对教学内容和教学过程作出精心设计。用专家的话说，内容为王，设计为大。

在线教育中教师的“攻”与“守”①

在这场疫情下的线上教育战役中，教师被迫快速进入“激战期”。无论教育信息化“武器装备”如何，大家被同时拉到“互联网+教育”的风口浪尖，让我们快速告别大部分教师坚守的“小米加步枪（黑板+PPT）”的阶段。

从开始线上教学的一个月不到的时间里，教师经历了从“PPT课件+黑板”打遍天下的舒适区中惊醒，突然得知学生要居家学习，进入了如何进行远

① 本文作者：上海外国语大学嘉定外国语学校副校长黄丽峰。

程教学的迷茫区。

再到学校连轴开始进行技术培训，教师们快马加鞭进入学习区。这一次，无论年长，还是年轻，信息技术全员培训必须本着“带着蜗牛去旅行”的心态。20年的信息技术培训经历告诉我：没有哪一次的技术培训的课堂转化率如此之高。于是，在线互动平台、在线点名、在线作业、在线直播、网络问卷、网络投票、在线聊天、评论、发日志等“新兵器”雏形在教师手中快速、初步地锻造成功。

通过几周的奋战，教师们逐渐熟悉了新兵器，甚至有些教研组已经摸索出了一套适合自己学科的在线教育的教学流程，逐渐进入稳定区。

进入稳定区的我们，当然，也必然会进入下一个“舒适区”。而这才是值得我们警惕的！

这一场战争来得太突然，我们其实并没有做好充分的准备。或者说，之前我们一直没有觉得有全员打这一场仗的必要理由。

匆匆上战场的教师们，如果认为在线教育也就这么一回事，或者说也只能这么回事了，那么就代表他对线上教学走入了一个狭窄的认知区域。教师如果偏离了教师的本分，而只注重在线课堂的技术引进和流程改造，被这些外在的形式迷了眼，结果只能是舍本逐末，得不偿失。所以，我们必须在“激战”后，守住我们教师的本分，清晰地认识到“教师本身才是在线课堂的核心竞争力”。如何体现教师的核心竞争力？可以从三方面入手。

首先是关注学生信息获取的途径。如果我们的在线课程只是变成“市级直播+自己老师直播”的方式，那么，可以说学生此时所处的互联网环境，信息获取的途径还是狭隘的。恰恰没有凸显我们在线教学的最大优势：增加学生信息获取、分享的途径。所以，我们的老师一定要鼓励、创设更多的机会让学生通过互联网获取更多相关知识和寻找答案的途径、方式。如今，哔哩哔哩、抖音、小红书、微信公众号等，都可以成为学习的伙伴。我们的老师们是堵不住学生自主学习的脚步的，我们的责任是引导他们重组、用好这些互联网学习资源。

其次是关注学生互动质量的提高。在市级直播课后短短的十几分钟时间，我们很多教师形成的教学流程里，几乎都有组织互动交流。以我所在的学校为样本，我发现他们往往会抛出几个问题，让学生逐一回答，但由于时间关系，学生之间几乎没有时间看别人的发言，老师几乎来不及一一查看学生的回答，并进行答复和追问。试问，这样的互动质量能有几何？所以，教师一定要继续研究如何用好在线互动平台的即时互动和延时互动。即时互动，可以解答疑惑、汇报讨论。延时互动，可以激发学生深度思考，表达深层观点、发表学生作品、展示学习成果。此时，我们教师的重任是设计更为妥当的形式，引导学生认真学习别人的发言，提出自己不同的观点，等等，让互联网中的互动更有质量、更有意义。

最后是关注学生思维品质的提升。疫情之下，每位教师都拿着锻造好的新武器，但如果干的还是"小米加步枪"时代的事情，那就是把这次在线教育所打开的窗口期给浪费了。我们必须从技术达人升级为学习设计师，来关注每个学生个体现状如何、他想如何学习以及如何引导他做到这一点。

教师在提供丰富学习资源的同时，更应关注以下两个关键点：学习工具与脚手架的设计，问题链与任务串的设计。这些提升学生思维品质的关键点与新技术巧妙结合，让每一间互联网教室的改变都充满智慧，成为学生自主学习的主战场。

互联网+教育的时代，教师必须坚守传道、授业、解惑的责任，并化身为知识领航员、兴趣激发师、习惯管理者、活动设计师，助力学生有效学习、全面发展。

在线教研，促进"研"的真正发生①

疫情下，为让学生停课不停学，各学科在市教研室统一组织下开展了视频课的录制工作。为给学生提供优质的在线学习资源，市教研室对视频课拍摄提出了

① 本文作者：上海市徐汇区教育学院课程教学研修中心副主任高永娟。

很高的要求，要求区教研员带领团队立足单元视域设计单元中各部分内容的教学，要聚焦课程的整体性、结构性和连续性，同时增强在线学习的互动性、有效性。

这对我们来说是一个很大的挑战。就小学语文学科来说，一单元中各模块内容的教学总计有12~13课时，课型很多，有精读课、略读课、口语交际课、习作课、语文园地、快乐读书吧。以往我们在开展区域教研活动时，通常以单元中的1至2课的教学为例来谈在单元视域之下的教学设计，通过某一课例的探讨引发教师对单元内其他内容设计的思考。我们从未尝试将一个单元内所有的模块内容都通过结构化的设计，用课例的形式呈现出单元教学的整个过程。现在要在2周的时间内，在线上完成一个完整的单元教学的视频课的设计、制作，真的是难啊！

但再难也要做！这件难事倒逼着我们去思考、去实践：如何将单元各模块的学习内容之间融为一个有机的整体？团队成员分工备课怎样做到既能各司其职，又有整体意识？怎样的方式能激发学生的兴奋点，增强在线上学习的互动性？

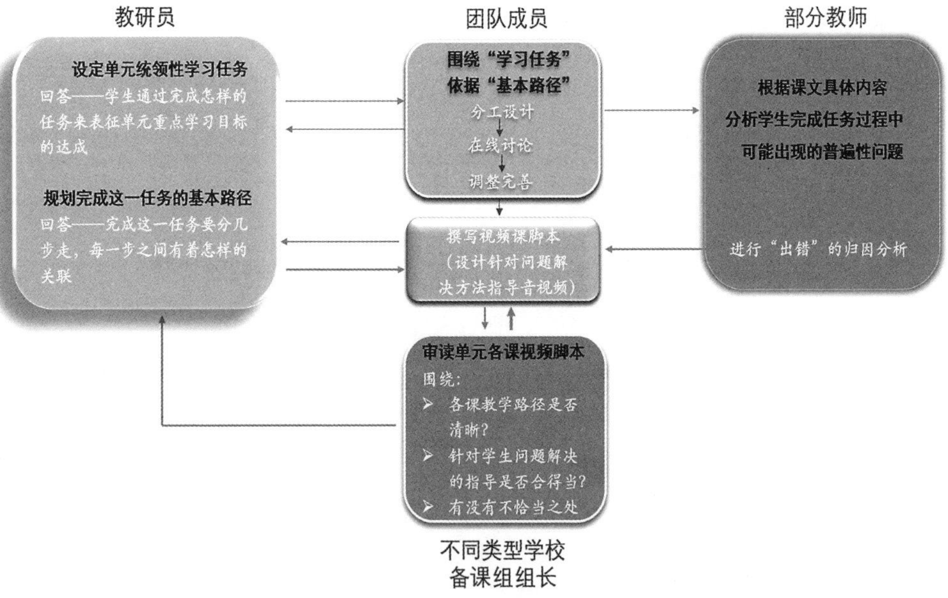

图1　疫情下单元视频课研究设计流程

回顾整个视频课制作过程，让我对今后区域教研如何基于信息技术的支撑，在合作共建教师研修课程资源的过程中提升教师的专业境界有了新的思考。

教研员先整体设定单元的学习任务及完成学习任务的基本路径，比如五年级第二单元：古典名著阅读单元——初步学习阅读古典名著的方法。根据小学阶段阅读古典名著的教学定位，为本单元阅读教学设定的学习任务为：讲述故事内容（概括、复述）。完成这一学习任务的路径详见图2。

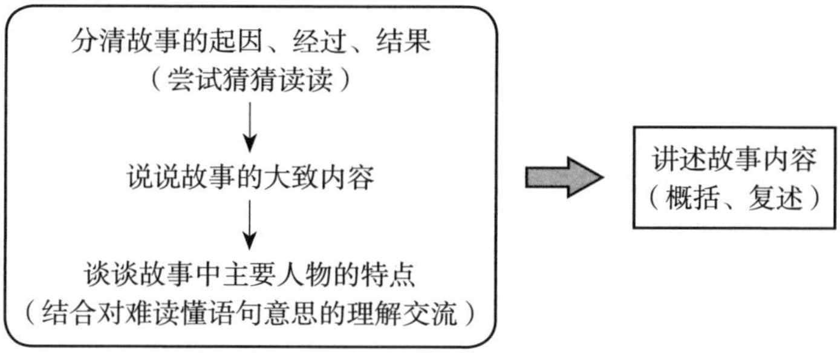

图2　完成“古典名著阅读”学习任务的路径

团队成员依据这一学习任务、学习路径分别设计每一课的教学，并依据总体框架进行在线研讨，以实现课与课教学之间的一致性、关联性。教学总体设计完成后，选择部分有经验的老师依据这样的设计，提出学生在学习这部分内容中普遍存在的几种错误，并分析出错的原因，反馈给团队成员。团队成员梳理提炼后设计指导学生解决这些问题的音频——以学生交流的方式还原学生原始的思考，引发讨论，传递解决问题的方式方法，同时完成视频课的详尽的脚本。再选择不同类型学校的备课组长审读所有课时的视频课的详尽的脚本，围绕“各课教学路径是否清晰？针对学生问题解决的指导是否得当？有没有你认为不恰当之处？”来查找问题，提出改进建议。教研员和团队成员根据备课组组长提出的问题和改进的建议进一步调整、完善。

用这样的在线研究的方式，团队成员出色地完成了一个单元12课时的录制工作，老师们感到设计单元学习统领性的学习任务，规划完成任务的学习路径，这样的整体架构使得分头备课的效率大大提高，单元各课教学之间的关联性加强。而有经验的老师分享的学生学习相关内容普遍性问题及归因分析，提供了很多鲜活的例子，根据这些例子撰写的学生讨论交流的音频录制稿，不仅使学法指导更有针对性，而且也增强了互动性。备课组组长们查找问题、拾遗补漏，帮助我们共同把好视频课的质量关。

疫情下，在线单元视频研制的实践给我以启发。现在我们线上的教研，比较多的还是观摩课、学习资料等，教师在线较多是为了获取一些资源，“研”较难发生。我想以后可以通过这样的在线运行方式构建区域教研的场域。具体来说，就是要围绕单元教学结构化设计的研修主题，以网络为媒介，以一个单元视频课的设计、录制为任务驱动，以学科中心组为核心，区域骨干教师团队和项目实践基地校为主体，各校教师、各校教研组为依托，构建研修运行的场域。将区域内各学习共同体纳入主题研修的场域之中，并在其中承担一定的角色，共同建设系列化、结构化的单元教学优质课例，使单元教学优质课例的建设过程成为区域教师共同研修的过程。变零敲碎打为整体构架、系统设计，变“小部分人研、大部分人看”为共同研磨，变等待获取资源为主动建设资源，促使教师在合作共建研修课程资源的过程中不断提升专业的境界。

对建设自适应备课专家支持系统的思考①

在此次抗击疫情期间，上海市教委组织1 000多位骨干教师，为全市中小学学生录制“空中课堂”共享课程，规模空前。每一节录播课程的背后都有一

① 本文作者：上海市格致中学教科研室主任何刚。

个备课团队，组织策划课程的实施。这些团队基本以授课年级为单位，按照教学单元进行录制。由于时间紧、任务重，高效率的备课过程作为幕后英雄，往往被忽略。我参加了高一地理的课程录制，先期完成了14节共计6个专题的课程。在此期间，我感受最深的不是授课过程，而是备课过程。

此次各学科的备课过程，有以下几种方式：一是团队集体备课，分配任务，由授课教师统整，专家团队审核把关，对教师的“统整”能力要求较高。二是使用原有积累的授课资源，适当调整修改。由于是向全社会公开的课程，课程素材需要反复斟酌审核，对教师的“取舍”选择要求较高。三是授课教师依据课程标准独立完成课件的制作，对教师的“综合”能力要求较高。无论是哪一种方式，在备课过程中，都需要积累大量课程素材和资料。

由于是面向全体学生，且为多渠道“空中课堂”播放，虽然是录播，但能够点播回看。对课程内容要求极高：第一，无科学性错误，这是必须严守的底线；第二，语言和文字表达要非常规范，比传统课堂的表达要求更高，对授课教师而言是一大挑战；第三，课件原创且制作精美，符合学生的审美要求；第四，图表呈现规范，数据来源要有权威性；第五，图片、视频、动画等不能有广告标识，来源清晰；第六，无明显的版权争议。以上这些，都需要精心备课。

在备课过程中，教师们总感觉手边缺少高质量且使用方便的素材。这些素材包括课件、文档、图表、动画、视频等。我们只能从网上海量信息中检索，但往往是要么像素不够，要么制作粗糙，要么广告标识明显，使用很不方便。虽然平时教师授课已经积累了大量素材，但由于是“空中课堂”，向全社会公开，真正适合授课使用的素材必须重新设计制作，能直接使用的非常有限。同时，缺乏云端共享交流平台，只能本团队交流，无法进行跨团队、跨学段甚至跨学科的深度交流。

疫情结束后，教师和学生将回归学校，教室里师生面对面的线下传统课堂将回归主流，但“空中课堂”共享课程形成的资源、经验能够赋能传统课堂。这批课程虽然受疫情影响，录制时间紧、任务重，但参与录制课程的全体人员全情投入，参与人员即刻切换，迅速进入工作状态。教案精心设计，反复打磨，几易其稿。精细安排，后勤保障到位，实施流程科学。精准施教，授课教师教学经验丰富，教学实施把握精准。基于课标，以课程标准为依据，实施标准化教学。有序、有效、有特色录制完成的在线共享课程，某种程度上代表了上海基础教育的一线教育教学水准，在一段时间里可以成为同行间学习、交流、评议的模板，为促进基于课程标准的标准化教学提供研究案例。

研究在线教学

"停课不停学"让教师们不得不将在线教学作为教学的主要形式，对已经习惯了线下教学的教师而言，突如其来的巨大改变带来了教学实践与教学理念上的诸多挑战。在经过一段时间的实践后，线上教学的经验和智慧不断涌现。在嘉定区教育学院，四位正高级教研员在经历自身实践后，对高效开展学生线上教学与教研进行了专业剖析，帮助教师在重新审视原有教学方式基础上，在教学内容与结构的安排上研究新的特点，促进教师提升线上教学能力，真正转变教学方式。

中学数学线上教学遇到的部分问题与解决策略[①]

线上教学遇到的部分问题

问题1. 不是所有的学生都坚持时时在线，面对面的实时互动难以实施。

① 本文作者：上海市特级教师、正高级教师，上海市初中数学学科德育实训基地主持人，嘉定区教育系统名师工作室主持人孙琪斌。

问题2. 缺失了学生的思维参与，线上教学更容易偏离真实的学习需要。

问题3. 越来越大的生生差异，加剧了大班授课与个性学习之间的矛盾。

解决问题的策略

策略1　从预见到遇见，从梳理知识、讲解例题向分享作业、讲评方法转变

对于现阶段（九年级总复习）的数学教学而言，讲解基于教师个人经验而预设的解题方法或预设的学生易错点，已经不再是数学教学的重点。结合学生在作业中真实发生的共性错误以及优秀方法开展有针对性的讲评，让更多的学生能够看见其他人的思考、学到更多的方法、建立更多的联系，才是数学复习教学的重点与关键。

精选学生的典型作业，邀请相关学生讲述自己的真实思考过程，从“教师讲”转变到“学生说”，是吸引更多学生坚持时时在线的基本路径之一。

在期待自己的作业或许能够被老师分享给全班同学的过程中，在期待自己的学习困难能够得到有效指导的过程中，在发现自己的解题方法能够得到老师（或所崇拜的同学）认可的时刻，这些源于学生内心深处的学习期待其实已经悄悄地转化为一种教学资源，而且是一种难得的教学资源。让更多的学生都能够感受到自己的课堂存在，让更多的学生对即将开始的网课有所期待，让更多的课堂从“教师讲”转变到“学生说”，这是吸引学生能够坚持时时在线的有效策略之一。

之所以会提出这个策略，主要还是源自我的亲身经历与感悟。在与本区九年级教师一起教研的过程中，我曾经尝试将数学教师视为学习者，让教师成为教研活动的主持人或主讲人，意外发现：一旦将学习者视为学习的主体，一旦将学习者推上舞台，原有的担心都不复存在，活动中反而能够经常出现一些意想不到的精彩。我由此想到：线上教学，要从预见学生的易错点向遇见学生的精彩转变。让更多学生的思维过程或学习结果即时可见，本来就是线上教学的优势。如何从预见走向看见？具体活动流程如图1。

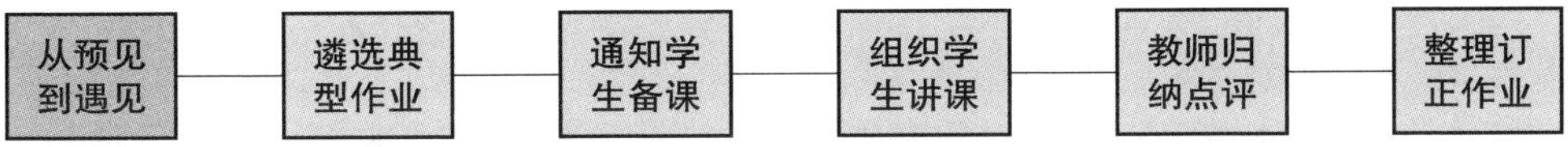

图1　从预见走向遇见活动流程

策略2　从一维到多维，从解题方法的线性呈现向多角度思考的归纳转变

尽管解题不是数学教学的核心任务，但是解题教学的确是数学教学的基本载体之一，而且“数学教学，离不开讲题；学习数学，离不开解题”也是不争的事实。因此，如何选题？如何做题？如何讲题？讲什么样的题目？做什么样的题目，如何从一道题到一类题？如何从一类题到一道题？在近期观看网上直播的过程中，我发现：一旦遇到了事先没有来得及思考的题目，我自己也会出现跟不上讲授进度的现象。那么学生呢？学生跟不上教学者的讲授进度，因某个环节听不懂而导致学习兴趣下降，这其实是一个大概率事件。

基于这种情况，我们认为：线上教学尤其需要从“具体解题方法的线性呈现（一维）”向“多角度思考方向的归纳与点评（多维）”转变。我是如何思考的？我为什么这样思考？还有其他的思考方向吗？你是如何思考的？你为什么这样思考？还有其他的思考方向吗？他是如何思考的？他为什么这样思考？他还能想到别的方法吗？凡此种种，皆应该成为线上教学的新常态。

且以我在上海“空中课堂”授课时所设计的一个教学片段为例，侧面解释如何从“具体解题方法的线性呈现（一维）”向“多角度思考方向的归纳与点评（多维）”转变？如何从一道题到一类题？详见图2。

基于教师视角：在讲解例题的过程中，可以平行呈现学生在学习过程中已经出现或可能出现的多种解题方法或思考方向，引领学生从多个视角展开思考方法背后的算理；从“讲授解题方法为核心”转变到以“体验通性通法为核心”。

基于学生视角：可以集中呈现学生所发生的各类错误或优秀解法，引导学生分析、评价。具体教学流程如图3。

例1. 如图，在△ABC中，∠C=90°，∠A=30°，BC=1. 点D在边AC上，且∠DBC=45°. 求sin∠ABD的值.

想一想：从“构造以锐角∠ABD为内角的直角三角形”的角度展开思考，下面所示的四种方法中，你首先想到的是哪一种?

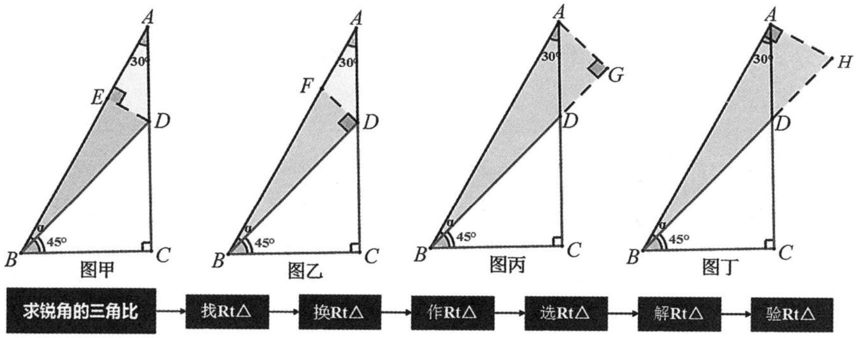

图2 “空中课堂”授课片段

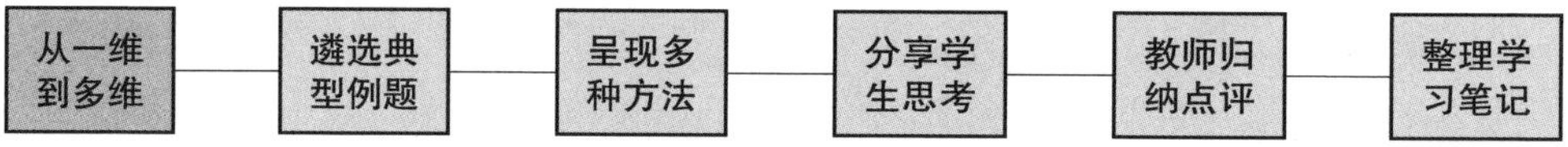

图3 基于学生视角的教学流程

策略3 从班级授课到小组学习，从知识讲授向基于异步达标的跟踪监测转变

不论是线下教学还是线上教学，学生之间的差异总是一个客观存在。即使是由同一个学习层次的学生组成的分层教学班，学生与学生之间还是会存在差异。学生很难用同样的速度同时学会同一个教学内容（除非是这个教学内容属于学生已知已会的范畴）。因此，从班级集中授课向基于小组的分类指导转变，就显得特别重要。例如，在学习过程中遇到了困难A，经过线上授课之后，困难A仍然在部分学生身上存在，那么我们就可以引导学生以此组建一个学习群（简称A群）。可以这样告诉A群的成员：什么时候解决了困难A，什么时候再离开A群。当然老师也可以指派已经学会的学生进入A群开展具体指导。类似地，引导在学习过程中出现了困难B的学生，自发组建学习群B……针对同一个学习内容，针对同一个教学班，没有遇到学习困难的学生，可以在完成当前内容之后，分别进入困难A、困难B、困难C等小组的学习群，以学促学。具体教学结构如图4。

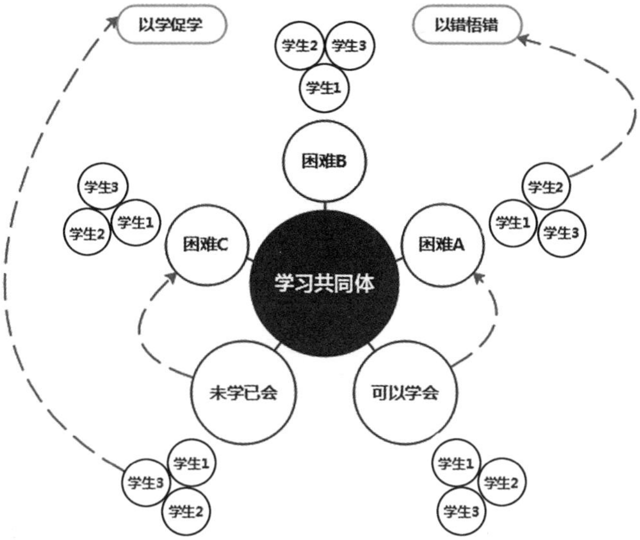

图4 小组学习结构

对在线教学的感悟和思考

第一，线上教学与线下教学有相通之处，更有不同之处。在线下教学的环境中习惯了以讲授为主的教学者，在线上教学的环境中，自然也是以灌输为主。缺少思维参与的直白式讲授，不应该成为线上教学的主旋律。

第二，把学习者逼上舞台，教学者适当地退出舞台、走进幕后，可能是提高线上教学互动效益的有效策略之一。当学生期盼着在网络上发布或分享自己的学习成果时，当学生期待着自己的作业能够得到其内心深处渴望被关注的人的关注时，学习兴趣、学习内驱力可能会因此而生。

第三，教学者在备课过程中所花费的时间，每一分钟都是有用的。问题是，教学者的时间与精力来自何处？教学者的时间与精力毕竟是有限的，只要能够将学生发动起来，将舞台让给学生，教学者的时间与精力自然也就得到了有效的延展。这一点，我坚信不疑。

第四，即使是再优秀的数学教师，也不要对自己的课堂教学效果抱有太多的期望。以教师讲授为中心的课堂，绝对没有教学者所预想的那样精彩。只要愿意回看自己的教学视频，那么你会发现，遗憾随处可见。反过来，将课堂放给学生，你会惊喜地发现：许多学生的声音都很动听……

用好“空中课堂”，促进学生学习①

我参与了上海市“空中课堂”中历史学科的录制工作。结合部分学校使用情况，我认为提高教师对“空中课堂”的认识和使用，将对教师的教学、学生现在的学习与未来的发展，带来很多影响。

“空中课堂”有什么特点

第一，参录教师优秀。参加“空中课堂”录制的教师有三类，以历史学科为例：一是获得上海市中青年教师历史教学评优奖的教师；二是参加上海市普教系统“双名工程”历史名师培养基地、上海市中小学骨干教师德育实训基地学习的教师；三是上过上海市历史学科公开课的教师。这些教师都是优秀骨干教师，有着丰富教学经验。

第二，过程审核严格。参加历史课录制的教师首先要按照历史课程标准与教材写出教案，经历史教研员审读，作第一次修改；然后由特级教师专家组审读，作第二次修改；录课前，再由相关历史教研员与特级教师专家组联合审读，作第三次修改；录课后还要在市历史教研员与电视台专家审读通过后，才能在电视台播放，可谓是“过五关斩六将”。

第三，课程内容精炼。由于线上课程的时间限制，一节课从原来的40分钟缩短到20分钟左右，而教学内容却是严格按照课程标准与教材，所以教学内容是经过反复提炼，保留下来的都是精华与重点，确保内容精炼，重点

① 本文作者：上海市特级教师、特级校长、正高级教师，上海市中小学骨干教师初中历史德育实训基地主持人凤光宇。

突出。

怎么用好“空中课堂”

首先，把握教学连续的优点。受到条件的限制，上海市级、区级历史公开课，每学期只有2~3节。公开课探究的内容又比较高位，缺少前期教学铺垫与连续过程。而“空中课堂”历史课则是按照教材单元、课目同步进行的，不仅每课都上，还包括了练习册的讲评，体现了教学连续的优点，弥补了以往公开课的不足。同时，优秀骨干教师的录课，集中地凸显了上海中学历史教学改革的长处。如上海市第四期“双名工程”攻关基地成员薛怡老师上的《辛亥革命》《中华民国的创建》《北洋政府的统治与军阀割据》三课，分别用漫画、新闻、图像证史，形象生动地呈现了证史路径，凸显了上海中学历史教学强调学生史学思想方法的特征。

教法提示：

教师要注意结合自己的教学实际，把握“空中课堂”教学连续的优点，从铺垫知识到提出问题，从史料实证到解决问题，再从归纳提炼到形成观点，完整学生学习历史的过程，在强调知识习得的同时，突出史学思想方法，启发学生发现问题、探究问题、解决问题，学会学习历史。

其次，培养学生信息意识。中国学生发展核心素养中关于学会学习部分，明确提出要培养学生的“信息意识”，学生要“具有数字化生存能力，主动适应‘互联网+’等社会信息化发展趋势”。“空中课堂”正好为培养学生信息意识提供了机遇。学生有了历史教材与“空中课堂”历史课，认真做好练习题，学习质量便有了基本保证。这就是信息技术给学习带来的变化，完全契合“技术改变认识，技术改变社会，技术改变历史，信息技术促进学习”的历史论断。

教法提示：

教师要因势利导，有意识地培养学生的信息意识，让学生透过“空中课堂”表象，看到信息技术发展的实质，树立多途径学习观念，逐渐“具有数字化生存能力”，主动适应“互联网+”。建议教师可以让学生录下历史课，在有问题处重复看，以求自我解决问题。若能够结合学生问题，采用师生问答形式，有针对性地拍摄一些微视频，拾遗补阙，效果会更好。

最后，增强教师学生互动。不可否认，与课堂教学相比，“空中课堂”没有学生在场，也没有网络现场交流，教师学生无法互动。教师只得按照教学设计，或一讲到底，或自问自答，结果是教师不了解学生学习现状，不能调整教学过程；学生也不能提出问题与看法，提高认知水平，在一定程度上降低了教学有效性。

教法提示：

课前，教师可以为学生设置几个关于本课内容的思考题，与学生在网上进行一些交流。课中，教师可通过微信、QQ等形式，在学生看课中间，给予即时指导，起到画龙点睛的作用，帮助学生更好地掌握学习内容。课后，教师要即时批改学生历史练习册与课中选做的拓展题，并把结果反馈给学生，指导学生思考问题，订正错题。此外，教师还可以建立学生学习小组，指导学生相互交流，获得学生共性的学习经验与问题。

如何促进学生学习

首先，指导学生获取资料。促进学生学好历史的一个关键，就是要让学生获取资料。“空中课堂”整合了大量的优质教学资源，但对许多学生来说是第一次，改变了以往他们通过教师课堂教学获取资料的习惯。所以教师除了要加强培养学生信息意识外，更要指导学生学会如何从“空中课堂”讲课教师的文字、影视等材料中获取证明资料；从教师结构板书、史料论证等材料中获取结论资料。尤其要关注选做拓展题中折射出来的信息资料，如“请谈谈你对漫画史料证史价值的认识”“请谈谈你对新闻史料证史路径的认识”“请你为辛亥革命爱国志士设计一枚纪念章”等，反映出资料背后的史学思想方法。

其次，提高学生自学能力。自主学习，就是让学生成为学习的主体。在不受或者少受外界指导与帮助的前提下，通过多种学习方法，达成学习目标。“空中课堂”的学习，是在学生家中进行，这就为提高学生自主学习能力提供了条件。教师要主动与学生家长联系，形成提高学生自主学习能力共识，改变“学生不自觉”的观点，把自律、自为、自学作为提高的目标。自律：在学生认同的前提下，学生、家长、教师联合制订学习纪律，让学生能够自我约束，目标是保证学生学习的积极性。自为：学生根据自身实际，从理解的角度出发，有重点地学习教材，目标是学有效果、学以致用。自学：学生可以有选择地学习课内外内容，坚持做好选做拓展题，目标是培养学生学习历史兴趣，形成有效的学习方法，逐渐学会自主学习。

最后，帮助学生学会应变。世界上的事物是在不断变化的，变化的事物人人都会遇到。只不过是事物的大小不同、性质不一，或是渐变或是巨变而已。有没有应变意识与能力，会产生不同的结果。尤其在这次突如其来的疫情面前，帮助学生具备应变意识更为重要。应变意识，是人们充分认识世界上的事物是不断变化的，在变化到来之前能预见到变化，做好思想上、心理上的准备，在变化到来之时能从容应对，取得好结果。借助“空中课堂”的学习，教师要让学生知道，“空中课堂”是一种应变，利用互联网，改变了教学形式。学生也要主动应变，在家自觉上好历史课，延续学校的历史学习。教师还可以选择历史上变化事例，如突然爆发的武昌起义、欧洲中世纪大瘟疫等，说明当时人们的应对情况，以史为鉴，帮助学生逐渐具备应变意识。

一场突如其来的疫情，让“网课”成为这个特殊时期的别样风向标，也让教师与学生进行了一场跨时空的教与学。在线教学对教师与学生都是一次理念的更新与实践，是一次自我学习与成长。

体育课在线教学的思考与实践[①]

掌握在线教学特点，团队合作，激活课堂

在线教学以视频代替了课堂授课，从教学理念、教学设计以及教学方法等方面，向教师提出新的挑战。教师与学生在时间与空间两方面存在不同步性，师生间的交流只能借助网络互动，教师不能在第一时间了解学生现场的听课与学习情况，并依据学生的学习状态及时做出调整。与此同时，学生看视频学习，缺少了课堂教学的面对面互动，缺少了教师讲课中面对学生表现出的困惑及时给予回应与指导。这就需要教师花一定的时间去学习掌握直播互动技术，分析学科教材特性，结合教材内容以及网络互动的特点设计形式多样的学练方式、主题讨论等，最大限度地打破时空的限制，实现信息与交流的同步。同时需要构建一个教学协作团队，特别是体育学科，由于每位教师的运动项目与特长不同，团队合作一起开展备课、录课、研讨，可以让每位教师扬长避短，有效提升线上教学的质量，激活课堂，激励学习。

整合线上优质资源，课前引导，课中指导

根据在线学习的要求和体育学科的特点，教师在开展线上教学时可预选一些学习资源发给学生，并对将要学习的内容做一个简单的介绍，让学生对所要学习的内容与要求有一个预期了解。建议教师们可以根据教材内容提供相应的课件、教学视频、教材参考资料等，设置预习任务点、作业、讨论话题等，提前与学生沟通，让学生明确学习任务和要求，从而做到预习有抓手，学习有方向。在线教学对体育学科来说最大的问题是如何在课中对学生的练习进行有效

---

① 本文作者：上海市特级教师、正高级教师，嘉定区教育系统名师工作室主持人康茹萍。

的指导，我们不妨从这几个方面考虑：观看动作示范指导、知识迁移拓展指导、互动交流合作指导。在网课教学中对学生在学习中出现的质疑及知识与动作技能不正确等问题，可通过简化动作技能、讲解动作技术关键，分解动作技术要点、交流学习体会等，分层分类针对性指导，同时设计好学习交流的主题，鼓励学生各抒己见，积极思考，乐于体验。

根据学科教学内容，交流启智，因材施教

教师要对学科教材在线上的教学形式、教学方法、会对学生的学习产生什么变化等进行研究，如体育课的教学是一种在室外、动态中进行的以身体运动为主的学科，在日常教学中，学生对教师的动作示范与讲解及手把手的指导有一定依赖性，而在线学习使教师很难掌握每一位学生学习与练习的真实性，这就需要教师认真钻研教材，把握重难点，要根据教材内容及网络学习的特性图文结合、讲解精炼、生动有趣，步骤清晰地进行教学。其次，可组织学生针对体育知识的学习进行研讨，对动作技能的练习开展体验性评价与交流，让学生在交流与研讨中形成良好的学习习惯。同时，教师可根据教材内容为学生提供相关的知识链接，让学生课余自主学习，拓展学生的知识面。

高中体育武术教学（太极拳）课例

（一）教学目标

1. 复习简化太极拳，根据太极拳的不同脚步动作，尝试在一定的有限的区域内改变动作方向。

2. 引导学生寻找练习规律，结合已经掌握的韵律操、瑜伽、现代舞等基本动作尝试组合成一组练习动作，培养学生的体育学习兴趣与能力。

3. 尝试运用不同音乐，结合自编动作去体验不同的练习感受，增强学生强

身健体的学习热情与能力等。

（二）教学内容

1. 运用常规教学复习所学内容，复习各类脚步变换，如：虚步、实步，马步、弓步，通过不同的步法转换寻找练习太极的规律；通过视频观看教师在有限的区域内如何灵敏地变换方向。

2. 学生自主复习各种韵律操、瑜伽、现代舞等基本动作，寻找各种动作的不同特点及共同点，并尝试着把这些看似不相同的项目组合在一起练习。教师提供三组不同音伴、时长的组合练习文本与示范，学生选择性地练习。

学习链接：视频《云门舞集》。

3. 根据自己的特长与兴趣，尝试运用不同音乐节奏，选择一组教师提供的练习组合（也可以加入个人创设的动作），合成一组具有个人特色的健身形式，学生通过有趣的组合拼接练习，让学生把简化太极拳的动作与其他项目的特色融会贯通，形成一种学生乐于体验的健身方法。

学习链接：民族音乐《琵琶语》《溪行桃花源》《紫竹调》等。

4. 根据练习过程中的身体反应，自我调节练习强度和密度，结合技能、心理评价表进行自测自评。

（三）教学过程

【健身要知道】

1. 复习简化太极拳的基本知识，介绍所学内容。

2. 简要说明本次课的学练价值。

3. 明确本次课的教学目标和教学重难点。

【健身动起来】

1. 锻炼你的身体：热身活动。

2. 激活你的智能：拓展内容（组合练习）。

3. 发展你的体能：体能练习（一般或专项）。

4. 放松你的身心：放松组合。

【健身自检测】

1. 结合技能评价表对镜练习自我评估。

2. 组合技术动作自我评价。

以研究的姿态，破解在线教学难题[①]

从教育事件的角度来看，在线教学是在突发疫情下被迫上阵的，必然会存在一些不利的方面，如何将不利影响转化为积极的因素，遵循在线教学规律，最大程度发挥教育作用，努力提高教育教学质量，是我们每个教育工作者需要迫切探索的问题。这就需要我们以研究的姿态，正视问题，掌握变化的特点，把握教育规律，破解难题。

研究视点之一：如何把握培养目标，促进学生全面发展

居家在线学习的设计，不只是通过网络教学应急式地解决学生学科知识是否能学懂的问题，从课程的整体设计方面，要全面考虑学生德智体美劳全面发展，满足学生发展需求，科学安排学生的学习和生活活动，进行思想政治教育、科学文化教育、健康教育、艺术教育、劳动教育等方面的教育，尤其是要充分利用真实生动的社会情境，在抗疫过程中体现的国家制度优势和涌现出的可歌可泣的感人事迹这些“教育关键事件”，培养学生社会责任、国家认同、科学精神等核心素养要素，培养学生自主学习能力，形成良好的学习习惯和心

---

① 本文作者：上海市特级教师、正高级教师，嘉定区教育学院科研部主任、化学教研员杨文斌。

理品质。从学科教学角度，要强调以学科教学内容为载体，发展学生的学科核心素养，引导学生自主阅读、自主思考、自主锻炼、自主劳动、自主探究，实现更有价值的自主成长。

研究视点之二：如何创新教学方式，努力增强在线教学的实施效果

学生居家在线教学，学习环境、学习方式、学习特点都和在校集体学习有很大的差异，需要我们重新审视原有的教学方式。

学生从学校的集体学习环境回到家庭中的个体学习环境开展学习，学生的自主性增强，教师对学生学习的控制性减弱，主导作用弱化了，教师必须研究适宜学生居家学习的新型师生关系。通过设计一些能引发学生思考的学习问题，适应学生自主性增强的学习方式，而不是一味通过各种手段实行高控的管理方式，要逐步培养学生“学习得靠我自己”的观念，确立学生在学习过程中的主体地位，因势利导地促进学生自主学习能力的发展。

在线教学往往容易更多地关注知识的系统和结构的逻辑，而缺少应有的互动，虽然一些教师也会在教学过程中提出一些问题，组织一些互动活动，但因为在线教学的一些局限，容易造成教师的教、学生的学、师生的互动交流组成的完整教学活动分成三个相对独立的环节，难以达到真实的班级学习活动，无法实现真实课堂教学背景下师生、生生的交流、互动与生成。解决这些问题需要教师真正地转变观念，以学生学习为中心而不是以自己讲解为中心，合理地设计教学互动，积极探索基于情境、问题导向的互动式、启发式、探究式、体验式等学习方式，给学生互动的平台和空间，努力减少不利因素。

在线教学和常规教学相比，教学时间偏短，学生教师间交流的机会减少，教师要充分利用好课后的一段时间与学生积极互动，弥补互动的不足。此外，还可建立一些学生的合作群组，让学生之间有更多的互动机会，开展生生互动。合作小组既是学生建立情感形成社会技能的重要组成部分，合作学习也是一种富有成效的学习方式，让学生在小组中讨论问题，增进交流，让屏幕也有

互动的温度。要引导学生善于利用线上学习的优势，解决学习上遇到的困难。如利用各种在线交流群向老师和同学请教，也可以利用论坛、社交平台等与网友们探讨。

研究视点之三：如何合理地安排内容和结构，适应学生在线学习特点

居家个体在线学习和面对面的集体学习在学习心理有很大差异，在教学内容与结构的安排上要充分考虑其特点，不能完全将平时的教学搬到线上，需要研究其内容与结构的特点。一是主线要清。要有清晰的主线，沿着主线循序渐进、由浅入深，根据学生的实际情况，利用多种教学手段、丰富的互联网资源激发学生的学习兴趣，降低学习难度。二是内容要精。在线学习是学生个体面对着视频，缺少集体气氛，对注意力要求较高，因此，对教学内容的选取要精心研究，讲关键、挑疑点，讲方法、找联系，充分调动学生主动思考，不要过分追求知识的完整而面面俱到，容量要适中。从内容和思维的容量来看，考虑到个人面对视频的学习，课堂的语言互动和情感互动都不及面对面的课堂，单位时间的容量要稍小于正常的课堂，一般在一个教学时长内，以解决一到两个核心概念或者关键问题为宜，对一些可能通过学生自主学习完成的内容，尽可能通过问题导学方式（学习单、导学案等），让学生在课后的时间里自主学习，培养学生主动学习能力。三是节奏要明。这里的“明”包含两层含意，一是根据学生的学习情况随时调整进度，切忌满堂灌、赶进度；二是教学节奏要张弛有度，减少学生学习假性疲劳，入课时，要迅速抓住学生的思维，否则学生的注意力很快就会分散，影响教学效果。

研究视点之四：如何加强情感沟通，满足学生社会性需求

处于时空分离状态的学生，无法与老师和同学之间真实地面对面，一定程度上会缺乏归属感，这不仅对正常的教学秩序、教学节奏和教学效果产生很大的影响，对学生的健康成长也会产生不利。根据身心发展规律，学生需要真实

的情感互动，越是低年级的学生，这方面的要求越强烈。教师温暖的笑脸、一个爱意的抚摸、一个点赞的手势，都会激起孩子很高的热情，进而转化为学习的动力。儿童天性好动，在外界情感互动缺位的情况下，学生难以在屏幕前坐上很长的时间。因此，在线教学如何加强情感交流是提高教学效果很重要的方面。一方面，情感的交流是发自教师对学生关注，心中有学生，心中充满爱，自然会有更多的情感交流。另一方面，加强情感交流也需要教师加强情感互动的意识，在教学设计和教学实施中重视情感要素，并在实践过程中提升情感互动的艺术，提高自己教学素养。此外，还可以通过技术手段如AR/VR等来模拟真实的互动与情感交流，增强在线教学的情感效果。

研究视点之五：如何指导家庭教育，协同做好育人工作

疫情期间学生居家在线学习，对家长是一个很大的考验，也是加强家校合作的最有利时期。

一方面，线上教学对学校、学生和家长来说都是全新的课题。学校要主动承担起引导学生参与学校日常线上教学活动的主要责任，切忌把责任都推给家长；要信任学生，上传学生学习时照片的做法不但浪费时间，更无益于师生、家长之间建立信任。学校和教师要让家长了解线上教学活动的具体安排，指导家长为学生准备好线上学习所必需的硬件，并努力为学生及家长提供及时的咨询和帮助。要努力避免因软硬件等各种原因可能给家长和学生带来的焦虑和失败情绪。

另一方面，学校要通过多种形式，对家长开展家庭教育进行必要的指导。家长原来的角色主要是日常照顾孩子起居，早晚接送，督促孩子做作业。如今孩子有问题了，学不会了，家长要扮演起“老师”的角色，孩子在家的活动也需要家长参与配合和指导。很多家长力不从心，迫切需要学校教师给予指导。一是引导家长在家庭中形成平等民主的交流方式，不能始终以居高临下的态度对待孩子，否则孩子就不愿意和你交流。二是指导家长帮助孩子建立新的学习

习惯和学习方法，毕竟在线学习对孩子来说也是新的学习模式。如果孩子延续传统课堂的套路，容易出现网课听不懂、学不会、注意力无法集中、学习效率低、学习效果差等问题。要引导家长重视在线学习“自主化”的隐形需求，表面上看，网课让孩子的学习变得更便捷、更丰富，但并不会让学习行为变得更简单、学习内容变得更容易。技术推动教育变革，其中就暗藏了学习者学习动机、学习行为、互动方式变革的隐形需求。如果家长不能发现这种转变，延续以往家校关系中的角色，就无法帮助孩子建立新的学习方法和习惯。三是引导家长不要把注意力过多放在孩子的课程学习上，盲目干涉，过分监督，只会造成亲子间的情绪对立。要给孩子一定的自主空间和必要的信任，除辅助文化课学习外，充分利用这个契机，进行缺位的家庭教育，抓住疫情下共克时艰的特定事件，进行大爱教育，如敢于担当、服务他人的品格教育、劳动教育等，和学校教育有机协同，共同促进孩子健康成长。

下 篇

云师之策

将课程教学全部搬到线上，“云”上的师者走进了一个全新的时空，面对的是全新的挑战：在学生“不在场”的情况下，如何确保课程内容的教学效果，确保学生真正学习到相关的知识和技能？教学的场景发生了巨大的变化，不可能继续沿用原来的策略、方法，否则既无法达成原有的教学效果，又浪费了在线教学的天然优势。

为此，广大教师积极开动脑筋，在专家和教研员等的帮助下，摸索适宜在线场景的教学新策略、新方法，打造出了一个个别具特色的“云课堂”。

在线教学更考验教师“内功”[1]

这场大规模在线教学的探索，对于一线教师带来的直接挑战是各类在线平台和硬件配置的学习，当然这不仅仅是工具学习问题，真正做好在线教学考验的是“内功”，不仅要用“好工具”，更要体现“真本领”。

关注“线上课程”背后的“课程逻辑”

对于学校而言，线上课程的定位已从原来作为正式课程的补充（如慕课等），直接成为学校正式课程的主要呈现方式，我们需要回归到课程的逻辑起点去审视线上课程，包括对教学内容、教学活动和学习活动的有效组织等。如果仅仅将录制好的课程内容单向传递给学生或者通过直播的形式为学生解答疑问，不能称之为完整的“课程”，而应有良好的教学设计，让学生能够在有组织的教学活动中完成对学习资料的再加工，从而获得发展。

能够上好线下课程，也能够以同样的水平上好线上课程，才是对教师“内功”的巨大考验。上海中学本部课程主要采取“直播+录播”的形式，国际部主要采取直播形式。但无论是录播还是直播，都强调集体备课，保证课程质量。如国际部四年级中文母语班《哥伦布竖立鸡蛋》一课，教学过程中落实了每项教学常规，充分利用在线平台上的功能模块，安排了教学视频、线上互动、线下作业以及课后拓展，给学生带来了沉浸式学习体验。

---

① 本文作者：上海市上海中学校长冯志刚。

关注“人机交互”背后的“人人交互”

沟通和互动是目前在线教学中最需要关注和解决的问题，这也是线下教学始终不可替代的一个重要原因。线上互动是现实互动的延伸和另一种表达形式，对于教师和学生来说，线上教学表面上看来是“人机互动”，但其背后隐藏的却是真实的“师生互动”和“生生互动”。要让这种互动从被动的冷冰冰的信息发送与接收转变为师生主动参与建构的过程，需要一种引发互动的内在动力，让每位学生都产生参与感，避免教师唱独角戏。以上海中学国际部十二年级中级日语直播课程为例，教师在把握教学目标和学生特点的基础上，利用线上网络平台的屏幕分享功能，让学生用日语对所做的调查研究做了线上分享；利用分区讨论功能进行结对或小组的苏格拉底式讨论；利用白板功能让不同同学采用不同颜色的画笔同时答题，加快效率。学生在这种开放式的互动中，始终保持一种“期待感”和“关注感”，提升了自主学习和同伴互助学习的内在动力。

相比直播，录播的互动具有滞后性，教师往往需要在视频播出之后才能收到学生的互动反馈，因此更需要教师营造出足够的“沉浸感”。以我的数学竞赛小班“多项式”专题课程的录制为例，授课场景选择了录播教室，保证声音和画面效果的同时，更为接近学生熟悉的教室讲台。在课程录制过程中，教研组教师坐在教室现场听课并与授课教师始终保持眼神、动作的交流和互动。授课教师也常常以设置问题、停顿留白等形式给学生带来尽量真实的课堂体验感。

关注“技术手段”背后的“育人本质”

在线教育平台只是为教师的授课提供了一种环境，却不是教育本身。如何充分利用信息技术达到教育的育人功能，才是线上教学最需要关注的，也是对教师内功的考验。技术越先进并不代表教学效果就越好，最重要的是育人功能的发挥。对于学校来说，要根据不同类型的学科课程、不同年级的学生特点，合理规划在线教学的模式，以达到学校的育人目标。对于一线教师来说，要根据学生的多样化需求，在此基础上设计在线教学的形式和内容，选择相应的软硬件组合，以达到教学目标。上海中学本部课程采用录播+直播的模式，一般以新知识学习为主的课程采用录播形式，强调集体智慧，教研组、备课组集体备课，再由一位教师“出镜”录制；习题和答疑课采用直播形式。国际部的课程选择性更强，形式更多元，以直播课为主，录播为辅，每个年级、每个学段也有自己学段的模式特点。以本部健康教育录播课程“科学防疫”健康教育课为例，在课程设计过程中，教研组优先体现了生物学学科核心素养中的社会责任与生命观念，课程在学校影视传媒中心演播厅录制，并经由学校的云平台进行播放，在传授学科知识的同时，注重育人的“教育性”显现，获得了学生和家长的积极反馈。

线上教学的探索给教师带来了一次迅速提升信息素养的宝贵经历，也是教学“内功”的线上体现。当学生回归课堂的时候，相信每位站在讲台上的教师都对线上教学有了更深层次的思考，有了这个内部推动力，线上教学与线下教学结合的形式也将逐步成为未来学校教学的新常态。

强化社会责任与生命观念
——健康教育课“科学防疫”课例分析①

在“停课不停学”期间，在学生充分利用上海市平台资源的基础上，上海中学鼓励本校各学科、各年龄层的教师制作在线课程资源，为学生提供丰富的、满足个性需求的各类课程。在制作在线课程的过程中，我经历了快速学习、强迫适应的“阵痛期”，逐渐从传统意义上的备课过渡到备一堂堂在线课程的信息素养升华。现结合上海中学生物教研组联合校医务室推出的健康教育

① 本文作者：张智顺（上海中学本部）。

课“科学防疫”课例加以说明。

教学目的

介绍新冠疫情的相关生物学知识，传递科学防疫、理性防疫的积极心理。

设计策略

（一）以核心素养为基础

立德树人是高中课程改革的方向和任务，落实这一任务的途径是在高中教育中立足发展学生的核心素养，培养全面发展的学生。在本堂课的设计过程中，教研组考虑在这两节课中优先体现生物学科核心素养中的社会责任与生命观念。

由于在线课程具有时间压缩、内容压缩的特点，在安排教学内容的时候首先应该考虑学生在短时间内的知识消化能力，摒弃大量灌输知识点，以核心素养为基础，突出“主干知识”“核心概念”是在线课程设计的宗旨。高中生物学科核心素养包括生命观念、科学思维、科学探究、社会责任四个方面，但考虑到本节课中难以开展科学实验且涉及的内容较为前沿，学生大部分没有相关知识储备，因此在设计时将生命观念和社会责任作为主要方向。

（二）融合德育、心理教育

中学生心智尚未健全，容易受到环境的影响而产生心理问题。在新冠疫情期间，学生们为了安全都居家不外出，虽然通过网络能够与同学、朋友保持一定的联系，但是，长时间缺乏人与人的直接沟通，以及长期限制个人活动的学习生活方式，容易使学生产生厌学、恐惧等心理问题，阻碍学生的健康成长。因此，在进行教学设计时，教研组考虑到：第一，本课程面向的学生涵盖了高一、高二、高三各年级，有尚未学习过生命科学相关知识的学生，也有已经选修了生命科学作为等级考试科目的学生，学生的知识水平有差异。第二，高三学生面临高考，高二学生面临等级考，而高一学生短期内没有大型考试，学生的心理压力水平也各不相同。因此，教研组认为本课程设计目标并不应该指向传授生命科学本体知识，而是借助知识的讲解，帮助学生树立“科学看待疫情，理性面对生活”的积极态度，培养学生的社会道德和责任感，明白居家隔离也是履行社会责任的体现。

（三）利用学校优势资源

硬件资源：为进一步提升学校信息化水平，服务广大师生对信息化教学的需求，我校于2018年对校影视传媒中心进行了升级，目前摄录编播平台已经具备4K广播级讯道，并配有全媒体演播中心、录音棚、录播教室、导控室、多媒体教室等教学空间。此次的“科学防疫”课程全程由校电视台在演播厅录制，并经由学校的云平台进行播放，保证了学生的收看效果，切实保障课程质量。人才资源：学校为校园信息化配备了完整的人才队伍，承担了包括网络资源库建设、媒体制作与剪辑等众多专业化任务。本次的“科学防疫”课程，任课教师在专业人士的指导和培训下，学习通过各种信息渠道获取课程内容所涉及的素材并进行加工处理。拍摄完成后的视频剪辑也由任课教师深度参与，在确保课程内容科学性的同时，进一步提高了任课教师在网络课程制作过程中的参与度，提升了任课教师的信息素养。

翻转课堂多机变
——《哥伦布竖立鸡蛋》中文课分析[①]

在线上教学过程中，为了确保一项项教学常规的贯彻和落实，我们每一天

① 本文作者：陆路婷（上海中学国际部小学学段）。

的学习任务都是丰富、紧凑又各有针对性的。主要包括：教学视频、线上互动、线下作业以及课后拓展。现以四年级中文母语课《哥伦布竖立鸡蛋》（第二课时）为例，走进这个“随机应变”而诞生的特殊教室。

三尺讲台上的身影变成屏幕背后的声音

在尝试和比较了各款录屏和视频编辑软件后，我们选用Keynote插入音频再导出的方式来制作教学视频。这种方法的好处在于：如果在录制过程中出现口误，可以通过拖动进度条的方式倒回出错的地方，用新的音频覆盖原本的错误音轨，不需要从头来过。Keynote上的内容源自课堂教学时使用的课件，但为了更好地结合线上学习的特点，让教师凭借屏幕后的声音达成平时课堂上的教学环节，我们在视频录制的过程中埋了不少“彩蛋”。这节课一开始是复习本课的生词，我们设置了一个“火眼金睛”的趣味游戏，让学生们从屏幕上出现的词语中找错别字。为了控制学习节奏，我们插入了一个进度条的图片，设定持续时间为1分钟，这样学生就会看到“1分钟倒计时”的效果。

在课文总结部分，我们设计了根据课文内容填空的环节。先给学生30秒思考，这时配上一段慷慨激昂的交响乐，营造与人物经历相契合的情境，当音乐停止时也自然提示学生“时间到”。讲解时，每揭晓一个空格，就配上一个表示答案正确的电子音效，最后以鼓掌声作为这个活动的结尾。

课堂问答与各抒己见变成云端闯关与畅所欲言

一个教学视频并不是线上学习的全部，好比平时的课堂教学，“满堂灌”地输入肯定是不行的，还要让学生有“思考—内化—输出”的过程。线上学习也是如此，这节课中我们是通过以下两个教学环节来实现的。

一是名为“英雄闯关”的在线互动练习，旨在帮助学生检验对教学视频内容的理解和掌握。为了优化学生的学习体验，突出“闯关”的挑战性和趣味性，我们利用系统平台的插件功能，设置了包括选择、配对、排序在内的各类题型，还将初始激活密码设为与课文内容有关的小问题“哥伦布几次横渡大西洋”。

另一个线上活动是名为“畅所欲言”的分享板块，对接平时的课堂讨论。一般我们会抛出一个与课文内容相关的拓展性问题，启发学生深入思考、大胆表达。这一课我们提出的问题是“今天我是哥伦布，谈谈我的‘新大陆’”。同学们纷纷描述了自己在生活中的新发现，借此更深刻地体会到哥伦布敢于争先、勇于实践的精神。为了营造课堂讨论的气氛，我们选用了平台自带的hot question插件，每一个学生都能看到班里其他同学的发言，而且还能通过“点赞”的方式表达认同。

中文学习课程变成文化认同历程

对于国际学校的学生而言，除了学习语言知识之外，他们对于中华文化的理解和认同也是我们的主要教学目标。因此，在课程设计之初，我们就选用了“汉语英雄会”来命名中文母语的线上课程（其他学科也各有一个贴合学科特点又生动有趣的名字），而我们课程中的各个教学活动的设计也都是紧扣“英雄”主题。除了上文提到的“英雄闯关”线上练习活动之外，学科在线通知，我们张贴“英雄帖”广而告之；每一个教学视频，我们添加了统一的片头和片尾——“诸君身怀绝技，且试天下何妨”“今朝点到为止，明日再请指教”——古意盎然的音乐配上文案，渲染出浓浓的汉语文化底蕴；为了肯定学生的点滴进步，我们制作并在线颁发“作业之星”“参与之星”“阅读之星”“单元达人星”等电子勋章，同时化用北斗七星的意象，设计了“集齐7枚勋章点亮一颗北斗星”的英雄榜，将传统文化与教学实际有机结合起来。从台前讲，到幕后教；从面对面交流，到云分享；从学习一门科目，到爱上一种文化。这一个个变化中包含了老师们的智慧结晶，更体现了学生们在中文学习中的知识收获和能力提升。

利用平台创建高效学习环境
——“数据的均值和离散度”课例分析[①]

上海中学国际部从2017年开始引入Blackboard平台，教师可以通过平台发送教学资料、收发作业、进行测试、组织讨论等。现结合我所任教的国际文凭IB数学高水平课程教学内容“数据的均值和离散度”（Measure of Central Tendency and Dispersion），谈谈线上教学设计与认识。

线上教学设计

教学内容：三种均值（平均数、中位数、众数），四分位数区间（IQR），方差、标准差的意义、计算和应用，以及箱体图。

教学难点：用恰当的统计值分析数据

教学设计：（1）难点：许多情况下，对数据的分析可能没有标准答案。如果教师直接讲解，无法覆盖所有可能，限制了学生可能获得的解答，同时也忽视学生可能进入的误区。（2）拓展：样本标准差和总体标准差的关系虽然不在大纲要求的范围内，但在实际应用中却是被广泛使用的。因此，作为拓展内容，在预习中会稍微提及，教学中视情况进行探索。

线上教学实施

（1）预习：在Blackboard上，通过“论坛”功能布置预习题。为了减轻学生的压力，让学生从这些题目当中挑选一些进行回答，同时限制每道题的答题人数，以鼓励学生观看其他同学的回答，实现学生之间的交互。

---

① 本文作者：刘姗（上海中学国际部高中段）。

（2）调整：在课前，浏览学生的预习结果，一方面能给学生及时反馈，另一方面区分学生已掌握的内容、未全面理解的问题以及预习中发现的新问题，调整接下来的面对面教学。

从学生的反应来看，和预估类似，当抽象数据有了具体背景后，对数据的解读存在一定困难。以一学生的反馈为例：该学生认为在雅思成绩的分布中，众数>平均值>中位数。他认为取得高分的难度呈指数增长，因此比众数低的成绩远多于比众数高的成绩。同时由于雅思记分规则是最高9分，一般最低4.5分（低于4分的数量非常少），因此相对中位数而言，平均值不会被拉低太多。我查询了2017年雅思在中国区的分数分布，众数是5.5和6，中位数是6。即使假设4.5分是最低分，4.5分及以下的比例都算入4.5分档，平均值也只有5.8，低于中位数。因此学生的举例并不符合实际。这反映了学生对待数据不够严谨的一种习惯，也有对概念理解的偏差，例如认为最低分不是0就不会拉低平均值。

（3）教学：基于课前的调整，教学中，基本计算和概念部分快速解决。对于预习中发现的好案例或问题，请相关学生进行初步解释，组织其他同学进行讨论。

（4）作业：课堂内发散性的讨论和传统数学课不大一样，对于一些学生来说可能会感觉心里没底。课后常规作业能够帮助这些学生找回在传统数学学习中的信心。同时，一些拓展的问题或者课内未完成的一些讨论，也可以加入作业的范畴，利用Blackboard的讨论板进行继续讨论，激发学生的兴趣。

线上教学效果反思

初期需要对学生进行细心的指导，帮助他们了解如何在线进行自学和反馈，如何在线进行互动。学生很快适应了预习要求和课上讨论，他们的学习观念也逐渐转变，知道并逐渐认可预习和主动学习的重要性。从教师的角度而言，教学速度明显提升，课上的讨论趣味盎然，师生都融入其中，真正做到教学相长。教师如何将内容知识、教法知识以及技术知识结合起来，在恰当的教育技术产品支持下，利用合适的主动学习策略，最终为学生提供一个理想的教育体验，这还需要一线教师不断地探索。

注重线上自主学习与同伴互动
——“中级标准日本语”课例分析[①]

按照“停课不停学”的要求，上海中学国际部各语言类课程积极利用录播、直播双形式上好语言课，并同步线上开展语言类社团活动、多语故事平台分享等，打造云上多语言校园文化。现以十二年级“中级标准日本语”课程为例，以课前、课中、课后三阶段来分享线上课程的开展实施办法，其中提及的各方法也可运用于其他语言课。

线上学习目标

本课程为一门综合日语课程，对象为学习日语第二年的十二年级学生，每周3课时，以《中级标准日本语》为课本，旨在让学生进一步巩固日语语法，并提高日语的口头、写作表达和应用能力。

线上教学方法

主要利用Blackboard互动系统、Zoom直播会议软件及其他App等来实现线上高效课堂，并提高学生自主学习及同伴互助能力。

① 本文作者：沈晨荔（上海中学国际部高中段）。

线上学习实施指导

（一）线上课前准备导入

1. 自制有声点读课本。突如其来的疫情之下，大多数学生身边无教材，为此我们分发了学生用书的PDF文档，与纸质书内容基本相同。但多维的语言学习，耳眼并行式更利于学生对于二语的感性认识。为此教师在PDF中混入了剪辑音频，制作了点读版课文。同时利用录屏功能制作互动有声文档，超越了普通纸质书的效果。

2. Quizlet制作电子生词卡、Anki背诵。课前，教师可以使用Quizlet教师版制作图片、音频生词卡。学生可在课前自主测试，达到课前生词基本掌握。而Anki为日语“暗记”，即记忆的意思，此款App帮助学生记忆相关内容，利用碎片时间进行语言反复学习，为正式上课做准备。

3. Blackboard系统课文预读作业。教师可在Blackboard系统上布置口头作业，学生上传朗读音频。教师可批量聆听并批复，省去了课中抽查的时间。

（二）线上课进行时

1. 分享功能实现师生及学生间互动。熟练使用Zoom的屏幕分享功能，可基本实现线下黑板和多媒体展示的功能，线上可更快速切换课本、PPT以及线上词典、视频音频等进行分享。除此之外，学生也可自主做查找内容的共享。如在学习关于日本铁道的课文时，同学们用日语对所做的调查研究做了线上发表，此活动为展示学生口语能力及了解他国文化提供了平台。

2. 学生代表记笔记。为了加快线上上课效率，教师邀请班里学生轮流充当书记员的角色。书记员在电子课本的基础上，用不同颜色做笔记，提高二语听力及笔记能力，也可供网络不好的学生作为参考。

3. Zoom分区讨论。Zoom的分区讨论功能更适合班级人数较多的班级，可以随意分配人数，进行结对或小组的苏格拉底式讨论，教师可在讨论前明确讨论时间、讨论主题和讨论语言，更高效运转语言与思想的翻转碰撞。

（三）课后知识点检验

1. Blackboard论坛语法点语言库集。Blackboard的论坛功能可以实现小型语料库的建设。教师可按课文开放论坛，在每个论坛中规定一个语法点的造句，并设定评分点及时间限制。

2. 问卷网制作五分钟小测试。每节线上课临近末尾，可发布5分钟小测试，以快速互动式检查当堂课学习情况，问卷结果会主动告知学生结果和错误点，学生也可反复测试。教师端则可得到统计信息，以此调整教学进度和方法。

3. 学生共同答题，教师与同伴批改作文。Zoom的白板功能可以让不同学生用不同颜色同时答题，加快效率。点评作文时，可以利用分享功能，让学生轮流用评价表进行互评批注，老师再点评，加深学生对作文结构的了解。

用集体智慧确保在线教学实效①

疫情期间，我们的教学不得不从线下转为线上，这对于教师们来说其实是一个不小的挑战，突如其来的在线教学让他们措手不及。很多教师一开始接触云课堂的时候，都感到非常不适应，尤其是年龄稍大的教师。面对这样的情况，我校在第一时间积极应对，组织教研组组长召开多次云端会议。在会议前，教研组组长先在组内召开云会议，征求大家的意见和难点；在会议中，每个组长将本组的工作难点、重点与大家一一分享；会后，校领导和相关行政部门将大家的困难和疑惑集中到一起，逐一提出解决方案，力争做到每个年级、每个学科都能有所兼顾，发挥每个教师的潜能，将每门课程的优势最大化。各个教研组、备课组

---

① 本文作者：上海市育才中学尹德好、葛沁琳、沈淳。

积极筹备并展开网络教学。备课组组长在组内就线上教学平台的选择、教学内容选择、针对性练习编制等方面组织老师开展教研讨论，同时结合我校走班特色的实际情况，针对不同年级、不同层次、不同学科的特点，制订出符合实际、切实可行的教学进度、教学方案与反馈方案，力求做到精准施策，有的放矢。为了保证课堂教学效率，老师们分工协作，通过集体备课，共同努力，实时反馈教学心得，不断迭代线上教育教学的方式和策略，逐一克服困难。

在云端教学的实施中，老师们在实践过程中也遇到了不少的挑战，比如课堂互动的即时性、作业批改的有效性、学生学习情况的把控等都是教师需要在线上落实的环节，面对这些问题，我们的老师可以说是百花齐放，勇于探索，勤于实践。教师们时刻关注学生在线学习情况，充分挖掘平台优势，精心设计学案与学生探讨互动，利用数据分析同学们的学习情况，及时调整教学策略，精准评价学生的学习成果。特殊时期，各个教研组中也涌现了一批批冲锋在前、勇挑重担的线上优秀教师，他们在出色地完成自己的本职教学工作之外，还常常给教研组的其他老师出谋划策，分享优质教育资源，有好的做法大家一起研究、有好的硬件设备大家一起推荐使用，不断改进教学过程。

我们鼓励教师总结并撰写自己在本次线上授课中的经验，通过学校公众号进行宣传，并通过“云端校本研修”活动，分析这些线上云课堂优秀案例。

前期充分准备，教学抓落实①

前期教学平台的探索

2020年2月15日，我们收到学校即将开展线上教学的通知，2月17日，正式开展线上教学。

① 本文作者：周心华（数学组）。

时间非常紧迫，虽然我们在此之前对于一些教学平台有初步的了解，但使用哪个平台能较好地开展教学还没有结论。因此，接到学校通知的当晚，备课组的“电脑小达人”邵芊老师积极展开了尝试，通过对多个教学平台的试播，她把教学平台锁定为钉钉。平台确定后，下一步就是试播。她首先以班级为单位建立了各班学习群，邀请学生加入，做好准备工作。2月17日上午，在多次试播磨合中，最终顺利地完成第一次全年级联播试讲。第二天，在大家的鼓励下，我们积极引导学生尝试连麦，课堂效果较第一天更加生动有趣。两天的成功经历为我们后期顺利开展教学奠定了坚实的基础。

课前教学资源的充分准备

因为是线上教学，教师与学生的联系是网络教学平台，没有黑板，没有纸质学案，以往的教学资料都需要重塑。教学方式的改变无疑给教师带来大量的课前准备工作。经过备课组的协商，我们决定采用主要依托PPT展示，辅助以微视频的教学模式。为了做好线上教学，备课组的集体备课通过钉钉会议展开。我们会提前一周通过钉钉会议开展下一周的集体备课，做好教学准备工作，因为是线上教学，所以每周的集体备课由原来校内的1次增加至3次。

第一次，商议下一周教学计划、教学PPT制作的分工及提交时间；

第二次，PPT完成后，采用投屏的方式集体讨论并修改每个教学PPT的内容，细化到每个知识点的落实、每道例题的选择；

第三次，商议学生课前需完成的预习学案，确定课后作业，确定辅助教学的微视频制作。

每一次的集体备课，讨论完成所有任务大概需要2小时左右的时间，而且每一周完成自己所承担的任务也是一项不小的工程。虽然课前准备总体耗时较长，但是备课组的教师们都一致认为，为了学生，这一切都是值得的。

课堂教学的灵活开展

有了课前教学材料的充分准备，课堂教学也就显得得心应手了。我们的教学是利用钉钉平台，由任课教师对自己所任教班级的学生采用直播课的方式展开。新课教学的整个教学环节我们基本上分成几部分：课前预热—新课引入—典型例题分析—新知提升—实践探索。

大部分的教学内容都是在PPT中预设好的，用电脑展示的方式代替了教室里写黑板的过程。正是因为课堂教学是利用网络平台展开的线上教学，所以在教学中，我们既能保留传统教学模式的精华，也能开创使用特色的教学方式。

比如，在课前预热环节，我们每节课都会利用5分钟左右的时间，让学生完成一份“DAY DAY UP”课前训练，每份练习5道题，复习之前所学的知识。题目比较基础，我们将电子版发至学生班级群，学生做完后拍照发给教师检查，在直播课的前2分钟，教师点评学生完成情况，评讲个别集中出错的问题。教师和学生就在这一来一往的电子文件的传输中传递信息。教师了解学生掌握情况，学生自查自己已学知识的漏洞，明确查漏补缺的方向。

再如，我们每次新课教授前，都会布置一份预习学案给学生。在新课引入时，我们利用钉钉平台提供的直播课连麦功能，邀请学生谈谈预习学案中的问题解答。新颖的授课方式大大激发了学生的预习热情，每一次总有学生反馈说没抢到麦很遗憾。所以，在之后的很多例题分析中，我们都尽量给学生提供连麦的机会，以提高学生学习的积极性。

另外，我们在“实践探索”环节，需要总结易错问题并展开拓展题设时，会采用微视频播放的方式，引导学生展开课后探索。这也有利于学生对所学知识进行理解。微视频内容集中，时长较短，方便学生在课后反复使用。

课后作业的细心处理

课堂之外的作业布置是每节数学课不可或缺的环节。防疫期间，教师和学生的作业交流也只能局限于网络平台。每天我们利用钉钉平台发布作业，同时还要发布对前一天作业的订正检查窗口，每份不同作业的设置时间不同，检查时间也不同，这些事情教师却需要准确记住。虽然每次的批阅时间较长，但是一想到学生会因为我们的细心处理而受益匪浅，大家也就疲劳尽散了。

答疑环节的多分支并用

新课教完后，总有一些学生对某些问题不是很明白，需要教师提供答疑解惑的途径。我们对答疑方式的安排，采用了多分支手法。

课上，教师通过批阅作业，讲解学生们错误集中的问题，直播课中PPT展示。课下，教师对学生进行一对一指导。途径很多，如QQ、微信、钉钉私聊等。只要学生与教师联系，都是有问必答，有时候题目解答过程很长，我们写好后拍照传给学生，并附上语音讲解。

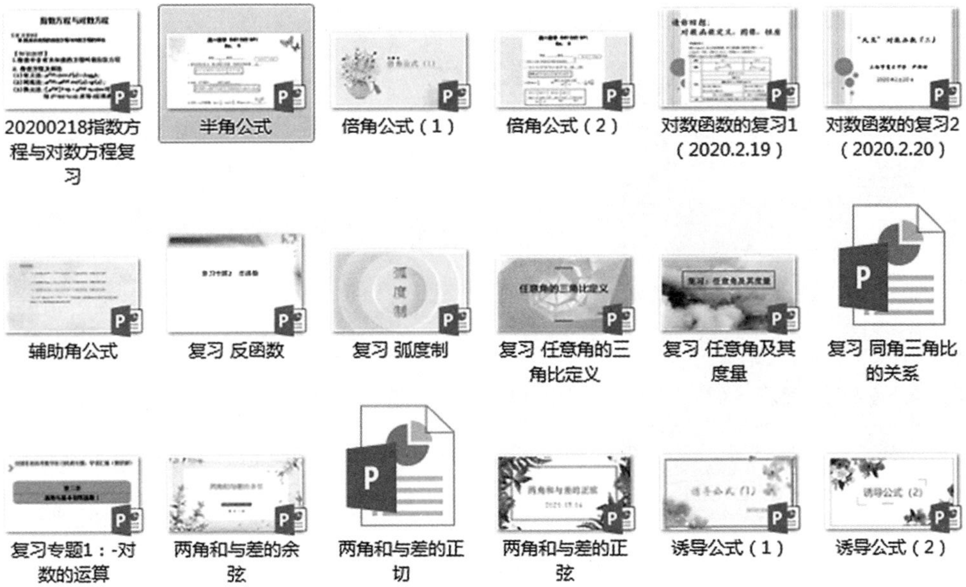

图1　部分教学PPT

找到合适的工具实现理想的在线教学效果①

在线教学的课前准备

目前我校已开展在线教学数周，在成为“网红”的兴奋之余，理工科课程失去了黑板这一主要的推演阵地，教师们该怎么板书，怎么演算，怎么线上教学？其实当前的教育信息技术发展很快，只要合理使用电子教学工具，是可以圆满地实现知识传递的作用，达到课堂教学“同等”效果的。我尝试了板书直播和建模画图直播。为了达到理想的效果，我尝试了多种方法。

1.0版本：最初，我的手机和电脑分别充当两个账户，用手机的摄像头充当投影仪投影白纸上的实时手写板书。缺点：投影区域太小，教师书写角度不方便，需要台灯补光，跟电脑课件不能同屏。

2.0版本：用了希沃投屏助手，投屏范围变大，能投屏整张A4纸，教师书写角度方便。缺点：不能和电脑课件同屏，不能像在课堂上一样，在例题上圈圈点点。

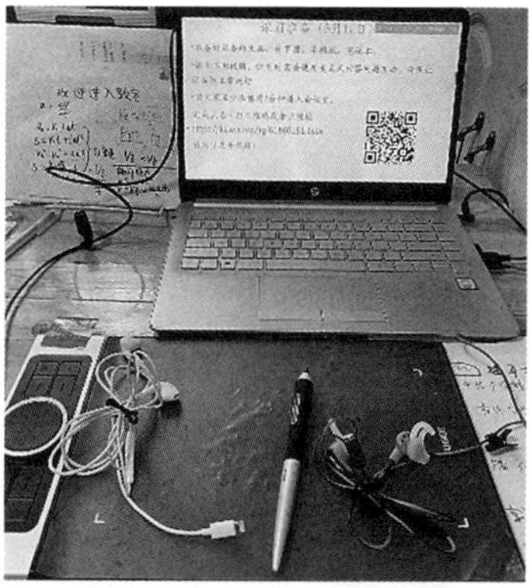

图1 “一块板一台电脑”

3.0版本：目前使用的。实践下来，是我最为满意的。

实践运用后，我觉得3.0版本有以下的优点：

1. 设备简单。我们简称为“一块板一台电脑”（如图1），只需要一个质量较好的数位板，一台电脑，两个带麦克风的简易耳机，一部手机。

2. 质量好的数位板，书写起来和板书

① 本文作者：丁玲（物理组）。

毫无区别，书写范围广泛易操作，可以在Word、PPT、PDF文档上直接写。在Word中，只需点“审阅”，再点“开始墨迹书写”，即可写可画（如图2），方便老师作业讲解。老师不需要额外做课件，省了不少时间。PPT和PDF课件都只需点“播放”，再点“选笔”，笔可以选大小、颜色，也是可写可画（如图3），跟教室里的板书没有差别，学生可以截屏，方便课后整理笔记。板书写满了，还可一键擦除，比教室里擦黑板还要省力、省时、环保。

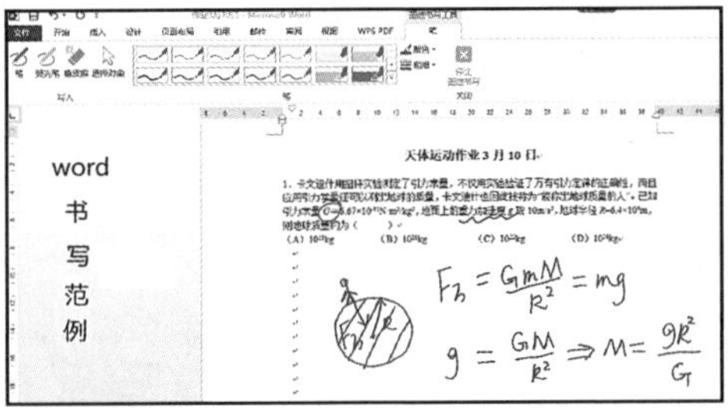

图2　数位板可实现word中的写、画

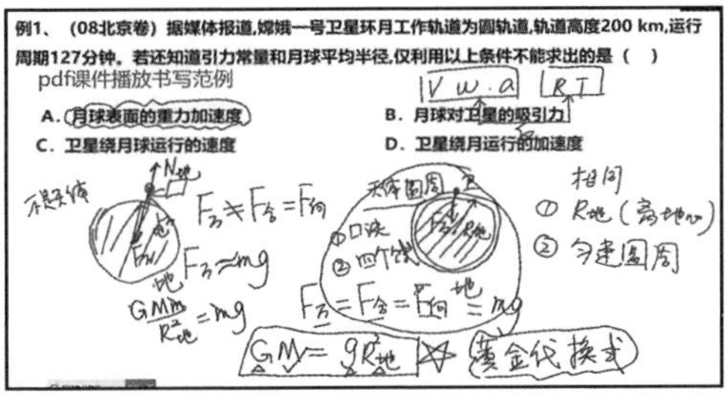

图3　数位板可实现PPT中的写、画

3. 两个带麦克风的简易耳机，一个作为教师端说话，另一个可以实时测评学生端的视听效果，及时调整。

4. 一部手机：手机作为单独的教师端说话，在电脑端播放视频和课件，这样就避免了声音切换，实现了视频和讲解无间隙对接，比如可以视频暂停，教师直接分析，跟在课堂上的效果一模一样。

教师可以在优质的教学资源网上下载一些好的微课，穿插在网课教学中，时间可控，能很好地把握课堂节奏。我也下载了一些微课，用下来效果不错。教师也可以把自己的课通过电脑录屏，每天课后回放，总结经验和不足。

软件方面，我们组用下来，感觉腾讯会议是不错的，方便易上手，网络不卡，屏幕共享，实现所有上课所需，可语音互动，便于回答问题。

在线教学的课堂管理

在线教学和线下课堂的面对面教学差别是非常大的。为了做好线上课堂的管理，我首先要做的是监督学生按时上线不迟到，准时到达网络课堂，我们采用问卷星扫码实施签到（进入教室屏幕共享的首界面），同时完成一道题的课堂前测（进入点名的答题界面）；还有问卷星的统计结果，可以实时跟学生分享。

在线教学的作业管理

课后作业的批改和统计，我们仍然采用了问卷星。为了保护学生的眼睛，我们发布Word版本作业，方便学生打印。作业提交用问卷星，每天10道题。每道题我们都设置了详细解析，学生提交作业就可以实时知道分数以及错题集和详细解析，学生可以截屏错题和解析反复看。老师也可以在电脑端或手机端看到每一个学生的错题和所有学生的统计结果，实时把错题统计截屏到第二天的课件上，给学生及时反馈。

在线教学的课后巩固

每天晚上8点，我们会统计各班级作业的提交情况，私信去提醒未完成的学生尽快完成。经提醒，每天的作业都是全年级百分之百完成。学生如果课后有疑问可以通过微信、QQ等各种途径询问老师，老师都会尽快答复。

以线上“课堂展示”促进高中生英语听说能力①

作为英语教师，我始终思考如何在线上引起学生学习英语的兴趣，同时能

① 本文作者：朱婷婷（英语组）。

够锻炼听说表达。因此，首先我需要定位一个线上授课软件，其次需要落实属于我的线上课堂亮点。

在寒假收看教育电视台第一集线上教学技能的视频时，我注意到有一页幻灯片说适合语言类的专业型授课软件之一是CCTalk，由于我在大学时也用过CCTalk，所以这次我就决定采用CCTalk作为线上授课软件。

“Presentation课堂展示”可以说是我开展线上课程以来课堂的最大亮点了。根据这几个星期的实践，我发现每节课在“课堂展示”环节，学生在公屏上自我主动打字或者愿意上麦的频率是最高的。

考虑英语学科学习特点，学生需要大量的时间融入英语语言环境，其中很大的比例是必须有“听力”的输入也要有“口语”表达的输出。因此，以提高学生听力和口语表达为目标的线上“课堂展示”不仅具有实效性，而且可以根据学生的多样化自选材料或者是个性化的展现，生成不同的课堂展示结果。这些操作起来都不难且易推广，下面我将配以多个实例来说明。

“课堂展示”作为线上课程的破冰热身

与线下课程类似，线上课程也有一开始的热身环节，此时，“课堂展示”可以作为一个很好的破冰方式，如学生挑选的绕口令展示、英语长单词朗读、唱歌表演等，都可以作为学生课堂开始的一个前奏热身。

“课堂展示”作为前后环节的衔接过渡

在配合“空中课堂”第六课时的扫尾线上课时，两位学生朗读了“空中课堂”提供的30个词组。女生读前面15个词组，男生读后面15个词组，且分别需要用升调和降调读每个词组。在展示前，我和全班说明了在展示之后我会进行随堂练习，抽默这30个词组里的5个词组，作为教学内容的衔接过渡。

“课堂展示”作为服务课堂的题目讲解

本周有一节线上课本来打算讲解强调句的练习，因为课时时间不够的问题，只能留到下节课去讲解了。此时，我萌生一个想法，便与两位被抽中的学生探讨，这两位学生也欣然同意。具体操作是，下节课的“课堂展示”由这两位学生对这节课还遗留的13道强调句选择题进行讲解，扮演英语小老师，可以搭配中文讲解语法题，一人6道题，一人7道题。第二天，在展示结束后，两个班级学生给了这两位同学53票满意票，并且39位学生都选了“都听懂了”。有一道题有4位学生都选了“没听懂”，所以我又重点讲了一遍这道题。

“课堂展示”作为语言运用的个性呈现

线上课程实践以来，很多学生都更愿意开口表达了，学生会主动私信问我是否能展示自己的配音作品、是否能唱英文歌、是否能展示英式发音、是否能邀请自己的好伙伴一起……我也同意其个性与创新。

灵活运用信息平台，提高线上教学效果①

在线教学规划

课前准备。我校高一地理线上教学将上海市“空中课堂”的教学课程与在线答疑相结合。每节课前，吴烨老师提前下载好市级课程，备课组长赵明月老师组织教师在微信群中进行集体备课。在线答疑采用配套学案与课后检测题相结合的模式。配套学案主要包括“学习基本要求”“知识梳理”“知识升

① 本文作者：姚亦明（地理组）。

华”“典型例题”“课堂练习”等部分，由沈淳老师和赵明月老师制作，我再逐一审核，并提出意见建议。同时考虑到学生现有打印条件，为方便学生核对，教师在制作答案时，会附上原题，以方便学生查找错误的原因。为更好地辅助学生在线学习，教师将电子课本的重点内容信息标注，便于学生学习和巩固知识。

表1 专题16 人口增长学案

学习内容	学习要求	学习水平
1. 人口增长 2. 人口构成	① 理解我国人口的基本国情 ② 理解人口的自然增长与机械增长 ③ 理解世界人口发展不同阶段的人口增长特征 ④ 理解人口的年龄构成	理解
	① 根据“发达国家和地区”与“发展中国家和地区”的人口数据图表，说明两类国家和地区不同的人口问题	应用
	① 结合我国生育政策的变化，预测人口发展趋势	综合

地理备课组的课上教学安排如下：一是通过QQ群布置课上学习任务；二是组织学生观看教学视频，并完成配套学案；三是根据答案核对订正；四是通过QQ群平台进行在线互动答疑解惑。

在线教学平台与策略

为提高教学有效性，我们在前期的在线教学实践尝试基础上，经过多次商讨，确定了以下针对不同教学环节的多种线上教学平台。

（一）利用QQ群、腾讯文档进行答疑

课上的在线互动答疑。课上答疑主要通过QQ群进行。学生以“接龙”的形式发布自己的问题，与此同时，教师以问题“接龙”的序号发布对应的答疑

解惑内容。这种接龙形式的互动答疑，有利于不同学生的选择性、反复性学习，体现学生主动分层学习。

课后的问题收集。课后，备课组通过腾讯文档的“问题收集表”收集学生的问题。学生提交问题后，教师对问题进行归纳整理，编写答案并分享给学生。

答疑存档共享。鉴于QQ群内答疑量较大，并且“问题收集表”的提问只有提问的学生可见，不利于其他学生课后查看、相互学习，备课组对比了石墨文档、腾讯文档、WPS等多种远程协作工具，最终选择了腾讯文档。腾讯文档具有多人协作和共享功能，既方便备课组各位老师同时编辑、整理答案，又可以快速共享给学生，不论是在电脑还是在手机端查看都非常方便。

（二）通过QQ群的“作业”功能布置、查看、批改作业

对于在线教学课后作业的布置与落实，我们选择通过QQ群的“作业”功能来实现。学生提交作业后，教师可以查看与批改，也可以一键提醒未完成作业的学生，提高了批改效率。

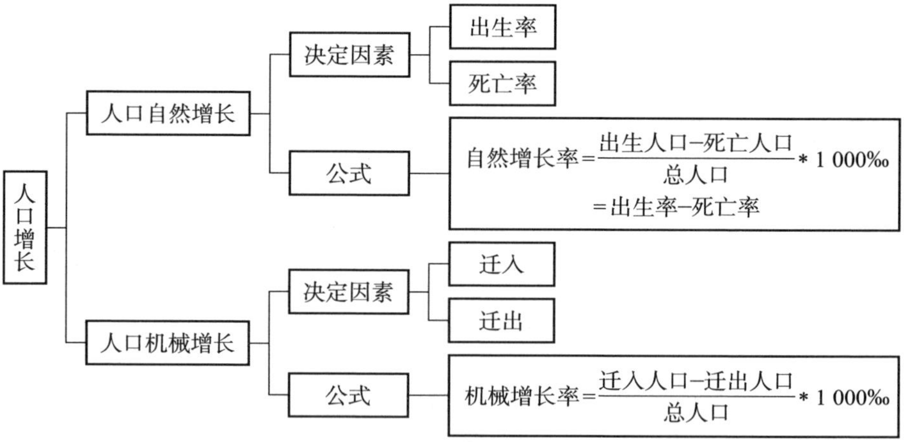

图1　知识梳理

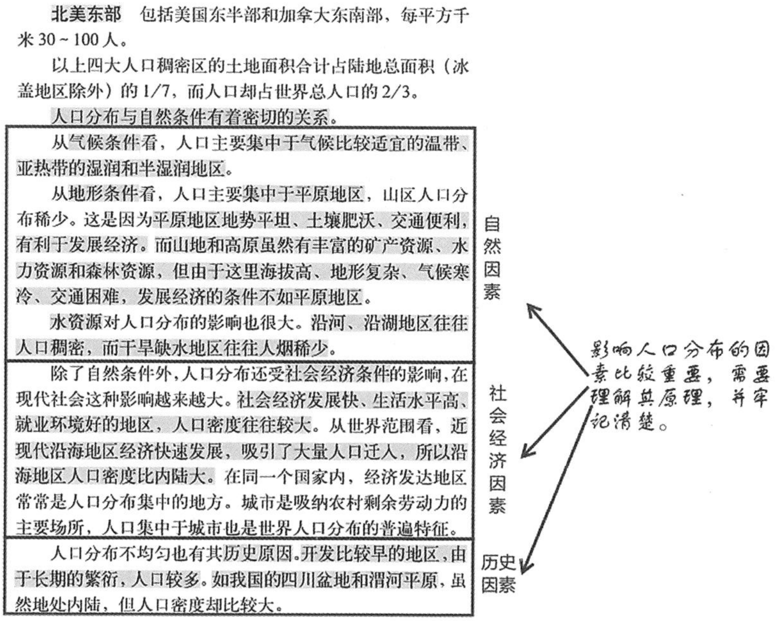
北美东部 包括美国东半部和加拿大东南部，每平方千米 30～100 人。

以上四大人口稠密区的土地面积合计占陆地总面积（冰盖地区除外）的 1/7，而人口却占世界总人口的 2/3。

人口分布与自然条件有着密切的关系。

从气候条件看，人口主要集中于气候比较适宜的温带、亚热带的湿润和半湿润地区。

从地形条件看，人口主要集中于平原地区，山区人口分布稀少。这是因为平原地区地势平坦、土壤肥沃、交通便利，有利于发展经济。而山地和高原虽然有丰富的矿产资源、水力资源和森林资源，但由于这里海拔高、地形复杂、气候寒冷、交通困难，发展经济的条件不如平原地区。

水资源对人口分布的影响也很大。沿河、沿湖地区往往人口稠密，而干旱缺水地区往往人烟稀少。

除了自然条件外，人口分布还受社会经济条件的影响，在现代社会这种影响越来越大。社会经济发展快、生活水平高、就业环境好的地区，人口密度往往较大。从世界范围看，近现代沿海地区经济快速发展，吸引了大量人口迁入，所以沿海地区人口密度比内陆大。在同一个国家内，经济发达地区常常是人口分布集中的地方。城市是吸纳农村剩余劳动力的主要场所，人口集中于城市也是世界人口分布的普遍特征。

人口分布不均匀也有其历史原因。开发比较早的地区，由于长期的繁衍，人口较多。如我国的四川盆地和渭河平原，虽然地处内陆，但人口密度却比较大。

图2 标注版电子课本

图3 作业的布置（左）与查看（右）

（三）拍摄教学小视频落实教学难点

为了做好长期在线教学的准备，我们提出两条腿走路：一条腿跟着上海市“空中课堂”学习进度学习，一条腿以看小视频的形式复习上册书中的重点、难点。我们已拍摄制作多个教学小视频，并分享给组内教师，让大家按需要组织学生复习，也为年轻教师提供了宝贵的线上教学经验。

“云班会”引导学生构筑自我①

疫情下的线上课程有序进行，学生可以通过“空中课堂”、学校安排等多渠道学习课程，获取知识。刚刚开始的一两周，学生大多出于新奇而跃跃欲试。而随着时间的推移，这种雀跃的心情还是会被课堂、作业及家长和老师的唠叨所压住。

青少年在这样长时间不出门、不与同龄人互动交流的环境中，容易产生消极、焦虑等负面情绪。作为班主任，除了每天了解他们身体健康状况以外，也应当关注学生的心理健康。因此，我号召学生在以往的班会课时间上线开展小型的讨论会，而讨论会的主讲人每次由两位学生担任，讨论的主题也由他们自行决定。网络课堂使得学生注意力集中时间较为不可控，若依旧以教师作为主体大谈时事问题，效果可能会非常有限。在课堂中翻转角色，以学生为中心，既能从传统课堂的“听、读、看、演”到“议、践、教”，又可以激发其他学生的兴趣。

这样的班会课设计想法来源于静安区个性化教育推进的实践与探索。个性化教育是如今信息化发展和学习型社会的扎根之处，是学校教育和学生学习的内在要求。个性化意味着更加理解和尊重每一位学生，推进学生的想象力与个

① 本文作者：邵芊（班主任）。

性特长发展。

目前，“云班会”已顺利开展两次，有四位学生成功点亮“小主播”技能，他们迎难而上、挑战自我，为自己感到自豪。

每一次开展意味着背后的付出，这四位学生从报名参与、萌生想法到反复试播、成功实践，经历了准备材料、审核文稿、试播彩排、主持实践、同学评价及演讲总结这六步。我作为班主任，除了“审核文稿”与“试播彩排”这两个环节做了一些指导外，其余均由学生自行摸索完成。

以最近一次“云班会”上两位学生的演讲为例，他们在上周末陆续准备好主题与材料。非常巧合的是，可能由于长时间待在家中，他们有了更多时间仔细地观察身边的事物，两位学生的演讲主题皆为“宠物”。一位学生家中养了四五只猫咪，作为“猫奴”，想要向同学们介绍她的“小精灵”；另外一位学生看了电影《一条狗的使命》有所感悟，想要和大家分享人与动物之间的守护与温暖。由于主题由学生自行选择，因此我已做好了两个演讲之间毫无关联的预案，看到他们的文稿之后，我引导他们转向疫情下的宠物环境，思考除了温情之外，作为饲养宠物的一员，在舆论环境下应当承担怎样的责任。

两位学生接受我的建议后，积极地投入准备过程中。他们设计了串词，调整了发言顺序，试图呈现以小见大、以小爱见大爱、以小责任见大责任的人文情怀。在班会课中，他们利用“视频会议”功能进行互动，有两位学生主动连麦，分享自己收养小动物的经历与心情。

班会课结束后，我会对两位学生的演讲内容进行简单的评价，把更多的讨论空间留给其他学生。我利用问卷星设计评价维度与评价标准，在学生完成提交后进行数据分析，并且截取有意义的评论反馈给两位演讲者。同学们之间完成了久违的课堂活动与讨论，逐渐找到往日身处一间教室的感觉，从不敢说到逐渐放开，纷纷留下自己的感想与建议。

“云班会”的形式为学生提供了展现自我的平台，关注学生的情感与体验，巩固学生为主体的地位，重视学生的交往价值，唤醒学生的“主体”地位，尽可能实现课堂中师生中“我”和“你”的平等地位。在冗长的线上学习生活中，学生容易失去对自我的定位，那么可以在班会课上切切实实的“互动讨论”中克服网络虚拟，加强自我身份认知，为开学后教室课堂的快速适应与身份转变提供保障。

3月13日 13:46	猫猫总是让人很想去捏，太可爱爱爱了。演讲者也是一个猫奴，用自己的感受来讲(ˆ·ɪ·ˆ)，就更为真挚亲切
3月13日 13:47	猫猫太可爱了(๑• . •๑)对于四个部分MEOW的命名很有创意
3月13日 13:48	将关于猫的知识与自己的经历结合叙述，生动有趣
3月13日 13:39	演讲者的演讲让我对狗狗有更深刻的认识与喜爱，后面的彩蛋环节搭上音乐让我内心受到触动。非常棒！！！
3月13日 13:39	结尾突然让同学连线的形式很棒，真的提到了有关宠物的很多方面，不光是电影
3月13日 13:39	以前在乡下养过狗，深有感触

图1　学生互动评论

上海市江湾初级中学：个性化教学设计，为“空中课堂”锦上添花

随着千家万户登录“空中课堂”，上海市江湾初级中学的教师们开始思考，在“互联网+教育”的学习背景下，如何以上海市教委统一组织的“空中课堂”作为学习的知识主线，通过线上个性化的教学设计进行多种渠道的合作学习，构建师生学习共同体。

“空中课堂”+“班级亲师课堂”双线学习路径探索[①]

作为一线教师，我常反思：如何利用互联网，开展更加有效的课堂教学？又该如何利用网络空间开展“以学习者为中心”的活动以提高学生的

① 本文作者：韩春芝（数学教师）。

学习能力？基于这样的思考，我积极进行了一线教学实践，将“空中课堂线”和“亲师课堂线”进行结合，以“学生活动”为核心探索有效教学的新路径。我将其称为“双线”学习方式，具体指：在“互联网+教育”的学习背景下，以上海市教委统一组织的“空中课堂”作为学习的知识主线，以学校组织的校本化“班级亲师课堂”为学习的实践线，以学生为主体积极开展“小先生”学习活动，进行多种渠道的合作学习，构建师生学习共同体。

班级亲师课堂的活动实践

在这个特殊时期里，上海市教委组织了“空中课堂”，课程经过精心设计，是很好的共享学习材料。学生在IPTV等端口进行“视播课”的学习后，我在网络上开展了“班级亲师课堂”，从学习的实际情况出发，量身定制了互动学习活动。在活动中，我利用了可视化会议软件（云视讯App），通过“共享屏幕”的功能补充学习内容，引导学生深入探讨。通过“聊天区”功能，学生可以大胆发表意见，及时存疑求解……我还将“课堂”的主持权交给学生，通过共享学生的界面，由学生讲解题目或表达他的想法，让学生也做一回“小先生”，这样的活动让学生既好奇又兴奋。在上海市江湾初级中学，我们将善于表达的学生称为“湾豆小先生”，让有能力的学生有机会表达自己，成为学习的主人，同时也将这种表达视为知识的一种输出。

“网络”讨论空间的生成实践

学习过程中，交流十分重要。为了促进交流，我开发了学生网络讨论空间。在这个空间里，大家可以自由地发表观点或者提出疑问。在晓黑板App的讨论区中，我利用希沃软件的“知识胶囊”功能，将学习的重难点等录制成微视频进行分享，及时解决知识难点。微视频的录制有多种途径，这给我们既带来挑战也带来不一样的学习世界。在讨论空间里，学生可以尝试作为一个“小先生”，表达自己的观点并展现思维历程，可以制作个性化作品，发表微视频，分享学习方法……学生作品常会让我感叹：在信息时代里，老师也是一个学生！

教学最核心的问题是以“学生学会”作为逻辑起点。如何知道学生是否“学会”了呢？我从学生的作品评价出发，学生作品成果提交在讨论区，便于大家分享和评价，表达清晰、制作精良的学生作品、笔记、视频等，会被授予“金豆豆”奖励，以鼓励学生的积极性，肯定学生的成果。利用这样的形式，我们一起探索着“师生互动”“生生互动”的学习方式，积极构建着学习共同体。

基于“空中课堂·认识二维码”的互动教学课例[①]

二维码是“新技术体验与探究”单元的学习内容，不过学生对于二维码并不陌生，对于二维码在生活场景中的应用也比较熟悉，但是对于为什么要使用二维码、二维码有哪些特点、如何制作二维码以及使用中的风险等内容，了解得并不深入。因此结合“空中课堂”的教学内容，我设计了适合本校学生特点的互动教学内容。

在学科教学基本要求中，新技术体验与探究是提高学生适应信息化社会、提升探究能力的重要体验活动之一。学习过程中经过体验、探究，归纳出新技术的主要功能、特点及操作方法，提升信息技术的探究能力等。结合“空中课堂”教学内容，我进行了教学互动设计。

我的教学互动设计是基于“空中课堂”教学视频展开的，我们的个性化学习体现在以下几个方面：

在教学资源设计方面，一是借助网络资源，精选关于二维码讲解的短视

① 本文作者：杨艳艳（信息科技教师）。

频作为核心知识内容的课前预习资源；二是结合“空中课堂”中讲解的二维码的特点，针对每一个特点设置相关习题，引导学生在习题作答中更加深入地理解二维码的特点；三是预设学生在制作中可能遇到的问题，拓展静态码和活码的知识贴士（在制作二维码的过程中，学生会发现平台或软件会提示制作者选择静态码还是活码，同时，在生活中很多情况下扫描的二维码是活码，因此知识拓展部分，重点讲解静态码和活码的区别、各自的应用场景及优势，让学生在制作二维码时可以根据需求选择静态码或活码）；四是结合学习内容，设置分层作业：基础作业为学生通过二维码的形式，提交本节课的学习笔记，一方面让学生巩固所学知识，另一方面强化学生及时应用所学知识的习惯，真正地实现学有所用，有余力的学生可以设计自己的名片，并进行二维码的美化处理。

在教学互动方面，我采用的方式是讨论社区与直播教学相结合。晓黑板讨论区会在课前半小时开放，给学生充足的时间进入讨论区，进行课前预习。“空中课堂”结束，我及时发送核心知识点的思维导图以及重要知识点的补充与解释。直播教学中重点让学生进行作品展示和问题讨论，重点解决学生在制作方面的问题，讲解二维码制作过程及注意事项，填补空中课堂该模块没有演示操作的空缺。

教学反思与总结

本节互动教学内容是结合“空中课堂”教学视频和本校学生特点设计的。教学互动采用了晓黑板发布预习、答疑讨论和直播教学平台相结合的方式展开。

在线教学互动不同于线下教学，学习资源的设计非常重要。作为学科教师，在课前准备学习资源时，可以借助网络精选已有资源，根据自己学生的特点设计制作聚焦重难点的微视频等。为了更好地结合“空中课堂”进行互动教学，建议学科教师在备课时梳理出教学视频中的核心知识点思维导图，在空中课堂结束后，作为课时小结的一部分，及时发送给学生。

转变的是教学方式，不变的是数学的本质[①]

一堂完整的课，包含课前备课思考、课上传授知识与课后复习拓展。在线教学与信息化在很大程度上改变了教育模式，本文就以高中数学“二倍角与半角的正弦、余弦和正切”的教学为例，分享教授数学的新想法与实际课堂的信息化操作。

课前新思考

在线教学启动的第一天，就有一连串的问题围绕着我。

在线教学与传统的线下教学有什么不同？没有头绪，就从最基本的备课入手。教学重难点改变不多，但学情有了巨大变化，其中，学习的环境完全变化了。传统数学课堂上，手机是不能使用的，更不用说电脑，但是在在线教学中，没有手机或电脑等工具，连课堂都进入不了。简单地说，学生获得了电脑的使用权，获得了接触更多知识的机会。

数学在线教学要不要增加课外内容？这里的课外内容，指的是对课内知识起到复习或拓展作用的额外内容。数学老师总是希望唤醒学生学习数学的内驱力，但是在传统课堂中，苦于课程时间安排和纸笔的技术条件，只能选取每个章节中的精华到课堂上展现。在线教学中，学生有更多的课间和课后时间，也有电脑来突破信息壁垒，完全可以尝试增加课外内容，让学生自主选择数学学习内容，激发学习内驱力。

课上教知识

QQ群是我校主要授课平台，师生们逐步挖掘出其种种适用于教学的功能。比如，群聊天用于课堂师生互动，群公告整理当天作业，群作业批改作业或者试卷，

---

① 本文作者：上海市实验学校郭鸣俊。

群文件共享教学资源，语音通话中分享屏幕和演示白板更是为上课提供了便利。

对于一堂40分钟的在线课，没有了黑板，要注意把原来的板书内容补充到PPT当中。使用PPT中的激光笔提示讲解位置，使用笔来圈画或写字，使用荧光笔标亮重难点部分，以及使用橡皮擦还原PPT，灵活使用以上功能可以满足常规教学中的需求。

对于数学课，有效地借助几何画板，可以直观地给学生展示图像及其变化。根据教学需求、教学思想和教学水平，几何画板作为一个通用的数理教学环境下的工具，能提供丰富方便的创造功能。在三角比的公式或定理证明中，常常把三角形放到直角坐标系中，根据不同的公式、定理，可以在几何画板中创造不同的图形（如图1）。

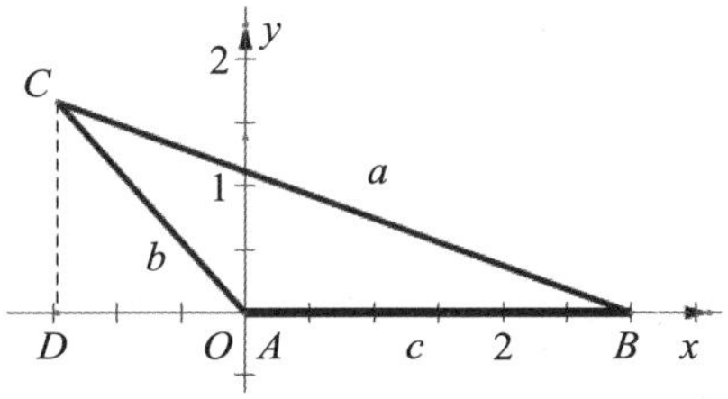

图1　直角坐标系中的三角形

课后复习拓展

作为数学教师，我希望在信息化环境下，在教授学生基础核心课程之外，提供更多的相关知识。我把收集和整理的课内外课件和资料分为三个层次，第一层是复习，第二层是拓展，第三层是特需。

第一层的复习，就是对课上内容的收集与整理，提供给绝大多数的学生复习知识，分享课件的方式包括Word、PDF、PPT和图片四种。

第二层的拓展，是对类似教学内容，提高数学要求，从而培养学生相应的数学能力与素养，提供给学有余力的学生。比如在学习了“半角的正弦、余弦和正切”之后，教师可以根据学情，适当收集高三拓展中的“半角公式的应用”用于教学或拓展。从原来以数学运算为主的半角公式，转为以逻辑推理为主的半角证明题，培养多个数学核心素养。

第三层的特需，是以我校高中“特需课题”为基础的，是给学习上有更高要求的、有特别需求的学生给予指导。在数学上，我主要指导数学建模，即指导学生思考现实问题，收集相关数据来建立模型，结合计算机编程获得结论。比如，通过软件Matlab的模拟与仿真，学生尝试解决商店货柜摆放问题（见图2）。

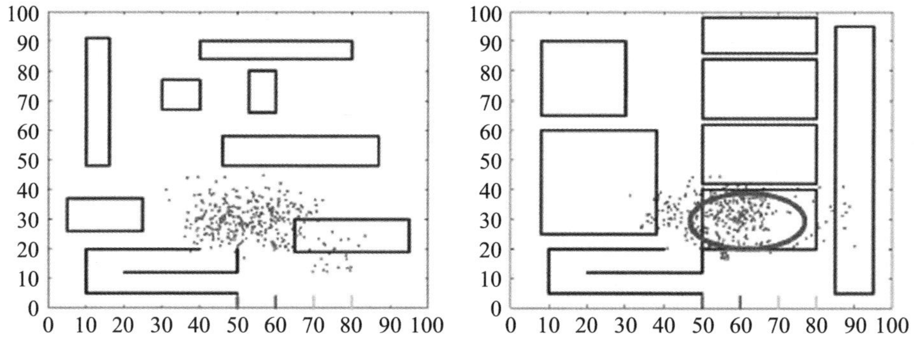

（a）t=5

图2　Matlab研究特需课题

信息化环境下的在线教学，与传统面授教学有巨大差异。教师们都在经历着这场改变，但数学的本质不会改变，让我们一起探索数学的规律，感悟生命的意义。

多样资源，多种技术形式，助益在线课堂效果
——“美苏冷战的开始”教学课例①

“停课不停学”改变了传统的线下教学模式，基于目前对线上课程特点的了解，我对“美苏冷战的开始”这节课进行了新的设计。

① 本文作者：上海交通大学附属中学曹东旭。

课例主旨说明

从教学内容来看，作为20世纪重要的国际格局变动之一，冷战在世界史中占有重要地位。对于冷战起源的理解是把握整个历史进程的一把钥匙，其重要性并不因线上或线下而改变。但根据日常线上教学的经验积累，网课和线下最大的区别之一就是互动感缺失，看不见学生的现场反应，我认为，更多地提升学生参与感，不让其注意力从屏幕前流走，是进行设计的首要原则。

本课主要解决多角度分析冷战爆发原因这一重点问题，采用倒叙模式，从冷战定义到初期对抗表现，再分享第一次柏林危机这一重要事件，真实感受冷战带来的伤害，由此激发探究冷战爆发原因的热情和兴趣。通过中美教材、1946年和1947年两个演讲、两份报告、两个危机的处理等的对比，运用地图和漫画等多样形式相结合分析冷战爆发的多重原因，最后引入一个学界研究的新的角度，即安全感的管控。在整个教学设计中，通过问题的埋伏提高互动的频率，引导学生自主思考，及时分享，提升参与度，在讨论中完成对冷战原因的多角度分析。

设计过程中的几点思考

第一，充分利用网络数据库挖掘材料，利用学界最新理论重新确立主旨和立意。在确定本课的教学立意时，因为居家办公，我手边没有很多纸质材料，因此，电子资源的利用显得更为重要。在整个史料搜寻过程中，我利用了多种平台资源，如本校电子图书馆的多种数据库、手机App中的移动图书馆、百度学术、澎湃新闻等多种客户端，寻找关于冷战的最新消息和研究成果，得到了冷战研究领域史学名家的专业著作以及学术论文等多种文献史料，还有多种类型的地图以及漫画素材等。在这一过程中，我发现2019年出版的《权力优势》一书中的一段话，非常有洞察力，同时也引人深思："对于当今世界两个大国的领导人们而言，今天需要做的就是要认真思考那些塑造了对方对于威胁和机会的认知的记忆、文化意象和历史经验教训。他们应当仔细思考如何管控彼此间的恐惧，同时还要考虑如何调控他们因感到自身国力增长而骄傲或因衰落而焦虑的心态。”

基于对材料的整合，我确定本课的立意是以安全感这个新的角度作为线索和总结，多角度分析并理解冷战起源的原因。

第二，选择材料过程中，我更倾向于选取能够扩大冲击感和增加趣味性的对比材料。在回顾1946年、1947年这两年美苏双方的互动历史中，我特意选取了双方类型相同的材料进行对比——两个演讲、两份报告、两个危机的处理等，并在材料中有意识地加上细节性的描述。比如将斯大林在准备过程中的细节附上，增强史料的形象性和趣味性。另外，在描述德国命运的变迁过程中，直接以变迁的方式出示三幅地图，从德国视角看德国到世界视角看德国，画面简单，但冲击感很强烈，可以更好地触动学生的情绪升华。

第三，托多种技术形式，着力提升学生参与度，加强互动。首先，利用线上的举手回答功能，根据学生的举手情况临时决定回答问题的人员。其次，借助课堂讨论区进行群体互动，引导学生用打字的形式使用短句和关键词在讨论区进行即时讨论，可以使用一定的表情表达看法或对史料的理解，这和学生喜欢弹幕的爱好很契合，表情的使用也简单易行，很容易带动气氛。最后，PPT屏幕开启批注模式，将知识点的讲解变为学生自主寻找并直接在屏幕上填写表格，整节课学生都可以匿名形式即时在屏幕上写字、画线、画图。这样多种形式的互动让学生参与感比较强，对于课堂效果而言，助益颇丰。

“如何撰写研究报告”在线教学设计案例①

综合实践活动是一门必修课程，内容主要包括研究性学习、社区服务和社会实践。开展研究性学习是完成综合实践活动课程的主要任务。我们学校根

① 本文作者：上海市吴淞中学马新莉。

据国家课程和上海市综合素质评价体系要求，制订了“让每一位学生都要有一次研究性学习的经历”的教学目标，并设置了研究性学习的普修课程和精修课程。本节课是针对我校高二学生在研究报告撰写中遇到的困难和常见的问题而展开的普修课程教学，教学内容涉及研究报告的类型及相应的结构框架、报告中各项要素的撰写规范和方法技巧。

教学设计思考

学情分析。目前，我校在读的高二全体学生均已参与了为期一年半的研究性学习，课程学习进入到成果提交阶段，同时有部分学生正面临创新大赛和明日科技之星评选终评准备阶段。现在仅有半数学生提交了研究报告，而且有的像日记，有的像流水账，有的像作文……我针对研究报告撰写认知在高二年级做了调查，结果发现，几乎所有学生都不清楚研究报告的写法，在报告撰写的环节普遍存在困难。

目的意义。研究报告撰写是研究性学习成果展示的重要手段之一，也是展现学生研究能力的重要标志之一。学生通过研究报告的撰写，能有效增强规范意识，快速提升自身归纳总结、逻辑推理、语言表达等综合能力。通过问题呈现、优秀论文案例学习比较、报告素材收集组织与内容撰写、结合实践体验进行反馈修改等各环节的实际操作，有利于实现传授知识、培养学生自主学习的双重目标。

教学方法思考。只有学生亲身参与到教学活动的每一个环节中，才能对所学内容体会深刻。因此，本次教学充分利用网络资源，引导学生查阅文献，收集素材，分析讨论形成互动。研究报告框架体系中涉及12项组成要素，逐项讲解耗时、费力、冗长，因此，代表性地选取3项要素：标题、摘要、参考文献重点讲解，让学生获取知识的同时掌握运用网络资源自主获取知识的技能。其余9项要素让学生通过自主查阅资料、交流讨论来完成。

教学目标。（1）通过研究报告结构框架梳理，培养学生规范意识；（2）让学生学会比较分析与归纳总结，自主梳理出研究报告的框架结构；（3）让学生理解研究报告中各项结构要素的内涵，掌握各要素撰写的方法技巧；（4）让学生通过网络查阅文献资料的方法，掌握自主学习的技能。

教学片段举例

如何撰写摘要？

[步骤一] 请同学们在搜索引擎中输入“维普”，打开维普官网，进入文献检索，选择标题/关键词，输入“一次性筷子”。回车之后，页面呈现了相关的论文。

[步骤二] 请同学们分别点击前三篇论文标题，并阅读其摘要，比较分析这三篇论文摘要写法的相同之处。

[步骤三] 通过对照和比较提炼出摘要内容的四要素：目的、方法、结果、结论。

教师点评：研究目的往往用简短的1~2句话来概括。研究方法则是以最简洁的语言或定量地描述介绍研究技术手段、流程，结果是通过对采集数据的处理或问题的分析能得到的直接结果，结论则是将不同情境对应问题的结果的归纳与升华。

[步骤四] 请同学们继续点击第四篇论文标题，并阅读其摘要。

教师点评：摘要根据内容的不同，可分为三大类：报导性摘要、指示性摘要、报导—指示性摘要。

[步骤五] 同学们思考一下，课题研究进展到哪一个阶段可以写摘要？

教师点评：摘要就是对研究内容、过程、成果的浓缩。因此，只有当全部研究结束之后才能写出有品质的摘要，尽管它是放在研究报告的最前面，但恰恰是研究报告各项要素当中的最后一个环节。

[步骤六] 实践体验：请指出以下两篇摘要存在的问题，并提出修改意见。（略）

家庭条件下进行替代实验的尝试
——微生物的培养与分离实验在线教学课例①

教材和学情分析

本内容是浙科版生物教材选修一《生物技术实践》模块的“微生物的利用”部分，主要介绍了微生物的培养和分离技术。学生在上一课时已经对微生物的概念、培养条件、无菌操作等进行了理论学习，本课时将进行具体操作，其中某些实验步骤对学生来说是不易理解和操作的。受此次疫情影响，学生居家网络学习，无法在实验室实地操作，更是增加了学习的难度。

教学设计分析

我设计从学生已有的知识和经验出发，充分利用教材内容和生活中的常见材料，设置情境，激发学生主动参与。按照“回顾—讨论—归纳—操作—总结”的教学流程，通过在线展示微生物实验室设备、提供生活中可找到的替代设备、在线演示实验等教学方法，激发学生的学习兴趣，引导学生在家进行操作，在鲜活的实验情境中，帮助学生实现对生物学核心概念的深层次理解。

课例展示：微生物的培养与分离替代实验

教学片段1：导入

1. 教师：我们上节课已经学习了微生物实验的理论知识，现在请大家回忆细菌培养和真菌培养有哪些异同点呢？

（学生线上互动回答：相同点：都需要配制培养基，都需要无菌操作等。

---

① 本文作者：浙江省衢州第二中学叶建芳。

不同点：培养基配方不同——细菌喜荤，霉菌喜素。培养环境不同——细菌在中性偏碱的环境中生长，霉菌在中性偏酸的环境中生长。）

教师补充：它们的生长温度也不同。细菌一般在37℃下培养，而霉菌最适温度一般在25℃左右。

2. 教师：由于疫情限制，我们不能在实验室进行实验操作，老师设计了一个在家里进行的替代实验，原理方法基本与书本实验相同，只是这次我们来培养霉菌。选择霉菌的理由有什么呢？

（学生思考、回答。教师在学生回答基础上补充。）

设计意图分析：通过回顾已学知识，引出细菌培养和真菌培养的不同，为接下来的霉菌培养实验操作做铺垫。选择霉菌培养作为替代的理由有：（1）霉菌比细菌需要的营养条件低，家庭常见食品即可用于配置培养基。（PSA培养基是一种常见霉菌培养基，其配方如下：马铃薯200克，蔗糖 20克，琼脂15~20克，蒸馏水定容至1 000毫升，自然pH。）（2）霉菌菌种来源简单，衢州应季水果橘子上即可取得。（3）霉菌生长所需的环境温度更低，即使没有恒温培养箱，在当下（春季）气候条件下也能较好繁殖。

教学片段2：配制培养基、灭菌

教师：在配制培养基和灭菌环节我们可以这样进行替代实验：灭菌锅可以用家用高压锅代替，虽然没有压力指示表，可能也达不到严格灭菌所需压力，但是高压锅可以杀灭大部分微生物。可以同时多做几个空白平板，来与实验组进行对照，以排除可能灭菌不充分所造成的误差。三角瓶可以用普通小口玻璃瓶代替；培养皿可以用坚果/酱料罐的盖子（需耐受高温）代替；酒精灯可以用烧红的木炭代替；超净工作台用已消毒的桌子代替。

（教师演示配制PSA培养基、灭菌和分装。）

（学生提前准备好需要的替代材料，在观看老师演示后开始动手操作。）

教学片段3：接种、培养

教师：接下来我们要进行接种和培养操作。菌种用发霉橘子上的霉菌代替。接种环可自制——把一根细铁丝一头弯成圈。从发霉橘子的霉斑上挑取部分霉点，利用画线分离法接种到PSA平板上。恒温培养箱用可控温的烤箱来代替，如果没有烤箱，将平板倒置，于自然条件下培养。

（学生提前准备好需要的替代材料，在观看老师演示后开始动手操作。）

课后反思

本节课我设计由学生利用准备好的生活中常见材料在家中进行实验，然而家庭环境下条件有限，本实验确实没有做到严格的无菌规范操作。本次实验中的不足之处如下：配制PSA培养基时，由于不具有精确的称量、定容仪器而导致浓度有差。不同高压锅的规格有差，可能灭菌时压强不能达到所需要求。用于替代超净工作台的普通桌子即便经酒精消毒，但毕竟暴露在未经紫外线消毒的空气中，仍有被污染的危险。不同霉烂橘子上取得的霉菌种类不一定相同，可能会导致实验结果差别很大。霉菌的最适生长温度是25℃左右，如果仅仅是置于自然条件下，当下春季气温变化极大，实验的时间变得不可控。

在数学学科核心素养视角下开展在线教学
——“圆与圆的位置关系”第一课时教学课例[①]

目前市面常用的在线教学直播平台有腾讯课堂、Classin、晓黑板、钉钉

① 本文作者：上海市徐汇中学刘颖。

等，这些平台大多都能实现以下功能：师生屏幕共享、文件资源共享、多人摄像或语言连线、讨论区评论、在线答题及统计、签到等，其他辅助软件如希沃授课助手（手机与电脑相连的实物投影）、Processon（流程图、思维导图制作）等则提供更丰富的补充功能。

在线教学需要基于传统课堂教学的设计，让学生经历形象感知、建立表象、数学抽象的建构过程，理解数学概念，感悟数学思想方法，体验数学文化，同时把数学抽象、直观想象、数学建模等核心素养渗透其中。核心素养下的在线数学教学应如何进行？这里结合“圆与圆的位置关系”第一课时的教学，谈谈我的实践与思考。

利用丰富资源，打破时空局限，锻炼数学表达

在线教学与传统教学最大的区别便是如何整合丰富的网络资源。各种教育资源通过网络跨越了空间距离的限制，使学校的教育成为可以超出校园向更广泛的地区辐射的开放式教育。

（一）教学设计

（1）课前：请学生自行制作符合课本情境的材料（几何画板、flash动画、gif动图、图片等）。

情境：在纸上画一个半径长为2.5厘米的圆和一条过圆心的直线，把一枚硬币放在所画圆的外部，使硬币的中心大致在所画的直线上，然后，将硬币沿着直线从圆的外部到内部、再向外部缓慢移动。

（2）课中：通过学生共享屏幕，观察同学们制作的材料及运动过程并探究：若把硬币的边缘看作一个圆，在硬币移动过程中，观察两个圆的公共点的个数。

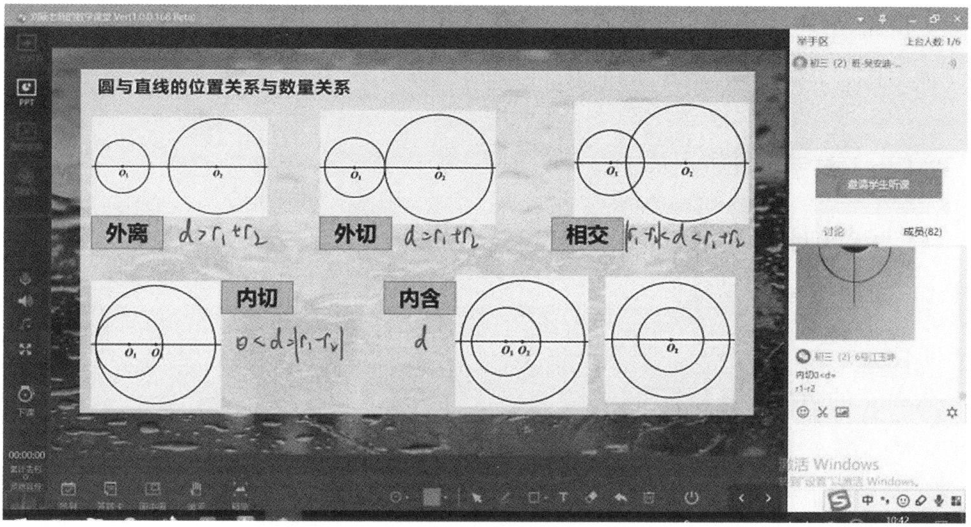

图1　圆与直线的位置关系与数量关系线上演示

（3）课后：将教学课件共享给学生，并提供更多资源链接。

（二）设计说明

利用资源共享，分享知识结晶，使学生更丰富、更形象地认识到两圆位置关系的动态过程，从“引趣”走向“引思”，让学生经历具象、表象、抽象，学会数学思维、数学表达。

线上教学可让学生自主地、反复地操作，切切实实从静态到动态观察知识发生发展的过程，课后通过共享，提供更多资源，提高学生兴趣的同时也促进深层探索，让学生不仅局限于学校课堂，也通过网络资源进一步领会运动变化、类比、分类等数学思想，体会事物之间的相互联系，锻炼数学表达，提高注意力。

利用交互功能，提高课堂实效，增强数学思维

在线教学的第二大特点便是强大的交互功能，利用手写板、连麦、摄像

头、屏幕共享、讨论区文字或图片、答题板等功能，可以拉近师生距离，扩大交流范围，提高课堂实效。

（一）教学设计

（1）教师利用手写板，学生利用评论区文字回复，复习直线与圆的位置关系相应的数量关系特征。

（2）学生在以文字、图片或连麦语音的形式回答，探索、讨论、归纳两圆位置关系的数量关系特征。

（3）学生利用答题板进行小结，统计得到结果，并制作两圆位置关系知识归纳表。

（二）设计说明

利用多种交互形式，促进学生互动交流，引导学生能自觉运用类比、转化等数学思想方法进行运算分析与逻辑推理，感悟和理解数学蕴含的精神、思想、观念和意识。

线上教学时，应通过更灵活多样的讨论方式、更自由便捷的探讨途径，让更多学生参与互动，从而产生更丰富的思维碰撞。交互平台比传统课堂更能促进学生知识迁移、重视学习反思，概括提炼数学活动经验及分析问题、解决问题的数学方法。在线教学强大的交互功能，提高了课堂实效，促进学生个体对概念的理解由具体经验的水平过渡到抽象概括的水平。

在线教学不能只满足于教学内容本身，师生还应共同学习，充分利用资源，以促进了解数学的方法价值、文化价值和应用价值，发展数学素养。当然，在线教学在平台使用、授课方式、授课评价的过程与结果等方面仍然有很大探讨价值和改进空间，也期待在线教学能更好地运用丰富的网络资源，科学合理运用信息技术，特别是能将技术与教学较好地融合，真正提高学习效果。

新冠疫情下高中自招日语微课的设计和制作①

新冠疫情给今年我校高中自招课程体验带来了新的挑战：以往可以通过校园开放日实现的线下体验，不得不改为线上“云体验”。因此，针对高中零基础日语课程的全市自招体验课需通过录播微课的方式呈现给学生。学生可通过网络扫描二维码观看，可自由暂停、快进或倒退，也可以反复回看。

为了拉近有志于在高中阶段零基础学习日语的学生和自招微课的距离，体现我校“跨文化素养”培育的特色，凸显我校“民族情怀 国际视野”的办学理念，突出新冠疫情之下“人类命运共同体”的价值取向，我选取了时下热点——近期被媒体频繁关注的“中日互赠物资上所贴的汉诗和俳句”这一内容，引导学生发现身边的日语，读懂互赠汉诗与俳句的含义，尝试模仿日语的发音和书写，理解中日两国间的历史文化渊源与友好互助情谊。

教学设计与制作

1. 学情预估。该自招微课的受众是对我校高中零基础日语班感兴趣的全市应届初三毕业生。他们有一定的英语基础，具备一定的语言迁移能力。另外，作为日语初学者，对日语学习以及日本文化有一定的兴趣。

2. 素材处理准备。此次日语自招微课采用类似纪录片的视频制作：全程日语教学解说，辅以中文字幕。视频录制没有采取传统的以授课教师讲解、同步PPT展示的画中画录制模式，而是保证视频画面始终聚焦在和教学内容有直接关系的图像与音频信息上，辅以教师的旁白进行讲解。为此，首先需要收集教学所需的图片、视频材料。图片来自互联网公共资源，樱花飘落等视觉特效

① 本文作者：上海市甘泉外国语中学田由甲。

页使用了网络免费素材。为了优化学生体验，教师必须尽可能地收集高清图片、视频材料。此外，视频制作软件为全程使用Camtasia2019。

3. 教学设计及视频设计（见表1）。

4. 为教学效果服务的信息技术。区别于传统面授教学，此次自招微课在制作上特别关注学生的视听体验，不但要“吸引”学生，更要在教学内容和目标上一以贯之。因此，要求教师必须在短短10分钟里，优化镜头切换、注意旁白语速、完善视觉特效。Camtasia2019软件满足了视频编辑入门级的相关需求，很好地实现了本次自招微课的录制效果。比如，在介绍日语诗句写法时，我就利用了该软件的录屏功能，预先录制通过写字板在屏幕上书写诗句的视频，再通过软件的视频编辑功能将与诗句相关的图片同步进行展示，辅以能让学生感受日本美学思想的樱花飘落视觉特效，营造出了能让学生自主感受和体验日语的学习氛围。

表1　日语自招微课设计

<table>
<tr><th>步骤</th><th>时间</th><th>视 频 内 容</th><th>教 学 目 标</th></tr>
<tr><td>引入</td><td>2分钟</td><td>教师开场说明主题，播放日本横滨山手中华学校给我校的问候视频《让世界充满爱》，以及新冠疫情中的中日互助照片。</td><td rowspan="6">语言能力：学生运用听、说、读、看、写，零基础学习日语。
在真实的情境和语料中，初步接触日语文字和发音，建立对日语的兴趣和用日语表达的自信。
文化意识：引导学生理解日语汉诗以及俳句的历史背景和语言特色，发现中日一衣带水的文化渊源，提升文化自信，理解“人类命运共同体”内涵，培养正确的世界观和价值观。
学习能力：学生可以在视频播放的跟读时间，或者通过回看视频，自主学习日语汉诗和俳句</td></tr>
<tr><td rowspan="5">展开</td><td>1分钟</td><td>展示中日互赠物资上引用的诗歌图片。</td></tr>
<tr><td rowspan="2">3.5分钟</td><td>讲解①：日本HSK事务局向中国武汉高校捐赠物资引用的汉诗“山川異域，風月同天”。此诗的历史背景——鉴真东渡。</td></tr>
<tr><td>教学①：发音（视频里留出跟读模仿时间）、汉字假名写法（视频展示，方便让学生回放临摹）。</td></tr>
<tr><td rowspan="2">2.5分钟</td><td>讲解②：中国驻名古屋领事馆向日本医院捐赠物资时引用的日本著名俳人小林一茶的俳句：“花の陰　赤の他人は　なかりけり”。日本俳句5-7-5的音律特点。</td></tr>
<tr><td>教学②：发音、汉字假名写法。</td></tr>
</table>

（续　表）

步骤	时间	视 频 内 容	教 学 目 标
小结	1.5分钟	呼应开头视频，展示我校日语学生对日本姐妹校的问候；引导学生总结学习内容，鼓励学生进行学习反馈（拍摄小视频，朗读自己在自招微课上学会的日语汉诗或俳句，并展示自己手写的日语诗句，为日本人民送去祝福）。	的发音以及临摹汉字假名的书写方法。此举可以激发语言初学者的学习兴趣与语言模仿能力。

借助Scratch在线编程社区，让学生独立思考、共同创造①

突如其来的新冠肺炎疫情，让我们把课堂搬到了“云端”，孩子们可以通过“云课堂”获取知识，提升技能。但是和线下的课堂相比最大的遗憾是，师生互动较少，而且孩子们之间的交流和合作几乎是缺失的。疫情防控期间孩子们和同龄人的交流更是困难，而这正是孩子们成长过程中的重要部分。

如何借助“云课堂”为孩子创设一种线上合作交流学习模式呢？我想起了《终身幼儿园》这本书中的计算机俱乐部的想法，计算机俱乐部高度重视热情原则和同伴原则相结合，孩子们不仅可以做自己喜欢的项目，还可以一起学习共创、分享想法，从同伴那里得到反馈，相互借鉴彼此的灵感。

得到计算机俱乐部的启发之后，我就以计算机学科教师的优势，以编程内容为载体，借助Scratch在线编程社区，组建了一个线上社团，给孩子们提供一种合作共创的“编程+迷你项目化”网络学习社区。下面以“10 blocks挑战”项目为例，分享我的教学实践和思考。

① 本文作者：上海市闵行区平南小学白巧变。

项目缘起

线上编程社团的学生分布在二年级到五年级，有的有2~3年的编程经验，有的刚刚接触编程。在学生的编程能力存在很大差异的情况下，我和他们一起讨论，学习什么内容可以让每个人既不感到困难又能有挑战。低年级学生提出编程时规定只使用大家都会用的简单模块进行创作，但这立即受到了高年级学生的反对，他们认为都用简单的模块做不出好的作品。通过线上小组会议讨论、评议，最终确定了项目主题“10 blocks 挑战”，意思是每个人只能用给定的10个模块制作作品，每个模块至少使用一次，可以重复使用，不可使用其他模块。

项目实施过程

每个组在Scratch社区创建了自己的小组工作室，每个学生独自完成作品并上传到自己的小组工作室中，当小组所有人的作品完成之后，小组长会召集小组同学进行在线视频会议，针对小组工作室的作品进行交流、点评、反馈，每个人根据反馈再改进自己的作品。

但提供有帮助的反馈，可比说一句“喜欢/不喜欢”困难多了。针对这一难点，我在课上就非常关注培养学生提建设性意见的能力，在课程一开始就设计了点评环节，并将其贯穿整个课程。课程中的点评使用“红黄绿”的方法，通过引导性问题，指导学生把反馈意见说具体。

孩子们渐渐地适应了这样的学习方式，他们特别喜欢去Scratch社区看其他同学的作品，在点评区留言点评作品。我鼓励他们进行作品接龙或对他人的作品进行改编，对很喜欢的作品还可以收藏到自己的“点子铺”，进一步仔细分析这些作品的代码，找出其中能让作品变精美的技巧，将来在高阶编程课时可以用到。

项目汇报和总结

持续一个星期的小组创作之后，我们上了一节小组项目汇报课。汇报分为三个部分：（1）展示自己小组最有特色的作品，介绍作品的创意来源和创作时遇到的困难和解决方法。（2）展示一个最喜欢的其他小组的作品以及喜欢的原因、通过作品学到了什么。（3）项目实践感想：这个项目的难点在哪里？在做项目时有什么收获？做这样的项目对自己思考问题有什么帮助？这样的汇报形式，不仅展现学生的自主学习过程与成果，更体现同伴学习的结果，通过谈对项目的感想，引导学生学会对学习进行复盘，培养学习闭环思维。

对课程设计的思考和总结

在这个课程中，从一开始教师和学生一起搭建网络学习社区，创建社区文

图1　学生在Scratch编程社区中创建的小组工作室

化，到师生一起选择协作项目，探讨解决方案，项目展示与交流等，教师变成了协作者、顾问、催化剂，为学生提供了开放式的个性化挑战。当学生思维受阻时，教师可以展示一些项目示例来激发他们的想象力，示范多种可能性，促进学生的探索和反思。而让学生自己探索，调动自己和同伴的一切资源来解决问题，是这一课程的精华。学会主动建构自己的知识，和同伴一起共学共建，是这门课教给学生的最重要的能力。

信息技术与生命科学课堂教学的融合
——“解剖并观察花和果实的结构”教学案例[①]

随着时代的发展，信息技术与教学的融合越来越常见，但大多是将信息技术的运用价值停留于增强课堂教学情趣，并未进行深入挖掘，有没有信息技术来锦上添花，对课堂目标的达成也没有太大影响。这次疫情之下的线上教学可以说是对传统课堂教学的一次大洗礼，教师的信息技术运用能力被推上了前所未有的高度。下面以“解剖并观察花和果实的结构”一课为例，谈谈信息技术在生命科学课堂中的运用。

实时互动，把握教学重难点

“解剖并观察花和果实的结构”是一节实验课，教学目标是学生经历“观察不同植物花和果实的结构”实验过程，学会观察并解剖花和果实的结构，认识到生物的多样性，理解结构与功能相适应的意义。没有面对面的交流，脱离肢体、眼神的辅助沟通，线上教学过程中教师不能及时掌握学生的学习状态，导致很难把握学生的学习效果。作为一节实验课，实验操作过程“从外到里、

① 本文作者：上海市嘉定区华亭学校秦芳。

由上而下”的规范性，不能依靠对知识点的死记硬背和机械的习题训练，需要教师的言传身教，还需要及时帮助学生答疑解惑，学生观察到了什么、有什么疑问，及时互动很有必要。

钉钉视频会议平台相较于钉钉直播平台，及时互动性更强。因此，这一节实验课我利用钉钉视频会议平台进行授课，通过其中的“加人”功能实现平行班之间的多群联播，通过“共享窗口”“共享桌面”进行PPT和相关视频的播放，教师通过打开摄像头对实验操作过程进行演示。学生可以打开麦克风与教师进行实时互动，可以避免直播连麦的时间损失和延时问题，教师也可以就教学重难点有针对性地对学生进行提问，能有效促进课堂教学目标的达成度。

定格动画，增强学生求知欲

花和果实的解剖取材容易，实验操作过程也不复杂，整个实验过程难度较低，但离开了学校实验室，如何能吸引学生主动在家进行实验并完成实验记录？考虑到这一点，我设计了不一样的实验报告：制作一部解剖花和果实的定格动画。

将实验中的每一步用照片记录下来，下载爱剪辑、iMovie等视频制作软件，创建影片时按顺序选择实验室拍摄的照片，导入并处理，一部学生自导自演的动画作品就完成了。学生们在制作过程中还发现了不少小窍门，比如，解剖时要将花的各个结构摆放整齐，每一张照片的拍摄角度要差不多，每一张照片的切换时间应该在0.2秒左右，还可以配上音乐……这不仅仅是一份生命科学课的实验报告，更是一份生命科学与信息技术的跨学科作业，学生获得的知识不局限于课堂，而是来自自主探究。学生在探究的过程中，既掌握了技术，也逐步增强了对自然现象的好奇心和求知欲。

学生完成一部定格动画，分享给同学、家人，分享到朋友圈，这比完成一份实验报告来得更有成就感。制作定格动画的过程，也让学生懂得了生活中的美，学会了发现美、记录美、分享美。从这一点来说，我们不仅达成了本节课的知识目标，也实现了生命科学学科的生活育人目标。

当技术难题被攻克之后，线上教学的优势愈加明显。线上教学不受时间和空间的限制，随时随地可以学习而且受众更广；线上教学利用信息技术突破了传统课堂中知识抽象不够直观的难点；更重要的是，线上教学给了学生自主权、选择权，让学生根据自己的实际需要，进行有选择的学习或多次学习，充分发挥学生的主体作用，潜移默化中培养了学生发现问题、解决问题的能力。如何将信息技术与教学的融合做得更深入、更有意义，是值得不断研究和实践的课题，路漫漫其修远兮，吾将上下而求索。

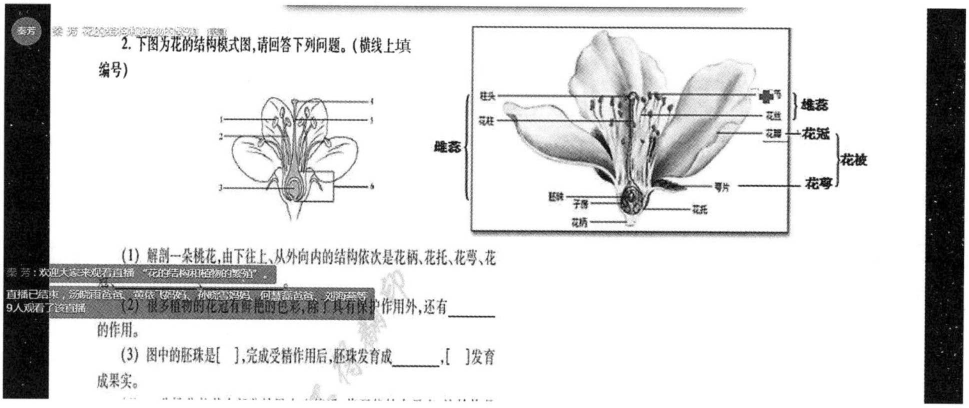

图1　线上教学直播截屏

上纽大教授们的网课故事①

上海纽约大学惯常的春季开学日期，早于中国其他的大学。因此，面对新型冠状病毒肺炎疫情，上纽大成为开展在线教育，“停课不停教、停课不停学”的先头部队。自春节起，校长与教务长就牵头大学各学部主任，协调所有任课

① 本文作者：上海纽约大学。

教授，集结了学校图书馆、信息部以及纽约大学相关部门的技术力量，与学生事务部、学术事务部等学校各大部门密切合作，将所有春季课程调整至符合在线教学的标准，并且做好了长期在线教学的充分准备。2月17日起，上纽大全面开启2020年春季学期共293门课程的教学工作。位于中国、美国及非洲、拉丁美洲国家等各地的千名学生，克服时差，有序进行春季学期的远程学习。

近两个月来，上纽大的教授们在NYU Classes、NYU Stream、NYU Zoom和Voice Thread等多种在线工具中跌打滚“屏”，展现出了这个特殊时期的教师新智慧。

学数学的同时学了视频制作

数学教授 Leonardo T. Rolla在线教授“荣誉线性代数”课程。开学前一周，Rolla尝试用VoiceThread（VT）的音频/视频软件为学生们做音频/视频，然后分享给学生，通过音频、视频带他们浏览了课程大纲，聆听疑问和反馈，彼此做自我介绍。

接着，在开课前的最后一份VT幻灯片中，Rolla要求学生完成“荣誉数学 I”中的一项练习，这是大部分学生已经在2019年秋季学期做过的练习。他制作了三段视频：第一段视频记录自己在白纸上演示证明过程；第二段视频，一边指着纸上的证明过程一边讲解；第三段视频，使用手写软件写下证明过程并用NYU Stream录屏。最后，Rolla还将视频制作过程分享给学生，让学生们至少掌握一种视频制作方法，也给他们自由空间，让他们可以灵活选用擅长的视频制作方式。

Rolla这样描述他的第一节远程课：“第一节课于北京时间早晨正式开课，当身在阿根廷的我进入梦乡时，学生在观看我的视频，并开始自己证明定理。他们互相解答彼此的问题，还就如何提高视频质量提出了建设性的建议。醒来后，我打开了学生的视频，按下播放按钮，看到第一天课程结束后，学生们又进行了一场‘在线讨论’。那一刻，我真的既高兴又欣慰！”一位学生反馈说，Rolla的在线课程颇为惊艳："有时候觉得VoiceThread比面对面教学效果还要好！"

第一周的两节互动课时长都在3小时左右，大部分学生都参与其中。后来，Rolla调整了学生参与度的衡量标准——原本要求每人每节课后提交一个解题视频和一条建设性回复，现在改为每周提交一次。教授还与学生讨论了如何提高视频的简洁度和质量。这样一来，讲座的平均时长便缩短至75分钟，与平时的课堂时长相当。为了鼓励更多的学生积极参与并发表自己的想法，Rolla邀请大家提供反馈意见。学生们能从这些反馈中参考其他同学对同一定理和证明题的论证过程，对学习十分有益。

Rolla希望学生可以把这段经历视作教学理念与方法的精心结合。他认为，数字化教学难度不高，但非常耗时，关键是要学习各种技术工具，弄清楚它们各自的使用方法。教学过程中一个很大的挑战是要利用这些数字工具设计课程，并制定在教学上行之有效的学习目标，同时不能让教学工具喧宾夺主，它们只是为了辅助课程内容的呈现。此外，将以前的课堂教学经验应用到现在的虚拟教学环境中，这一点也很有必要。"我在数字化教学中最大的收获是明白了一点：当今时代，我们不仅要和同行沟通交流，也要虚心向真正的专家寻求支持与帮助。"

上网教钢琴，展示"十八般武艺"

和上纽大其他艺术门类课程一样，艺术教授陈薇的团体钢琴课是一门选修课。当得知本学期初将采用数字化教学时，她本以为许多学生会退选钢琴课。因为对于这样的实操课程，学生似乎只想在线下课堂里学习。但令她意外的是，只有少数同学选择退课。

于是，陈薇忙不迭地开始设计线上钢琴课。她先对已注册这门课的学生进行了调查，了解大家所在的时区，以及他们是否有钢琴。调查结果显示，65%的学生手边并没有钢琴可练习。为解决这一问题，陈薇在网上搜索，最终选定在淘宝和亚马逊上均可购买的手卷钢琴，价格约为200元人民币。上纽大艺术学部还主动提出，待学生们回到校园后为大家报销手卷钢琴的购买费用。

陈薇很快意识到，要想保证上课效果，在远程教学中需要不止一个摄像头，因为需要确保学生能同时看到她，以及她的双手在演奏时的动作与姿势。于是，她就购买了博主播客们录播钢琴演奏视频时常用到的三脚架，将它安在钢琴乐谱架上，再把手机装在三脚架上并打开摄像头。但是，要如何才能让学生同时看到她和她的双手呢？她灵机一动：为什么不试试用Zoom给自己打电话呢？于是，陈薇向学校图书馆申请多开设一个NYU Zoom账号，这样她就有包括个人账号在内的两个Zoom账号可以使用。

准备就绪后，陈薇把笔记本电脑的摄像头对准自己讲课的角度，用手机摄像头拍摄双手在琴键上的动作，然后用手机和电脑分别登录一个Zoom账号，两个账号登入同一个Zoom会议室。这样一来，大家可以在Zoom会议室看到两幅画面——一个是她讲课的场景，另一个则是她双手在琴键上的演奏姿势。

“直播”还是“录播”？最初，陈薇倾向于选择在线直播授课。但后来她意识到，学生目前分布在中国、日本、英国、意大利、俄罗斯、美国以及拉美国家等各地，所以最佳选择还是把录制好的课程内容发布在网上，然后在Zoom举办“在线练习课”。练习课上，学生在规定时间上线。陈薇会针对课程和作业答疑，或让学生间彼此答疑。考虑到某些学生可能不好意思在众多同学面前演奏，陈薇利用了Zoom的“小组讨论室”功能，将学生分成两两一对的练习搭档分组在“在线讨论室”练习。她会单独访问各个讨论室，查看学生们的练习情况。陈薇说，练习课非常重要，因为这是她面对面看到学生、了解他们学习进展的唯一机会。

“对我来说，数字化教学的主要挑战是交流，”陈薇教授分享道，“线上课堂不同于在教室里上课。教室里，我基本可以从和学生面对面的交谈中判断其对课上所学内容是否有信心，或者只要看着他们，就能凭直觉判断哪些学生可能还有疑问或需要帮助。性格开朗的学生一般会主动与我交谈，向我提问。对于比较害羞的学生，我以前会主动与他们交流，但现在因为屏幕的阻隔，交流面临很大的挑战。”

因此，陈薇为课上所有学生创建了一个微信群，这样大家在练习课之外遇到问题时也可以随时提出。微信群的建立营造了一种团体氛围，为学生们提供了一个在线交流、认识同班同学的空间。“我发现学生们在群里互帮互助，氛围很好，”陈薇说，“有了微信群之后，学生们不需要等我回复他们的疑问，有些同学的回复速度比我更快、更及时。”

打造在线“电子处理”学习社区

“电子处理”是一门项目式课程，探究电磁领域的各项发现。除了学习电磁现象重要理论模型的原理外，学生会花大半节课的时间做实验，包括组装电路、制作自激振荡感应加热器等。

本学期，上纽大来自全球11个不同地区的17名学生修读了“电子处理”课。为确保学生在数字化教学阶段的学习和实验质量，互动媒体艺术教学指导讲师 Rodolfo Cossovich采用了线上课程与互动实验双管齐下的教学方式。在学校的支持下，目前每名学生家中都配备了一个小型电子工作台以及实验操作所需的工具、仪器和材料。实验中，每位学生都配有一台万用表、焊接台、原型制作工具和各种组件，使他们可以按照自己的节奏动手实验。学生可通过幻灯片、笔记、户外录制的短视频学习实验中用到的概念。为了营造良好的团队合作氛围，每个实验小组都要单独举办实时问答活动，确保每位成员都能充分参与实验。

学生每周都会用Zoom进行实时互动，讨论理论知识并参加小组讨论。这些实时讨论都会被录制成视频，方便未能参加的学生稍后自行观看。Cossovich利用Google文档、Google Jamboard和Flipgrid促进学生之间的非实时沟通。他每周用Google文档发布问题，要求学生在文档中写下自己的回答，大家可以看到彼此的想法，并给出评论和意见。Google Jamboard是一个交互式的在线白板，学生在这里列出自己的思路大纲并一起做出注解。学生还可以在Flipgrid上发布视频，介绍电磁理论的提出者。课程期间，师生使用Discord（一种类似Slack的在线聊天工具）进行交流，提高了多群组通信的效率，也方便各组同时开展工作。

Cossovich感觉最大的挑战是如何整合各种工具的不同功能。有一次，他准备用Discord和分成三人一组的学生们讨论一项计划好的非实时任务，结果发现他们必须互加好友后才能开始对话。这个技术问题分散了大家的注意力，也影响了上课进度。而即便是像使用烙铁、测量电流这样在线下课堂中易于操作的简单任务，如今在远程课堂中也成了技术难题，需要仔细做好规划。

但Cossovich相信，这些问题不会成为数字化学习和远程通信的阻碍。因为四周的时间已经形成了一个线上的学习社区。每周他会了解学生的学习情况及他们对课程的建议。有些学生经常主动协助解决课上的技术问题。在学生的建议之下，Cossovich在不断地完善课程，尝试各种新技术，让大家可以更好地融入在线课堂。

第 3 章

在线教学背后的协同力量

“为了开展线上教学，我在电脑上装了好几个教育类App。”“为了让孩子好好上网课，我下载了好几个学习类App。”……疫情期间线上教学和线上学习需求的激增，让相应的在线教育平台变得炙手可热。

这两三个月来，借助各种在线教育平台，教师们从最初的被迫当“主播”，到逐渐摸出些门道，再到“玩”转技术和平台，真切感受到了信息技术带来的便利和高效，真正看到了教与学的更多可能性，真实体会到了什么叫作“互联网+教育”。

在传统学校教育场景中被认为起补充作用的、不那么重要的信息技术，在师生分隔、居家学习的新场景下，成为不可或缺的“必需品”，其在教育者心目中的重要程度也上升了好几个位次。

这个过程中，在信息技术与教育之间搭建桥梁的在线教育平台，成为线上教学背后至关重要的协同力量。

观念的转变让这件最难的事情因为疫情而突然实现了，对于在线教育平台方来说，这是一次千载难逢的发展机遇。然而，竞争也异常激烈。

在混乱的平台大战中，我们的目光被一匹“黑马”所吸引——原本只是一个家校沟通平台的晓黑板，在短时间内迅速变身覆盖全教育场景的大平台，并赢得上海“云课堂”七成市场份额。晓黑板成功最重要的原因是其精心打磨产品和服务，更深层次的根源是其扎根教育土壤，与基层学校及教师保持密切的联系与沟通，解决一线教育者的痛点、难点。我们试图通过对晓黑板的剖析，来探讨：平台如何更懂教师、懂学校、懂教育，如何让信息技术深度地融入教育、融入课堂，如何与教育成为同心同德的“合伙人”，共同创造教育信息化的美好未来？

疫情期间“停课不停学”，各大在线教育平台上留下了海量的教与学的数据，这些教育大数据，勾勒出在线教学环境下教师和学生怎样的状态？隐藏着哪些我们凭借经验可能感知不到的事实？包含着哪些我们复课复学之后需要抓好落实的重点问题？致力于应用信息技术实现大数据教育评价的第三方机构思来氏教育分享了许多有意思的发现。

晓黑板：与学校“合伙”信息化，共赢教育未来

我们本以为这是一个企业“开挂”般的神奇故事——疫情期间，仅用短短半个月时间，就将一款家校沟通软件，神速升级成为覆盖全教学场景的在线教育平台；在与阿里、腾讯等互联网头部企业的同台PK中，仅靠着700多位员工，实现全国用户数从3 000万猛增到4 000万，并占据上海地区“云课堂”七成份额。

但深入了解后，我们觉得，用“水到渠成”来形容晓黑板的成功更为合适，只不过疫情让“水流”的速度加快了许多。没有什么“魔法”或“神器”，靠的就是基础、产品和服务。说起来很简单，但扎实的基础、优质的产品和到位的服务绝非一日之功，其背后是多年来扎根教育的“耕耘”和思考，是运营团队与二三十万一线教师的紧密联系，是400多位培训师督导每天在全国各地跑学校，是晓客服24小时聆听与回应教师的心声，是产品、技术、运营三个部门联合集训“做攻略”……

晓黑板的故事没有那么神奇，却很精彩，而这还只是开始……

“完成不了可能就挂了”①

“学校不开学，老师不上课，家校沟通的频次将骤减，晓黑板会很危险。”一场突如其来的疫情让晓黑板陷入困境。创始人卜江认为，当时晓黑板面临的是一个关乎生死存亡的巨大挑战，“如果我们不能迅速地转变成一个覆盖全教

① 本文作者：《上海教育》记者徐星。

学场景的教育平台，那我们这个小公司可能就会被踢出这个市场”。

神速变身

大年初一，团队紧急召开视频会议，讨论的结果是：迅速升级平台，上线直播、课程发布、作业发布和讨论、课堂评价、教学内容五大模块，而且这些在平常日子里要用半年完成的工作量必须在最短的时间内赶出来，“完成不了可能就挂了”。

当然，这一决策不是异想天开，也绝非信口开河。“这些事情我们原本就计划要做的，前期也做了较充分的调研和策划，就剩研发了，本打算慢慢做的，疫情来了，只能加快速度赶出来。”晓黑板运营总监赵勇告诉记者。

生死关头，所有人都打起了十二分精神，每一分钟都恨不得能掰成几份，加班到凌晨三四点更是家常便饭，硬是用两周时间干完了半年的活，“把我们自己也给吓到了”。

“人都是被逼出来的。”卜江坦言，但如此高的执行力和效率也不是光靠着一股拼劲。凑巧的是，团队去年下半年在无锡进行了三次封闭式训练，现在回想起来，仿佛是给打这场硬仗做的演练。这一训练被称为“做攻略”——攻城略地，每次为期两周，技术、产品、研发三个部门的人员吃住都在一起，每天早上8点半起来跑步，然后领取任务单，共同围绕一个开发目标集中攻克。

疫情来临，需要紧急上线的五大模块就相当于五个攻略，需要三个部门的人员联合攻克。不能面对面交流，那就打电话或语音通话，最长的一个通话记录是连续100多个小时，相当于四天四夜之久。

在经历艰苦卓绝的奋战之后，晓黑板顺利实现华丽变身，疫情调查统计系统、内容发布系统、直播系统、同步课堂等产品悉数上线，在疫情期间免费开放使用，并形成覆盖课前、课中、课后的整体线上教学解决方案。

大获成功

3月2日，上海143.5万中小学学生正式开始在线教育。不少学校采用了“电视看课+教育平台互动”的模式。学生可通过晓黑板进入“空中课堂”，并可在晓黑板平台开展听课、作业、互动交流等活动。晓黑板还准备了“课前—课中—课后”相应的模板供教师进行选择使用。课前，教师通过晓黑板发送提醒通知；课中，教师可以直接借助“同步课堂”提供的免费优质课程，也可以用“直播系统”授课，或者在“内容发布”上传录播课，同时还能与学生实时互动讨论；课后，教师在晓黑板上为班级学生布置相关练习，或者开展主题讨论、活动，帮助学生巩固知识。

以“直播系统”功能为例，设计研发遵循学校教育教学场景和规律，实现了师生实时互动。比如，学生可以“举手”发言，教师也可关闭所有语音通话，确保学生注意听讲。课程结束后还能随时观看“视频回放”。

互动，是线上教学的一个难点、痛点。为此，晓黑板开发了“通知”“讨论”“习惯养成”等各项功能，帮助教师快速开展课前预习、课中答疑、课后练习等教学活动，保障学习效果。同时，晓黑板通过大数据调研，不断总结线上师生互动的规律和经验，为教师提供根据学生的学段、学科特点、教学要求来“订制”线上互动方式的建议。比如小学阶段，效果更好的互动方式是通过主题讨论、活动参与（比如，讲一讲你能为抗击疫情做点什么），通过组织有意思的学习活动和习惯养成（比如体育锻炼、眼保健操），来带动学生的学习生活。

此外，晓黑板还利用互联网平台优势，积极组织学生、家长参与公益活动，弘扬“战疫”正能量。疫情刚开始，晓黑板就发起“我为武汉送祝福”的活动，鼓励学生用书画的形式，写下对武汉的祝福，有1 500多位学生参加。在上海市教委指导下，上海市科技艺术教育中心主办的上海和武汉两地学生线上系列“战疫”活动中，晓黑板作为合作单位积极参与，活动历时一个多月，约有20万学生参与，全网总浏览量达到327万次。

这一场生死之战，晓黑板打赢了，而且赢得漂亮——全国用户数从3 000万猛增到4 000万，新增的学校用户达到500多所，全国总计2万多所学校。上海地区用户达1 500所学校、10万名教师和210万个家庭，平均每天有1 200所学校、7万名教师、110万个家庭在使用晓黑板。

复盘这场战斗，卜江认为胜利的原因不外乎基础、服务和产品这三个因素。一是基础，作为上海本土企业，上海地区熟悉晓黑板的学校很多。二是服务，晓黑板一直坚持“一校一培训”，在用两周时间实现神速变身后，又用半个月迅速对接全国2万多所学校，一校一场线上培训会，帮助每一位教师尽快上手。三是产品，这是最重要的因素，晓黑板的产品、功能方便好用，受到教师和家长的认可。

实际上，这三大成功因素共同指向了一个更为深层的原因——扎根教育土壤，密切联系基层学校和教师，努力让技术更懂教师、懂学校、懂教育。

“做学校信息化合伙人”①

作为上海晓信信息科技有限公司的核心产品，晓黑板这款App从诞生之日起，就将自己定位为“好老师的好工具”。如今成功升级，晓黑板的初心却依然，那就是“做学校信息化的合伙人”。

晓黑板CEO王琪解释说：“‘合伙人’意味着我们和学校不只是甲方、乙方的服务与被服务的关系，而是有着共同目标的利益共同体，这个共同目标就是让孩子健康成长。我们不只是提供现有方案，我们还要帮学校理清信息化建设方面的思路，再通过我们的产品和服务，去帮助学校满足这些需求。”

既然要做“合伙人”，就要想学校所想、急教师所急，成为学校和教师在

① 本文作者：《上海教育》记者徐倩。

技术方面的“眼睛”和“臂膀”。

紧贴需求

疫情之下，在短短两个星期内，完成了半年的研发量，为App增加了直播、录播、评价、作业等功能，从一个家校沟通工具扩容为一个覆盖所有教学场景的教学平台，晓黑板快速完成升级的背后，离不开多年深耕教育信息化及积累的大量用户的优势。

事实上，晓黑板在诞生之初，就把一线教师的诉求看作最重要的前提。团队花了一年多时间调查了400多位教师，收集了5万多条信息，在充分的交流和调研之上，才把这款App定位为公司的核心产品。

赵勇告诉记者这样一个故事。2018年中，在一次线下交流会上，几位语文教师提出希望：让孩子们在完成作业后，主动去读一读课文、看一看课外书籍，提升自己的阅读、朗读能力。晓黑板运营团队随即主动联系了全国各地使用晓黑板的语文教师，从幼儿园到高中，前前后后调研了一万多名教师和十万多名家长及学生。

从海量的教师和家长们的反馈中，团队总结提炼出大家普遍希望给孩子们发布一个周期性的“习惯养成”任务，利用每个月或者每个阶段来培养孩子们不同的好习惯。而在这个过程中，教师希望自己在这个周期内只需要发起一次“习惯养成”任务；家长希望在这个周期里可以记录下孩子每天的成长变化，并得到教师专业的指导；而孩子们则希望可以和班内的同学们一起参与、一起学习，一起寻找其中的乐趣。

深入了解到教师、家长和孩子们的需求后，晓黑板运营团队与产品、研发团队一起梳理探讨，从制订方案到线上线下调研，一次次推翻重来、优化方案，如此循环反复。经过了两个月的调研和研发，2018年9月，晓黑板的“习惯养成”功能正式上线，作为国内首个由教师发起、全班“一起参与”的习惯养成工具，得到教师、家长、学生的一致好评。

及时了解师生需求，并不断优化。疫情期间，晓黑板更是采取了多种方法与学校、师生、家长保持畅通有效的沟通。从2月14日开始，晓黑板就安排两个工作人员对同一所学校进行“一对一服务”，一个负责培训，一个提供技术支持，帮助学校解决使用晓黑板时遇到的任何问题，同时搜集优化建议或需求。据与长宁区天山第一小学对接，负责该校培训的工作人员汪奇介绍，在线学习期间，他们帮助教师解决了在线批改作业、在线家长会、线上升旗仪式等实实在在的问题。

在“一对一服务”之外，晓黑板的核心管理层每天晚上10点必定会连线，开“合伙人会议”，讨论用户这一天最急需解决的三个诉求；运营、产品、研发三大团队每周都会举办“焦点访谈”，各部门将师生的最大需求梳理整合，共同寻求解决办法；7*24小时的“晓客服”线上咨询服务更是为师生提供无限交流的平台……

“我们紧紧贴近一线师生，基于不断发展的教师真实案例和需求，快速开发适合在线教育的功能和模板，并以最快的速度分享给广大教师，同时将数据、案例反馈给教育主管部门。”在王琪看来，晓黑板正在为构建有效、满意度高的网络教育生态贡献自己的力量。

感同身受

晓黑板拥有大规模用户的关键一步，正是始终保持对教师和家长遇到的问题“感同身受”。

卜江自己就是一位家长，晓黑板的诞生正是源于他对家校联系方式的直观感受。“明明可以用简单的IT技术解决的家校联系问题，为啥一定要老师像24小时客服一样，逐个沟通？有这些时间，他可以用来备课、看书、教书，干嘛浪费在发通知上？而家长一天接收几十条信息，在‘爬楼’翻找有效信息上花的时间，也同样浪费得毫无意义。”

这种能够感同身受的共情力对晓黑板的发展来说，意义非凡。

首席技术官万俊峰近来一直在“作业”这一板块深挖，从1.0到8.0，已经前后做了好几期，好几个版本。为了搞清楚老师和学生在使用中到底会碰到哪些具体的问题，他和自己的团队成员尝试“身份置换”，让成员们模拟各年龄段的学生，每天写作业，做完作业之后及时上传，自己则模拟老师，给成员们批改作业。在这个“虚拟班级”中，团队成员们真正了解到师生遇到的各种问题，解决起来也更有针对性。

抓住细节不放手，万俊峰还曾为一个“作业截止时间”的小问题纠结了很久，刚开始默认让老师选一个时间点，然后家长手机上会接收到这样的提示——“距离作业截止时间还有x小时x分钟”。但当万俊峰把自己放在家长的身份上去感受这个提醒时，就发现了问题：“距离截止还有多少时间，这个说法太模糊了，还需要去推算什么时候截止，不方便。”于是将提示修改为“作业的截止时间是x月x号x点”，乍一看清楚多了，但再换位感受一下，还是不够直观，“一般人很难一下子反应过来今天是几号”，那就再改。最后这条提醒改为了“作业截止时间是今天x点”，既简洁又清晰、直观。

“让知识真正流动起来”①

成功挺过了疫情的考验，以后的路怎么走，教育信息化在未来又会迎来哪些机遇，是摆在晓黑板团队眼前的又一大挑战。对教育工作者而言，晓黑板对产品未来的展望与规划，或许能成为我们推动教育信息化发展可资借鉴的参考。

打磨产品

对疫情下的大规模在线教学，坊间盛传这样一个比喻——就像个“早产

① 本文作者：《上海教育》记者陈之腾。

儿”，在疫情催逼下被硬“生”出来了。它有一定的先天不足，却也不能再“塞”回去。所有教育技术企业乃至整个教育行业都在判断，疫情后哪些技术会被留下、哪些缺陷需要弥补。晓黑板也不例外，对于判断会留下的技术还要进一步完善，产品更要进一步打磨。

卜江认为，线上直播会部分留下。师生陆续返校后，面对面线下授课依然会是教与学的主要形式。然而，这并不代表线上直播会完全退出教育领域，一方面可继续用于教师培训，另一方面非常适合开展个别化小组辅导。教师可以针对班内个别几位学生的同一道错题，开一个小型直播间，一次性解决共性的知识盲点，而不用一个个学生分别辅导，效率大大提高。

“先学后教”的教学方式会得到很多的运用。过去，先学后教的“翻转课堂”一直没有得到大面积推广。这次疫情的“强推”下，能够让教师通过对比来选择，哪些知识点适合先教后学，哪些知识点适合先学后教。通过大数据的不断积累，技术也会不断为师生提供教与学的更优“解”。

作业的形式将更多元多样。经历疫情，越来越多的师生和家长意识到传统纸质作业的局限。通过信息技术，学生作业无论是图文、语音还是视频形式，都变得易于留存和数据化。晓黑板即将上线的“订正”功能，教师批改的学生错题能被人工智能识别、保存，形成个性化的错题本，一方面便于教师了解学情、及时反馈，另一方面也便于学生查漏补缺、夯实知识结构。同时，家长也能随时了解孩子的学习状况，在必要时进行干预。

此外，语音和视频作业越来越多。很多朗读、背诵课文的作业都采用语音的形式，绘画、做菜、运动的作业可以录制视频，把整个过程保留并展示。这种作业形式让平时不太敢在课堂上发言的孩子敢于“亮相”，也让教师看到更多孩子的闪光点。晓黑板正引入人工智能语音识别，能自动判断朗读者的表情、语音语调、连贯性等。

项目化作业也大量出现。项目化最重要的特点就是完整记录思考过程以及小组互动。这次疫情期间，大家发现在线环境下纸质作业效果不太好，互联网更适合项目化学习。

“这些形式的作业都可以被完整保存并数据化，学生学习的数据就被打开了，让教育者可以更深入地了解学生、更精准地帮助学生。”卜江表示，作业也正是晓黑板近期研发的一个重点。

此外，疫情后，校长们的观念和诉求也有了变化。王琪告诉记者，以前校长只是想请技术公司为学校解决某个点上的问题，而近期越来越多的校长提出，希望技术公司能为学校解决面上的系统问题。晓黑板此前已推出PLUS系列服务项目，为有特殊需求的学校提供个性化增值服务，比如聚焦过程性评价的卡片扫码“晓评价”，能够实现纪律、卫生、两操等一键打分的“班级考核”，以及为校务管理系统提供“校园云盘”“校园平台”“内容发布”等功能。针对校长们的新诉求，晓黑板目前正在研究如何将各模块打通，为学校提供系统解决方案。

绘制愿景

“互联网再往下发展，课堂会不会被颠覆？学校还会存在吗？”最近卜江经常被问到这样的问题。他认为，就像电子商务的发展远远超过人们当初的预期一样，教育未来的发展可能也会超出所有人的想象。当然，不管技术再先进，它都一定要遵循教育的本质，即教育最底层的逻辑。在卜江看来，教育的本质有三条：其一，人天生爱学习；其二，兴趣永远是最好的老师；其三，同伴学习能够激发最强大的学习动力。互联网改变一个行业往往从最底层的逻辑开始，改变教育行业也很可能从上述三个方面推进。

那方向是什么？“我目前的一个判断是‘让知识真正地流动起来’。”卜江感觉，教育现在的状态特别像没有电商之前的货品交易，厂家把产品卖给供销社，供销社再分销出去，这个过程中每个人个性化的小需求是不会被看到和满足的。但互联网来了，解决的第一个问题就是让最最细小的需求都可以与厂家直接对接，被个性化地满足。电商带来的另一大改变是，生产者、消费者可以是统一的，而且更多的是小的供应者，可以满足小众的兴趣爱好。

“其实这些完全可以和知识对标起来。”王琪补充说，现在为什么学生的负担会加重？并不是因为让他们去学不懂的东西，而是因为孩子在学校学的东西有部分没有很好掌握，父母可能会在校外再报一门课，孩子没掌握的可能只是一个章节，但校外要上一整门课程，浪费了大量的时间和精力。而互联网可以运用数据化工具把学生的学习状态更清楚地描绘出来，然后将学习者群体进行班级、学校等物理划分之外的重新划分，这种划分更多是基于兴趣和能力两个维度。再小众的知识需求都可以在互联网上找到供给者和学习同伴，形成无数颗粒化的学习共同体，让学习变得更高效、更个性化、更有动力。知识也就突破了班级、年级、学校、地区、国家等各种物理界限，层层打通，实现真正的流动。

这是晓黑板为互联网+教育绘制的未来愿景，也是为自身发展设置的长远目标。要实现这一愿景，学习者的数据是很关键的一个因素。“所以我们第一步要让技术工具变得更方便好用，让更多的用户愿意用，达到‘常态化的使用，伴随式的数据’，这样才能留下大量真实的数据，然后再去把数据‘打开’，带动知识供给者，让知识真正流动起来。”卜江说。

“未来在线教育的平台肯定不是我们现在看到的状态。”王琪认为，现在所有的互联网公司和技术公司能给学校提供的技术和平台，都只是一个初步阶段，还有很大的提升空间，但疫情让发展的速度加快了。

后续的精彩令人期待……

借助晓黑板平台，开展疫情期科学育儿指导[1]

因为新型冠状病毒的肆虐，幼儿园不能按时开学。孩子的一日活动空间变成了家庭，教师的教育指导对象转向了亲子，远程教育指导成为必然。

晓黑板信息平台为疫情期科学育儿指导提供了强大的技术支撑。我们借助晓黑板信息平台模块功能，积极探索疫情期的科学育儿指导。教师们利用各种网络平台与孩子们隔空相见、交流互动，与家长进行网上约谈，指导育儿，让疫情期的家园共育鲜活起来。

巧用“习惯养成”模块，让孩子们收获成长

我们借助“习惯养成”模块功能，开展丰富的小任务活动。比如基于调研中家长普遍反映的小班幼儿自理能力倒退的情况，我们发布了“独立进餐”“按时午睡”等以生活课程为主的小任务，助推小班孩子良好的生活习惯养成。又如围绕中班家长提出“幼儿居家生活中劳动和阅读参与度不高”的问题，中班的教师便及时发布“劳动小达人”“乐读绘本”小任务，提升了幼儿的参与兴趣。大班教师从幼儿的年龄特点出发，发布“每日新闻播报”“跳绳小达人”的活动，加强孩子在家的任务意识。每天的任务“打卡”，让孩子的居家生活更契合幼儿的发展需要，帮助孩子持续地有所收获，养成良好的生活、学习习惯。

善用“晓活动”，家园共育多姿多彩

幼儿园课程有别于小学。教师不以一节课为教学形式，也不以一次测试结

---

① 本文作者：上海市静安区常熟幼儿园李旭菁。

果为评价，而是以主题形式贯穿，内容形式多样，且一日皆课程。因此，如何站在幼儿发展的视角，传递科学的教育理念，提供丰富的教育资源，开展适宜的居家教育是疫情期亟待解决的问题。教师们运用“晓活动”模块，基于家长与幼儿的发展需求，开展各种线上活动。

疫情前期，父母是幼儿的主要陪伴者，唤醒家长的游戏陪伴力是宅家育儿的首要需求。因此，教师们发挥专业特长，筛选或亲自录制互动式亲子游戏、生活儿歌等，供亲子互动参考。家长与孩子边看边学，同时把自己参与模仿、参与活动的视频、照片上传后与同伴和教师分享。疫情后期，教师又站在儿童的视角，基于课程背景，开展疫情期科学育儿指导研究。根据季节、节日、幼儿兴趣点开展了形式多样的网络主题活动。活动来源有了依据，活动设计有了思考，活动层层推进。于是宅家的孩子在家长的支持下积极参与——“寻找春天”“为妈妈过三八节”“宅家运动达人秀”“了解周围的人”“幼小衔接系列活动”……多姿多彩的班级活动在不能见面的情况下如火如荼地展开，孩子们通过“班级活动”板块，分享了自己的作品、展示了自己新学的本领。教师同时对孩子上传的作品和视频给予指导性的评语，与家长协商进一步的科学育儿建议。

基于幼儿的发展需要，以课程为引领的“晓活动”的开展让宅家育儿更具科学性。

乐用“互动讨论”，协商开展共育

特殊时期的家长工作，“线上沟通”成为主要方式。家长对居家科学育儿问题有共性和个性的不同需求。教师通过晓黑板的线上“讨论”模块，梳理出具有共性的问题，如“幼儿作息紊乱怎么办”“祖辈带娃娃闹情绪”“幼升小需要做哪些准备”等展开了线上沙龙活动。活动中，既有教师给出的方法分享，也有家长和家长之间的互助分享；教师、家长之间形成相互学习、互动成长的共同体。针对个性问题，教师使用一对一的互动方式和家长进行沟通协商，共同制订教育方案。虽然不能面对面，但是借助晓黑板的功能开展基于家长需求的群体、个体互动，在这特殊时期让教师进一步提升了家园协作的能力，建立了更科学的育儿指导互动模式。

借助晓黑板平台，开展疫情期科学育儿指导的研究，转变了教师家园共育的理念，提升了教师科学育儿的能力，进而满足了家长居家科学育儿的需求，让幼儿居家也能获得全面与和谐的发展。相信随着研究的深入，我们的家园共育将让居家育儿更科学，让我们的孩子收获更多的欢乐与成长！

发挥晓黑板“教”“学”“研”的多场景作用①

在市教委及静安区教育局的文件指导下，常熟幼儿园围绕“特殊时期如何指导家长科学育儿”的研究主题，形成“保教部—教研组—班级”三级保教工作网络，将教研工作、家园互动、课程实施、资源分享等内容进行统整。通过晓黑板平台，发挥其“教”“学”“研”多角色、多场景的作用，在为家长提供育儿指导、服务的同时，提升教师专业能力。

协商“教”，关注家长需求，指导家长科学育儿

班级教师运用晓黑板的“调查”功能，了解幼儿家庭、家长目前的情况及需求，收集相关信息。教研组将收集的问题进行归纳梳理，挑选具有代表性的，通过晓黑板的“讨论”功能开展教研。围绕幼儿的年龄特点、家庭结构、家庭教育的误区、客观原因等进行问题分析，有针对性地形成对应策略，并分层施策。针对普遍共性问题，保教部设计主题内容，通过晓黑板整体推送，指导家长；针对部分群体问题，班级教师在晓黑板平台围绕一个主题，开设讨论

① 本文作者：上海市静安区常熟幼儿园陆英因。

区，分设不同讨论话题，定期开展活动，“我要上小学——云游校园”“孩子宅家缺乏运动怎么办”“宅家期间，长辈养育，孩子生活能力在逐渐减退”……同一平台，开放空间，家长、教师分享互助；针对个性化问题，班级教师则通过“私聊”功能，采用一对一跟踪指导、随问随答的方式给予家长专项指导。

协商“学”，从儿童视角出发，形成积极的师生、生生互动场景

疫情期间，幼儿园不可能像中小学那样上“网课”，但不代表教育不能继续。

了解到由于长期无法见面，孩子们想念同伴、想念老师，于是，教师结合小班主题活动“好朋友”，在晓黑板上开展主题互动，通过视频上传、语音发送、游戏互动等贴合小班年龄特点的活动形式，让幼儿体验不一样的“云见面”。

又如，孩子们向往的参观小学活动，因为疫情而搁浅了，大班教师给孩子们策划了一场“云游小学”的活动。教师通过视频，鼓励大班的孩子找找小学和幼儿园的不同，引发孩子和家长的共同思考，不仅让孩子慢慢走近小学生活，同时也引导家长将“幼小衔接”的工作重点从知识认知逐步拓展到心理和情感。

此外，当宅在家的孩子们开始练习跳绳，大班的孩子可以在晓黑板中分享讨论跳绳的经验，自发制订“跳绳打卡”任务。教师线上颁发奖状，激励孩子学习的热情。

随着春天临近，教师和孩子一起开展了“云端寻花之旅”。孩子们将各自找到的花，通过视频或是照片的形式在晓黑板上与同伴分享，教师穿针引线，推动孩子在活动中观察与思考。

充满智慧的教师，从儿童视角出发，巧妙地运用晓黑板各项功能，寻找贴合孩子年龄特点的板块，开展一场场生动有趣的互动，满足孩子当下需求，推动孩子的各项发展。

协商“研”，倾听教师的困惑，形成教师互助式学习模式

在晓黑板平台中，教师既承担着“教”的责任，同时也在体验着“学”的快乐。“云端”各种互动模式，对于教师来说是一种学习与成长。

多形式开展线上互动，拓展教师视野。我们定期在“云端”召开保教主任、教研组长网络沟通会，阶段教研活动、专项组活动。从孩子现状、家长需求出发，开展问题讨论，思考对应策略，递进螺旋式地研讨，提升大家的专业能力。互助分享的讨论形式，给了大家更广的视野。

基于问题设置学习专栏，推进经验分享。一场场的研讨，也是我们倾听教师困惑与需求的主阵地。一些来自一线教师的真问题，也引发了我们进一步的思考。从研讨到实践是有距离的，实际操作者不仅需要理论的学习与提升，更需要的是具体的操作方法，特别是青年教师这个群体。

基于教师的需求，“研思采撷”这个板块在晓黑板中应运而生。利用晓黑板的这一功能，我们将教师们在晓黑板班级群中形成的优秀家园互动案例，直接转发到晓黑板教师群，让全园的教师能够更直观地学习，将理论与实践进行有机的融合。

线上课堂有“新”得[①]

疫情之下，直播课进行已3个月有余，线上教研、线上备课已成常态。我从刚刚化身“主播”时的不安，到现在适应技术、探索网络教学模式、在线答疑解惑，逐渐在家也能“宅”出教育新智慧。

---

① 本文作者：上海市普陀区武宁路小学张婷婷。

形式新——1+36的热闹

早晨8:50，打开晓黑板，点击进入昨夜提前设置好的直播间，“同学们早上好！”“老师早！”讨论区打过招呼，同步观看“空中课堂”后，线上直播课就开始了。

“这一单元我们学习了现代诗，同学们在晓黑板‘习惯养成’上已经坚持阅读了一段时间，这节直播课让我们一起来交流。”看着屏幕上的大数据整理后的最受欢迎的书籍TOP10，讨论群里炸开了锅：“世界以痛吻我，我要回报以歌，这是泰戈尔《飞鸟集》中的名句。”“针对这次疫情，我有感而发，自创小诗一首，请同学们一起赏析。”

虽隔着屏幕，但线上课堂不再是老师一个人的精彩，而是全班36个孩子的舞台，丰富多彩的互动形式让每个孩子都有了展现自己的机会，收获了关注和共鸣。

评价新——以人为镜中的进步

随着技术的不断升级改进，“作业”功能上线后收获了一片赞誉。“通过”“需订正”功能键，大大提升作业批改的效率。最让人惊喜的，莫过于“作业”功能带来的镜子效应。

设置“作业成果可见”后，学生们可以在页面中看到全班所有同学的作业。每次布置抄写作业，我都会把书写端正、卷面整洁的学生作业设为优秀，这些展示作业的下方总能收获一波爱心点赞。作业一旦可见，就像一面镜子，照出了每个人的高矮胖瘦。优秀的学生努力守住榜样宝座，而点赞的学生也在默默较劲，想要得到肯定。这段时间，我发现越来越多的学生书写有了进步，订正质量有了提高。

教法新——有效“对症下药”

“老师，练习卷中第五道题，我和我妈妈的意见不一样，我想问问你到底谁对？”“老师，刚刚‘空中课堂’老师讲的那个问题我没听明白，您能再讲一遍吗？”在线上教学中，我发现学生们善于使用各种在线功能，变得敢提问、懂提问、会提问了。

“以上内容没弄懂的请回复1”，遇到课中提问，我会及时询问学生并同步在课内解决；作业完成中共性的问题定好时间，开个“晓讨论”，录制视频直接讲解，不懂的可以留言；个性问题通过“私聊”“对症下药”。课堂上有人提问不难，难的是人人都能参与，都能“问题”不断。课后私信、课中讨论区、作业区中，提问不再受到空间、时间的限制。想问不敢问、提问是少数人的权利的情况更不复存在，教师能从各种各样的问题中及时发现问题，看到学生在学习过程中的思考，在答疑中解决问题，并创造了一对一的学习机会。比起传统课堂“一锅端”，线上教学个性化的优势得以体现。

沟通新——反馈中的“精、准、快”

“**家长，最近三次作业，您家孩子都是在规定时间外提交的，请家长及时了解情况，并与我联络。”“这两日上课，孩子一次也没有点击发言按钮，请家长了解孩子上课情况。”

线上学习期间，无论是对居家办公的家长，还是对已经复工只能远程监督孩子学习的家长来说，在没有教师监督和缺乏校园学习氛围的情况下，学生由于长期养成的学习习惯和自我管理能力的不同，会暴露出各种学习状态和学习适应的问题。通过晓黑板“私聊”和“在线直接拨打电话”功能，我和家长的沟通频率反而更高了。虽然没有和学生面对面，但通过上传作业、直播签到、按键发言、二次订正等线上操作，教师更能聚焦线上课堂中学生表现出的注意力不集中、作业效率不高等问题和习惯，并把这些现象及时告知家长。

有了信息技术的硬件支持，才有了线上教学的万紫千红。我们的教育生态在疫情期间发生着深刻的变化，对教师而言，需要不断思考并进步、不断适应并成长。未来已来，我们时刻准备着。

“云”中体验真校园①

“开学不返校，在家不停课”，疫情期间，学校课堂从线下转到线上，为让学生能在家开展正常学习，我校积极组织教师运用各种平台工具，在“云端”与学生互动、与家长沟通，线上教学有序进行。

学校策略：云课堂以学为重

在“停课不停学”的理念下，学校成立专项工作领导小组，以“优化资源、科学整合”为总体思路，围绕“以学为重”的指导思想，凝聚包括班主任、学科教师、家长、学生在内的力量，成立同一班级云学习联盟。以“空中课堂”和本校教师的双师模式，使用晓黑板学习平台，在保证教师与学生个性化的互动交流的前提下，要求教师学好每一节“空中课堂”，上好每一堂互动直播课。

学校要求班主任和任课教师共同承担起相应的日常管理责任，在线进行每日签到点名，并通过晓黑板及时掌握学生的听课学习情况以及作业、练习等反馈情况，做好各种课后的质量落实保障，对基础知识、重难点进行梳理讲解，特别是要高度关注学困生的学习情况，做好个性化答疑和辅导。

教师行动：云教研提升品质

为了让线上教学能够有序高效进行，武小全体教师参加了5天市级培训，

---

① 本文作者：上海市普陀区武宁路小学孙纳新。

3场校级培训。其中，在直播课堂培训中，我们聚焦晓黑板直播功能，聆听技术讲解。晓黑板的培训师就各功能如何使用向教师们作了说明，并在“晓讨论”中第一次模拟作业批改功能，请教师尝试在线上进行批改作业，并发送回复。从一开始的不适应到教龄30年的老教师也能熟练操作，100余名教师人人参与，为3月2日“空中课堂”正式开播提供了保障。

“你们有没有发生过点击学生话筒没有声音的情况？”“批改作业时的修改痕迹不见了怎么办？”刚使用晓黑板的教师们还不太熟悉，一下课就在群里讨论上课时遇到的问题。晚上20:00，群里收到了一位教师发来的消息：“刚刚提前听了明天的‘空中课堂’，明天的PPT我又改了一稿，大家看看行不行？”教师们就是这么马不停蹄地打磨线上教学。

“各位老师，微课视频可以通过晓黑板的‘内容发布’功能来进行。具体操作如下……”“意见已反馈，作业问题已修复完毕，老师今天们可以继续批改作业啦。”学校特意邀请晓黑板相关人员进入校园微信群，教师们都会把自己在技术使用中遇到的问题及使用后的感受及时告知，公司后续作出改进，为教师的线上教学保驾护航。

学生体验：云活动自主互动

在20分钟的互动课堂中，教师为避免学生感到学习疲劳和用眼过度，更加注重图文并茂、音频与视频结合、听觉与视觉协同。一方面采取“空中课堂”学习和直播课堂相结合的形式，学生可以反复观看，解决重难点。另一方面，“晓讨论”和线上答疑相结合，在学生自主学习基础上，教师有针对性地点拨、答疑、解惑，以有效提高线上教学效率。

“虽然疫情期间不能与孩子们相约舞蹈房，可孩子们这时更需要艺术的陪伴。”“主流媒体不间断滚动播报着疫情信息——封城、隔离、救治，孩子们接收到了什么信息？”“有些学生的家长是抗疫英雄，如何走进他们心里，和他们主动交朋友？”……秉着这些初心，学校每周都会利用午间闲暇时间，在晓黑板上发布“艺术”“新闻”“心理”拓展课的相关内容，希望学生快乐学习、心理健康，关心国家大事。

“空中课堂”开播至今，学校线上教学正有条不紊地开展着。这场“云”端的相守，我校全体教师用实际行动展现了应有的责任与担当，用爱和真诚与家长们共同助力孩子的成长。

随着疫情趋于平稳，复学工作展开，学生陆续回到自己所熟悉的校园。此次线上课堂让教师在信息技术上有了长足的进步，也使学校对未来教育的方向有了一些新的启示：如何把线上教育优势融合到线下，顺应趋势又不失灵活，尝试探索一种新的教育模式，是我们要思考的。

特殊时期开展在线教学的收获①

2020年的春季学期，我和我的学生们一起，度过了一段依托网络开展教学的特殊时光。

在开始正式的授课之前，我最担心的几个问题是：失去了实体课堂的真实感和现场感，改变了面对面的交流模式，会不会对教师在教学过程中的主体地位产生影响？会不会出现学生“掌控盲区”？课堂作业和练习等实体材料变为虚体的前提下，如何检验课堂授课效果反馈的有效性？不在学校这样的一个特定的教学环境中，会不会造成教师、学生和家长之间在沟通层面的不顺畅？

依托于晓黑板实施在线教学的这段特殊时光告一段落，我对这几个问题也已经有了答案。

其一，传统课堂的信息传达，无论是知识层面还是管理层面，都是以教师为主体在进行，这样的模式，我们可视为以教师为中心的辐射式传播。但在在

① 本文作者：上海市格致初级中学马琳。

线教学中，个体之间的层级关系往往会显得十分模糊，学生在教学过程中的参与度是个很难掌控的问题。在这一点上，晓黑板的“星状传播结构”，既保证了教师在教学过程中的主体地位，又能够较好地平衡学生（和家长）的参与度。

3月2日以来，我一直使用晓黑板直播课堂开展在线授课。课前，我通常会使用晓黑板的“讨论”或“通知”功能提前一天布置相关学习任务，学生按照学习单的要求完成第二天学习的准备工作。例如上《〈诗经〉二首》前，我要求学生在讨论区上传课文和注释的朗读录音，通过检查每一个学生的朗读，鼓励正确，及时纠错，不仅保证了每个学生的学习参与度，也使得每个学生都能第一时间得到老师的评价。要知道，这样的预习检查在平时是很难做到的。

还应该提到的是，晓黑板很多板块的设置中都有可以自由选择“相互可见”或“相互不可见”的功能，这为保护和尊重学生的积极性和自尊心、自信心都提供了非常有效的保障。在这一点上，甚至比线下教学还略胜一筹。我想，这也是在回归传统课堂之后，仍可以保留在教学环节中的一种模式。

其二，书面作业是检查教学效果的必要环节。线上教学初期，教师们苦于没有布置和批改作业的“趁手利器”，很多作业都是在微信群里艰难完成批阅和订正的。幸好，晓黑板根据用户反馈，及时上线了“作业”功能，我便借此开展了及时有效的课堂反馈。比如：《桃花源记》的课堂学习内容结束后，我要求学生合上书，拿出默写本，做好小练习的准备。我则在“作业”板块发布课堂练习卷，并设置好合理的完成时间，布置学生完成后拍照上传。我的批改工作除了是在屏幕上完成以外，其他与线下基本一致。使用各种功能按钮，能很便捷地将批改结果分为“需订正”“通过”和“优秀”三类。学生还可以根据我的评论进行更高效的订正。在这样的特殊时期，这样的功能可以说是高度还原了线下教学过程。

除了实施课堂反馈外，我还利用“作业”板块布置课堂笔记、练习册、作文等内容的检查，借助“习惯养成”板块进行“非常九宫格日记”和名著阅读的打卡活动，使用“讨论”板块开展围绕社会热点的口语交际和读后感交流评选等语文教学活动，努力使“空中课堂”也能成为丰富充实学生语文学习的舞台。

其三，集中教学的另外一个特点是，在相对固定的时间和空间里，教师对学生的学习过程可以有效实施督导。在特殊时期，家庭变为了教学的“分课堂”，家长的参与和支持就成了教学过程中必不可少的一环。晓黑板的“账号共享”功能，让不同的设备可以同时登录，使家长的参与度提高，对课堂授课状态和学生对授课内容的掌握程度，也能有实时的了解和反馈。同时，教师能借用该平台，组织家长开展有效的家庭教育指导。我曾经利用“讨论”板块开过一次“空中家长会”。家长们围绕线上教学带来的家庭教育难题，在交流中畅所欲言，对共性问题提出了各自的解决办法，达到了互通启发的目的。更令人感动的是，教师们的努力付出得到了家长们的一致肯定。

如今，我已经回到了熟悉的课堂，与和我一起度过这段特殊时期的孩子们重新相聚。在2020年这个不寻常的春天里，我们共同努力、不负光阴的日子，也将永远在我们的记忆里留存。

以教育智慧探索线上教育新生态①

未来已来，你准备好了吗？慌乱，是因为我们不熟悉线上教育，未知让我们缺乏自信。勇气，是无论有没有准备好，作为教师，必须先踏出一步，探索办好线上教育的路径。从容，是我们在一次次失败和成功中，坚定地踏出了自己的道路，去迎接未来。

这是2020年特殊时期，上海市格致初级中学全体教师踏入“空中课堂”线上教育的三部曲。

① 本文作者：上海市格致初级中学王珏。

应对慌乱，提前、再提前

格致初级中学从2016年开始应用晓黑板App开展“家校管理”工作。围绕着家校沟通、发布通知、养成教育等模块，在班主任管理下，组建由班主任、任课教师、家长组成的班级，形成了良好的家校沟通状态。在此基础上，我们思考以晓黑板App为平台，提前进入线上教学的尝试，为后期的“空中课堂”在线教学做好充分的准备。我们的观点是，当全体教师全部进入线上教学，唯有提前准备，才能累积经验，找到解决问题的办法。

2月4日，格致初级中学组建了一个试点班教师团队，开始了第一次的讨论。5日，教师们学习了晓黑板云端解决方案。8日，晓黑板直播功能上线。9日，教师团队进行了首个内测版本培训。16日，教师团队开展第一次直播授课试运行。

第一节试运行课，容纳了十人教师团队、晓黑板技术团队、40位学生和近百位家长。虽然上课期间出现了黑屏、观看区域小等问题，但反馈非常不错，所有课堂参与者都十分激动。我们突然发现，技术让我们近在咫尺。

在上海中小学启动在线教育“空中课堂”之前，全体格致初级中学教师不仅完成了市级教师培训、两次在线教育试运行等工作，而且全覆盖开展直播授课培训，通过晓黑板App开展了寒假延长期的班会、作业辅导、居家体育锻炼指导、艺术教育、心理辅导等项目，让学生的成长没有暂停键。

此时，我们不再慌乱。

探索路径，合作、再合作

疫情期间，学校与家庭借助技术平台形成学生教育的协同创新团队。学生对疫情的认识，对生命的敬畏，对责任的理解，需要家校教育正确指导。学校通过微信公众号推出了50期信息，有防疫知识、作业指导、探索科创、自主学习、心理教育等板块，丰富了学生漫长的居家学习生活。家长提供的眼部放松操、亲子游戏、亲子篮球操等，颇受学生欢迎，也融洽了宅家生活的亲子关系。

学校与平台组建了线上教育的协同创新团队。研发、试用，改进、运行，每一次的推进动力就是能让教师开展班级管理更加便捷，发挥大数据的功能解放教师的时间，如作业批改功能、订正功能、学生考勤、疫情调查等。平台的更新和优化，真正受益者是学生，他们可以更方便、流畅、清晰地开展线上自主学习，比如讨论区的免干扰功能、习惯养成、订正功能、晓成长等。

学校在内部除了形成课程与教学、年级组、教研组、备课组等常规的合作团队，还组成了“晓运动”“晓明课堂”“少先队微队课”“晓明社开放课堂”等协同创新团队。平台的建立、更新、优化，提升其内涵的关键是学校线上教育的课程。我们清楚地意识到，关注学生真实学习，发挥集体智慧，不断优化和改进我们的课程，这最有意义。

共屏助教，优化、再优化

生物杨老师依托晓黑板的互动功能一对一辅导，让学生发现生活中的知识，让实验真实存在，她说：“生物观察探究作业让学生有更多的机会去观察身边的生物，如观察身边的植物，按照线上教学微型视屏，学生逐步解剖花的结构特征。”在平台上，在实验中，互动体验激发了学生的学习兴趣和学习动力。有些学生还通过晓黑板成为老师的“助教”。

体育课的动作示范、运动强度如何在线上实现？体育教师们联手各班的体育委员建立健身小组，在“晓讨论”上共同管理班级学习，共同探讨学习效果；设立健身资讯站随时指导学生居家锻炼；开放健身展示区，共同分享锻炼成果。多样的互动形式让体育的课堂在居家防疫期间同样精彩。有家长说：“自从这一改革后，学生运动再也不偷懒了。”

“晓成长”中近70节共享课程，“心理云”、少先队微课、格初健身操、健康防疫知识、艺术鉴赏等，分学段、分项目、多样化的课程让学生可以自由选择。

“晓讨论”中的微课资源包，让教师从一遍遍重复性的讲解中解放出来，让学生针对知识的漏洞自主学习，查缺补漏。

我们发现，在不断使用和推进下，晓黑板App已成为这个特殊时期的线上教育的“助教”。在这个平台上，教育智慧作品不断累积，教育智慧过程不断优化，打造了时时可学、处处可学、人人可学的空间，让教育迈向促进学习和发展共同体的新生态。

从慌乱到从容，格致初级中学教师在一次次实践中落实“空中课堂”教学五环节，协力研发“五育并举”的线上教育。

钉钉：科技让教育更加温暖①

近年来移动互联网技术飞速发展，但很多学校甚至整个教育行业并没有享受到这些技术的进步，在信息化的浪潮中，学校数字化转型是大势所趋。在数字经济时代，钉钉作为一家技术驱动的公司，我们希望利用最先进的技术来解决教育行业所面临的各种问题。不仅仅是让学校管理、教学教研、家校沟通、学生成长记录更简单，更重要的是通过科技让教育更加温暖。

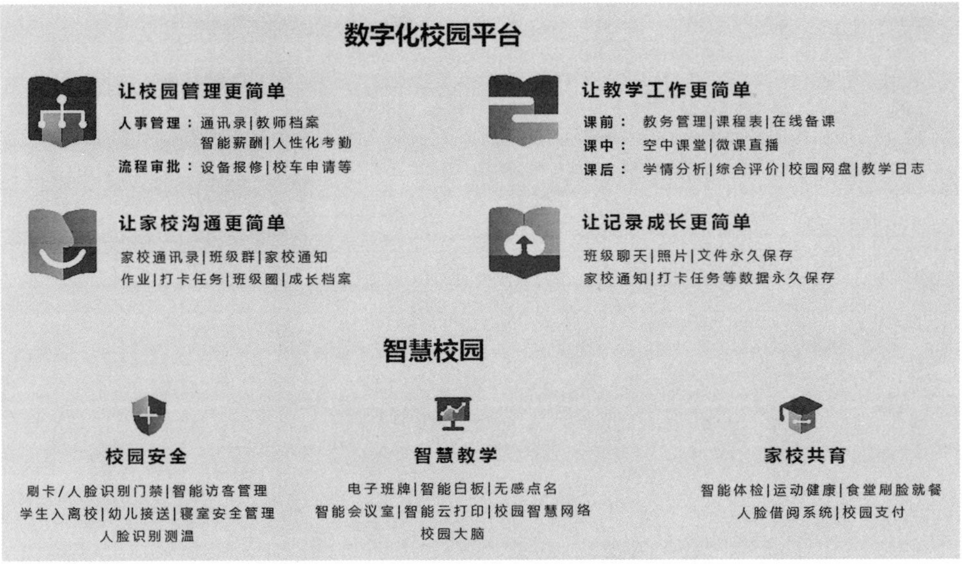

图1 钉钉未来校园

① 本文作者：钉钉教育。

钉钉致力于帮助学校打造幸福的师生成长环境，通过技术手段帮助教师从事务性工作回归到教育教学工作，有更多精力关注学生个性化成长；通过共创与共享，将优秀校园管理体制与优秀教育者思维，不断注入钉钉未来校园方案，反哺校园，使技术力量与教育实践无缝交融，推动校园信息化普惠建设。目前全国有14万所学校、290万个班级在钉钉开课，覆盖全国30多个省份的1.2亿名学生，全国350万名教师在用钉钉。

“停课不停学”钉钉在线教学方案

钉钉是全国首个通过教育部备案认证的平台级移动App，为响应这场全国最大规模的“停课不停学”活动，阿里巴巴钉钉第一时间发起“在家上课”计划，提供了在线课堂、群直播互动、视频会议等形式的直播功能，并结合上课签到、家校本、在线考试阅卷和云课堂等功能，疫情期间全国大中小学均可免费使用，帮助各地落地“停课不停学”。

3月2日，在上海市教委的统一部署安排下，全市中小学的直播网课顺利开始，钉钉是上海市教委推荐的网课直播教学互动平台之一，上海的师生可以在钉钉平台上进行直播互动。教师只要一部手机或一台电脑便可直接发起直播，学生可以通过连麦的方式与教师对话互动，钉钉直播视频还支持导出和回放，方便学生反复观看和复习。除直播互动之外，钉钉还为学校提供了更多的在线教学应用场景。

（一）区域/校园公开课

这是可精准、及时地面向区域教职工和广大的学生群体开展的线上公开课（大课堂），例如重点学科/专题辅导、安全教育和宣传等场景，这类场景的核心特点是大规模、高并发，需要精准通知每个人，确保100%触达，观看方便，手机端随时查看，可统计，精确了解每所学校、每个班级的观看情况。

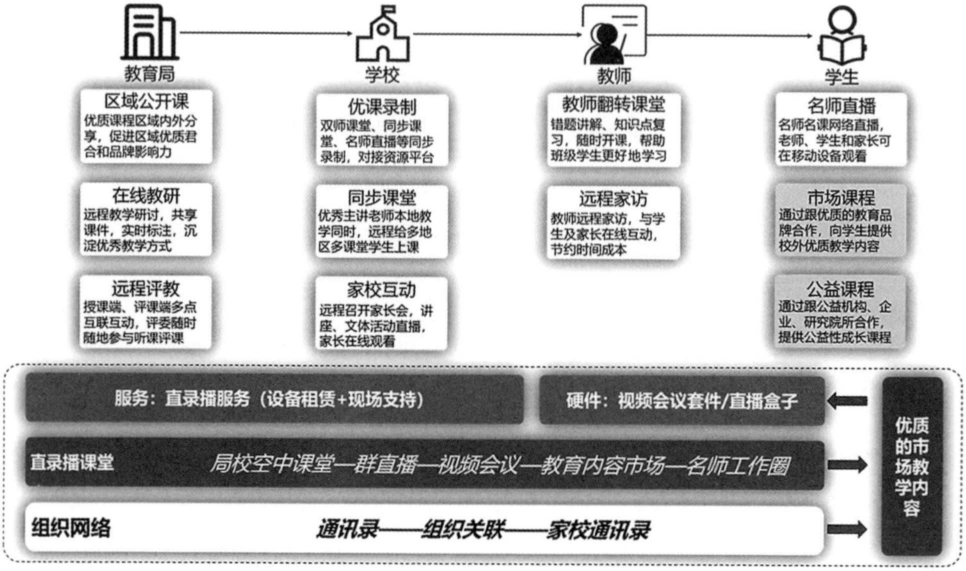

图2　钉钉在线教学应用场景

作为公开课，其教学特点是教师在家用电脑就能进行线上授课，不需要配置专业的设备，使用手机/平板也能进行授课，课程可以通过钉钉推送到对应的年级、班级、学校，实现精准触达。学生收到课程通知后，可以按时学习，并可以以班级为单位统计在线观看人数、观看时长。所有区域的公开课、精品课、校内公开课可沉淀在一个入口，便于查找，对于辅助教师教学工作更为方便。区域/校园公开课可以生成公开直播链接，不下载钉钉也能看。

（二）小班常态化教学

小班常态化教学支撑以班级为单位的常态化教学工作的开展，确保能够正常开展学校的教学活动。小班常态化教学的特点有以下几个方面：

（1）操作简单，班级群内可以直接发起。

（2）多窗口模式，课件、视频、画板等丰富的教具可自由组合。

（3）支持专业的播放/互动模式，支持桌面、窗口分享，确保课程快速开展。

（4）录制模式便于学生复习。课程录制模式便于将课程内容沉淀，便于后续持续学习。

（5）PC/移动端同步切换：支持PC端和移动端录制随时切换，更好地实现综合课程回放，各科教师的教学内容都会沉淀在班级群中，便于班级学生进行回顾。

（6）支持多端查看，包括Windows/Mac、电脑客户端、IOS/Android平板、手机App等。

（三）支持课前备课、课中互动、课后测评全过程的线上教学实践

钉钉支持课前在线备课、远程教研协同、课后融合管测评，每节课程有数据，有反馈。

课前支持在线备课空中教研，构建校本课件库，积累优质资源。可根据课标知识点，提供智能备课工具、线上教研知识库，实现远程教研备课，可针对不同的教学策略，智能生成一份高质量的教学课件和配套教学设计。支持教师对生成的课件进行编辑。公式、拼音轻松输入，绘图、动态课件轻松搞定。

可以在线搭建教研库，支持名师空间，实现远程协同教研和优质课程资源互融互通。基于教研组的知识管理和名师空间，可以沉淀优质教学资源和课程，可以有效避免知识碎片化和知识孤岛化，让知识在教研组之间能自由流动，产生更大价值。这种模式可以让优质的资源在学校内乃至区域内生根发芽，优化资源供给。

课后融合管评测：结合作业、测评、学习打卡等工具实现学生的学习闭环，确保学生的学习结果。钉钉支持各个学科的作业布置与线上教学配合，确保学习结果；学生可线上反馈作业结果，教师在线评价阅卷；以学生为维度进行统计，查看全班作业完成情况；考核测评—阶段成果可评估。

学校应用钉钉开展在线教学的案例

案例1　闸北八中：整合多种资源，优化线上教学

闸北八中自2012年起就已启动基于移动终端的新技术应用及资源建设实践研究，至2015年实现全校1 000余名学生自带终端进行学习，目前已实现学校全学科、全年级、全员的常态化应用。

2020年春天，面对突如其来的疫情，学校紧急响应，制订推进策略，以钉钉作为管理、线上直播教学和家校互动的平台，以尚学数字化平台作为教学平台，有效地保障了"停课不停学"的在线教学与线上管理的实施。

疫情期间，闸北八中两个月的在线学习数据统计如下：视频导学学习19 297次、同步练习468 924次、数学四则运算专项练习43 763次、英语默单词专项练习898 913次、答题卡（作业）23 161次、作业辅导9 973次。

1. 闸北八中在线教学的主要做法

由校长室牵头，通过组织线上研讨，制订学校在线教学推进方案；在推进过程中不断梳理总结各学科在线教学流程，形成基本范式，对教师进行进一步指导；不断总结在线教学的各类问题，制订对策，为教师提供精准支持。

（1）线上研讨，确定学校推进方案。疫情突如其来，学校紧急响应，自2月1日起即开始由校长室牵头，信息中心、教学处多次线上共同研讨，确立闸北八中"云端教学"的总体思路、推进策略与管理机制，形成闸北八中"云开学"线上办公和教学辅导方案。

总体思路：基于市教委的"空中课堂"直播课方案，结合学校校本平台与资源基础，在预习、作业与辅导等环节推进因类分层到个别化教学的应用，为学校后续探索基于数据的大规模因材施教实践路径奠定基础。

推进策略：一是整合网络资源和校本资源，引导学生自主学习；二是以

“空中课堂”为基础，结合校本资源（学程包、微视频等），进行新知强化；三是作业布置，适量分层；四是作业辅导，注重个别化，提高针对性。

管理机制：明确实施方案、时间节点与责任人，依托学校原有组织架构，充分利用钉钉实现从线下教学的常规管理到线上教学过程常规管理的转变。

（2）梳理总结学科线上教学流程，推动交流。从学科特点出发，以课前预习、课中互动、课后作业发布与批改、作业辅导与订正四个方面为主线，通过比对传统教学遇到的难点和问题，梳理各学科教学流程，基于数据的反馈推进因类分层、个性化的教学。

学校在钉钉上成立“云开学共享中心”，面向全体教师征集线上教学的“金点子”，促进教师经验的交流分享。

（3）总结问题，制订对策。针对推进过程中的问题，及时汇总、梳理，制订解决对策，包含教师问题、学生问题、技术问题等多方面。

2. 闸北八中在线教学成效

多年信息化实践积累及疫情的“催化”，进一步促进了学校教学、管理和评价的变革，取得了显著成效。其一，基于疫情期间全校教师的共同参与，更新充实了学校校本资源，包括短视频、学程包、题库、拓展学习材料等多种类型。其二，基于全员线上教学，在不断实践和问题解决中，提升了师生信息化素养。其三，有效促进了教师数字化学习能力，尤其是分析数据、应用数据组织教学的能力。其四，推动了学校由因类分层、个性化教学落实因材施教的教学改革。其五，增强了学校运用数据提升管理的能力。

3. 闸北八中对下一步工作的思考

闸北八中将以上海市教育信息化应用标杆培育校和教育部科技司“2019年度教育信息化教学应用实践共同体”项目为契机，推进自适应学习系统的建设与应用实践。核心是以下三个关键方面：

（1）推进因类分层、个别化教学的实践，不断提升教师基于数据因材施教的能力。通过因类分层、个性化教学落实因材施教，需要在单一纸质测试基础上改变因类分层的理念和方式。闸北八中计划联合兄弟学校一起，围绕影响学生学习效能的主要因素，从多方面、多维度因素（知识内容、学习习惯、能力水平、认知方式、学习兴趣、学习特点等）制订分类分层标准，并与尚学公司合作基于新的分层标准开发工具，以支撑教师进行因类分层、个别化教学实践。

（2）根据课前、课中、课后的教学流程，持续推进五类资源的建设。一是把统一的纸质学案转化成多样化的数字学案和短视频资源；二是针对学生的测验和练习开发题库资源；三是把单向的演示、展示型课件转化成结构化的App（学程包）；四是针对学生的数字化阅读引进和开发数字图书资源；五是针对学生研究性学习和实践性学习开发主题素材资源等。

在资源建设策略上，将结合学情，优先加强前三类资源的建设，逐步拓展到五类资源的建设，实现教学内容的重组、教学流程与评价的再造，提高教与学的效益和品质。

（3）通过迭代优化，不断提升校本平台的智能化水平。将通过三个方面来推进：一是在现有平台基础上实现应用的结构化整合，支持教师构建不同的学习路径；二是开发数据分析功能，支持教师通过数据分析，判别不同学生情况，以推送不同的学习路径和资源，包括给管理者提供相应的数据以供决策；三是构建知识图谱、模型与算法，开发自适应学习功能，实现学生数据的自动分析、路径与资源的自动匹配，以增强学习平台的智能水平，支持学校提高教与学的效益。

案例2 复旦万科实验学校：数据支撑精准施教和个性化辅导

国家教育部、市、区层面提出“停课不停学”线上教学方案后，学校第一时间成立了“停课不停学”线上教学实施响应小组，并由校长担任组长。立足学校现状，结合多年实施“电子书包”项目的经验，对当前部分线上教学实施平台做了优势和劣势分析，并确定学校“停课不停学”线上教学实施方案，可简单概括为“空中课堂”+钉钉平台在线课堂互动（希沃H5辅助教学）+钉钉家校本（在线批改、反馈）+“一起作业”。

1. 课堂互动高效化

对于一线教师而言，线上教学是授课形式的重大转变，最主要的是面对面生生互动的线下授课骤然转变为人机互动的线上授课，授课形式的转变带来了授课模式的调整，“空中课堂”、钉钉平台课堂互动如何无缝对接，如何有效融合？线上互动如何达成生动、高效？这诸多的问题成为萦绕教师脑海，亟须解决的问题。为此，学校以教研组为单位，通过团队协作、年级统一的方式，一个个地攻克难题。针对“空中课堂”与“钉钉在线互动平台”如何有效融合的问题，教师每天先行自学第二天“空中课堂”的授课内容，进行了认真的研习与记录，并在年级备课组进行讨论和落实，真正做到一课一方案，课课重落实，互动效率高，学习效果优。在克服线上教学劣势的情况下，一定程度地彰显了线上教学的优势。

2. 课后交流及时、个性化

在以往线下授课的进程中，作业完成情况基本都是隔天反馈，而且作业反馈的方式以点、面结合为主（个人反馈与全班反馈相结合）。而现在线上授课使得课后反馈变得更加便捷、及时、有针对性，做到了当天授课、当天作业反馈（反馈都是一对一进行，个性化学习指导鲜明，学生学习效果显著）、当天完成作业订正（确保不带着疑惑进入第二天的课堂）。与此同时，家校互动更加及时、透明，家长对学生的学习状况更加明晰，便于家校形成教育合力，助力学生进步、成长。

3. 个性学习自主化

学生学习状况的个性化差异是客观存在的，用统一的授课内容和进度面对和要求不同状况、不同需求的学生，显然存在一定程度的不足和缺陷，所以“因材施教”是教育教学一直以来的话题。在线教学可在一定程度上满足学生学习的个性化需求。比如，“慢热型”的学生可以通过观看直播回放满足自己的需求，“缺课”的学生也可以通过观看直播回放弥补自己的学习空缺。与此同时，在线学习方式为学生搭建了自主交流、分享的空间，有助于教师建设班级学习空间，满足班级不同层次学生的学习需求。

4. 数据反馈实证化

在线教学以来，教师们第一次全面感受到了数据时代引领高效教学的优势。通过钉钉平台的信息查看数据，可以及时掌握人员查阅信息的动态，采取“ding”功能可以把工作布置或信息交流做到“使命必达”；通过钉钉家校本可以留存学生学习的轨迹，记录学生学习的文本材料，方便学生日后进行查漏补缺和复习；通过直播课后的听课数据可以掌握学生听课的时间，指导学生完成全过程学习，利用直播回看数据，可以指导不同层次的学生切实开展个性化学习。

图3 复旦万科实验学校在线教学实践

在线教学行将致远

超大规模在线教学给中国教育变革搭建了新起点。如何基于疫情期间全面线上教学的经验，继续探索线上线下教学融合的新模式，是后疫情时代学校教育教学改革的任务之一。

可以肯定一点：在此轮在线教学实施过程中，教师和学生的信息技术素养得到了一次飞跃式的提升。疫情之下，我们得以正确认识线上教学的优劣，现在，线上线下混合教学开始成为教师教学自觉运用的策略。只有积极面对，扬长避短，善思善行，方能行将致远。

同时我们更必须提高认知，不断充实自我：后疫情时期，线上教学将会成为线下教学的有力补充，线上教学、线上互动、线上交流、线上协作办公将成为新常态。这次线上教学的大规模实施，将会有效推动教育教学模式的变革与创新，推进以学生为中心的个性化学习、精准施教。开放、互联、个性、多元的教育环境将悄然形成、如约而至。数据时代下的教育，将会变得更加科学、高效！

思来氏：用好大数据，让教育更科学[①]

疫情期间“停课不停学”的号召，让在线教育一夜之间成为所有学校和教师、学生的刚需。上亿师生在使用信息化工具进行教与学的过程中，每天都会有海量的学习行为数据在不断产生与沉淀，这些数据可以支持更精准的评价和前瞻性的研究。作为一家应用现代信息技术实现大数据教育评价的第三方机构，思来氏迎来了前所未有的机遇。因此，当各个平台在大力建设直播和互动功能时，思来氏也加速布局了更全面的教育评价数据采集业务，并加强了各类数据间的关联、交叉分析，帮助学校通过实时的数据监测快速调整教学策略，定位特殊人群，丰富居家活动。

本文所涉及的数据，来自与我们合作的全国各地上千所学校。这些数据从小至学生对每道题的回答，到教师布置的任务与主观评价，再到家长们的问卷回答等，都有不同程度的覆盖。我们所有的努力都指向一个目的，那就是用好教育信息化产生的数据，让教育变得更科学。

复学以后教什么？大数据助力学情精准排摸

学生们在线上到底学得怎么样？这是疫情期间教师向我们最高频提及的问题，也是学校对数据的最强诉求。隔着屏幕，教师看不见提问时学生的表情，缺少了面批时和学生的对话，过去最直观的感受渠道被切断，经验式的评价没有了用武之地，只能求助于更理性的数据。

而这一点，恰恰是数据评价最能发挥作用的领域。当作业、测试从传统的线下纸笔模式转为线上之后，实时的分析变得非常简单。在这两个多月的在线

① 本文作者：思来氏教育张韫。

学习期间，思来氏教育测评中心利用数据监测平台，为数百所中小学定位、聚焦复学后需要重点关注的单元、知识点。

当教研组拿到如图1所示的数据汇总表之后，可以快速地发现学生在哪个单元、哪个知识点上的掌握普遍薄弱，从而有针对性地进行补充。

四年级2班第二学期数学单元目标学习情况诊断			
科目	单元	目标	达成情况
数学	一、复习与提高	复习加、减、乘、除四则运算及两、三步计算式题，养成认真计算、及时检查的学习习惯和认真、严谨的学习态度。	☆☆☆☆☆
		复习大数的读写及用“四舍五入法”求近似数，养成认真思考，及时反思的学习习惯。	☆☆☆☆☆
		复习运用整数的运算定律进行简便计算，增强数感，养成认真审题、独立思考的学习习惯。	☆☆☆☆☆
		经历观察、比较、猜想、验证等数学活动过程，探索减法运算性质、除法运算性质、商不变性质，初步会用含字母的式子表示运算性质。	☆☆☆
		能借助树状算图和线段图来分析复合应用题的数量关系，解决用两、三步计算的实际问题，提升有条理地思考问题的能力。	☆☆☆
	二、小数的认识与加减法	结合商品标价等具体情境，理解一位小数、两位小数，知道用小数表示人民币币值的实际含义，并会用小数表示人民币币值。感知小数在日常生活中的广泛应用，体会小数产生于实际测量和计算的需要，感受数学的作用。	☆☆☆☆
		知道分数与小数的联系，知道小数的计数单位，初步感知数形几何思想，进一步体会十进制计数法。知道小数的各个数位及其含义，认识小数的数位顺序表，并能正确读写小数。认识纯小数和带小数。	☆☆☆☆
		通过观察比较，知道小数部分的末尾添上“0”或去掉“0”，小数的大小不变，能根据需要利用这一性质对小数进行简化和按要求改写。	☆☆☆☆☆
		结合实例，观察、总结小数点位置移动引起的小数大小变化的规律，并能运用规律进行简单计算、单位换算。	☆☆☆
以下学生需要重点关注：……			

图1　某四年级班级的数学单元学习情况诊断

其中，我们抽取了数据覆盖最为全面的21所小学的13 776名学生进行跟踪，汇总了180万余条学习、作业回答数据；与数据库中历年同期学生的学习表现进行对比分析，发现了一些具有共性的有趣现象。

其一，琅琅读书声对阅读理解特别重要。

在语文中，学生基础知识（比如识字、写字、词义理解、基本句式应用、古诗词背诵等）的掌握情况与往年相比并没有显著波动，但阅读理解水平则显示出了比较明显的差异。

例如，在二年级课文《一匹出色的马》中，妹妹的心情发生了多次变化，学生能够说出妹妹的情绪有哪些变化吗？往年二年级学生在单元练习中回答该问题时，达成率在七成左右。然而在这一次的分析中，2 800余名学生只有稍高于五成的达成率。

又如四年级第二单元，重点是对科普说明文的阅读。数据发现，学生此次在科普说明文的阅读理解练习中，达成度显著低于往年同类课文的学习水平，低出将近10个百分点。

不过，并非所有班级都发生了这样的现象。我们专门定位了几位阅读理解评价结果数据较高的语文教师，向她们在线取经。虽然她们的教学经验五花八门，不过我们最后发现了一个很重要的共同点——她们都坚持在20分钟辅导时间内让学生在线一起朗读。

这些老师认为："因为学生首先是在朗读中体会课文中人物的情绪变化，当他们自己能根据文意把语气、语调读对时，其实就已经读懂了人物的心情。""科普文里面有大量学生不熟悉的名词，所以先要让学生通过朗读来读通、读顺术语，让他们从断句中找到感觉，把握每一段重点是在讲什么科学现象或者技术手段。如果没有这个前提，学生对读懂科普文是会有困难的。"

在线教学会弱化师生的个性互动，不仅如此，它还会让一些群体活动受到影响。比如让语文课少了其标志性的琅琅读书声。而朗读课文本身就是帮助学生理解课文内容、读懂人物和作者思想感情的重要手段。也许，回到课堂后，我们首先要恢复的就是沉寂已久的校园朗读声。

其二，在线教学并不都是弱化，比如学生认钟的能力就变强了。

许多人担心，在线教学会弱化线下课堂的效果。通过大数据的分析，我们发现了一些意外的收获。比如，一年级学生认钟的能力就变强了。在图2的这道单元练习题中，去年学生的回答正确率为89%，而今年学生的正确率则上升至94%。

在学校里，学生其实并没有机会看钟，而是以听铃声为主。但是在家里，铃声没有了，学生上课时间也比较碎片化，他们主动看钟表的机会大大增加

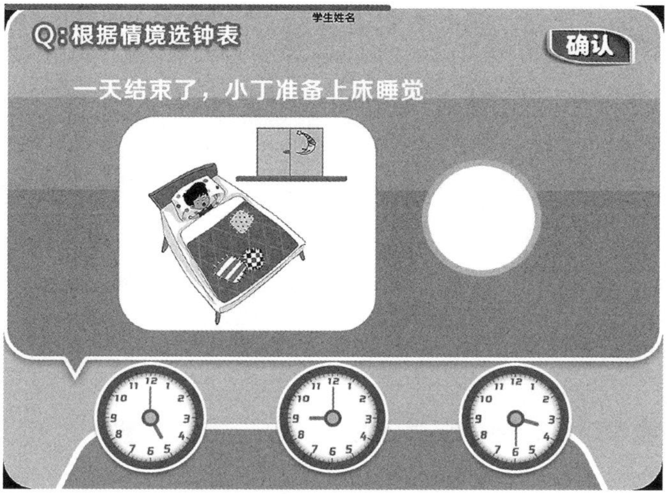

图2　一道认钟的练习题

了。看来，一年级小朋友们在这个没有如约而至的学期中，对“时间管理”有了超前的体验。

而听铃声是一种被动接收信号的认知方式，看钟表掌握时间则是一种主动行为。实践出真知，生活中用出来的知识总比纸上学来的知识掌握得更牢固。教师们不妨在复学后细心观察一下，除了查漏补缺，还有没有一些地方，孩子们反而变强了？

哪些学生需关注？大数据定位特殊人群

如果说，疫情给教师带来的更多是教学上的挑战，那么给学生带来的无疑更多是心理和适应能力以及学习自主性上的挑战。所以，通过行为数据尽早发现哪些学生存在不适应的状态，成为疫情期间学校的第二大数据需求。

当我们将学生在本学期已学单元的练习数据与上学期的单元练习数据进行相关分析时，发现其相关系数只有0.582。考虑到在正常情况下，学生在作业、测验练习中的表现一般都有连续性和稳定性，这个相关系数可以算得上是比较低的了，说明有不少学生在本学期和上学期的表现可能“判若两人”。

我们通过听课行为、作业测试表现等数据建立了预警模型，帮助21所学校定位了481位表现波动较大的学生，他们的学习成绩过去在班级中处于前三分之一的位置，但在疫情期间出现了明显的落后。此外，我们也发现三年级是学生之间表现差异最大的年级。有了这些数据的初步筛查，教师也更有指向性地圈定了自己的“开小灶”名单。

（一）在线学习，让部分视觉偏好学习者成功“逆袭”

尽管有些学生在疫情的学习中出现了不适应而掉了队，但同时，过去学习成绩处于班级后三分之一的学生中，也有12.7%的学生跑到了相对领先的位置。值得一提的是，这些“逆袭”学生中，61.2%为男生。

这个发现也引发了我们研究人员的关注，因此我们通过微信服务号“小思成长日记”向这583个“逆袭”学生定向推送了一份含有24个问题的问卷，想要了解一下这些学生在哪些方面有所不同。

首先让我们感到惊讶的是，我们收到了其中360位学生或家长的有效回复，有效回复率达61.7%。这在非必须回答的教育调研中是一个难以想象的高参与度，显示了这些学生和家长有着较高的社会活动参与热情，对于线上的互动比较热衷。从问卷结果的分析来看，这些“逆袭”学生的共性特点包括：

（1）93%为视觉偏好学习者，相比认真听课，他们更愿意自己看书自学。

（2）88.1%的学生父母平时不陪伴做作业。

（3）84%的学生平时每周课外补习时间在一个半天或以下，参加课外补习普遍少于同龄人。

（4）79%的学生不在指定时间观看“空中课堂”或学校的录播课。而当他们观看学习内容时，几乎所有学生都表示会“回看”或“快进”。

如果细看以上特质，可以发现在平日里这些都确实是“学渣”形成的条件，比如家长不紧盯作业，课外补习不多，时间安排比较“自说自话”。然而在这个特殊时期，这些因素却成为学习的催化剂。

其中最值得关注的是这些学生的“视觉偏好”。学生的学习风格是多种多样的，传统的课堂学习模式往往更加适合听觉偏好、服从于统一管理的学生。而在线教学中，教师的“教学常规”无法产生作用，学生的学习效果很大程度上取决于学生的学习自主性。“视觉偏好”的学生喜欢自己掌控节奏，不喜欢跟着老师的“进度条”走，他们在自己需要的地方反复回看几次，在已经理解的地方会毫不犹豫地“快进”。

可以想见，这样的学生，在课堂上实在是不太受欢迎的。我们也很担心，当他们回到学校课堂，回到他们不喜欢的学习节奏之中时，是否又会慢慢回到队伍的后列？如果真是这样，那将是一种莫大的损失。

我们能够给这些有潜力的学生创造一些适合他们的学习环境吗？

（二）从数据中发现有隐患的家庭

疫情期间，家长成为督促学生学习的主力军，家长们的压力也大大上升了。从数据来看，家长们对于教师作业布置、通知答复的响应程度也有很大的差别，而通过将家长在疫情期间对学生的关注程度和学生的表现进行关联分析，我们大致可以把不同家庭分为四个类型（图3）。

45.51%的家庭中，家长比平时更加关注孩子的学习情况，而这些学生也表现出了与疫情前持平或更好的学习成效。另有29.07%的学生给我们带来了惊喜，他们的父母虽然监督比较宽松，但是他们表现出了很高的学习自主性，学习的效果稳定，甚至有所进步。不过，也有10.57%的家庭让人担忧，一方面父母对孩子的关注不够，另一方面孩子本人也没有表现出很好的自控能力，学习的成效并不理想。但最需要注意的是最后14.85%的家庭，因为这些家庭

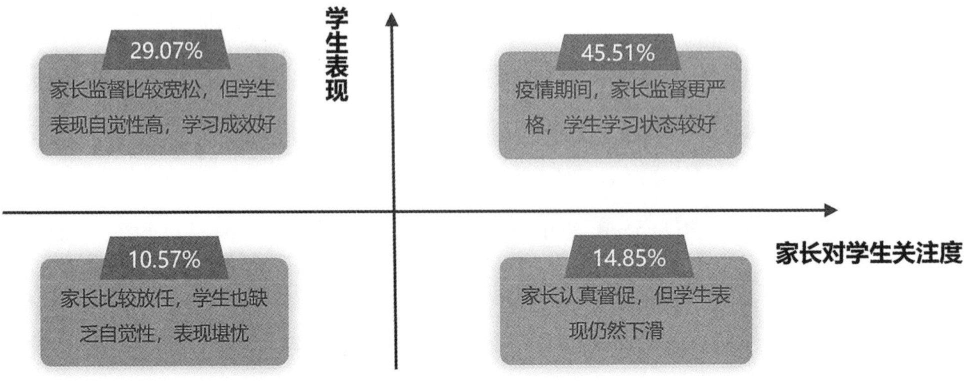

图3 四个类型的家庭

中的家长已经非常严格地督促孩子学习了，但孩子的表现仍然在下滑。很明显，这些家庭中有较大可能会产生家庭矛盾，父母和孩子存在心理冲突的隐患，我们也特别提醒学校和教师对这类家庭要多多关心。

（三）教师中同样也有“特殊人群”

虽然许多学校都有了通过数据锁定“特需关怀”的学生和家庭的需求，但根据我们的数据追踪，许多教师的焦虑上升水平同样是值得关注的。

在“小思徽章”综合素质评价体系中，每天都有数万名教师会对数十万名学生的表现进行评价，这些评价有些是等第评级，有些是对学生行为的频次记录，有些则是评语。在疫情之前，大多数教师给学生的留言和评语的画风是图4这样的。

但是，在疫情期间我们发现，71.3%的教师对学生的负面评价有不同比例的上升。这也反映出了教师普遍存在的一种焦虑情绪。当然，大部分教师对学生的评价仍以积极为主，词频图显示的教师评语与疫情前差别不明显，如图5。

我们通过系统定位，发现有近7%的教师负面评价上升幅度较高，这些教师也应当受到更多的关注。他们的评语词频统计图如图6。

图4　疫情前教师给学生的评语词频图

图5　疫情期间教师给学生的评语词频图

图6　负面评价上升幅度较高的教师评语词频图

从这些用词当中，我们就可以感受到这部分教师扑面而来的焦虑情绪。我们也对其中一些教师进行了访谈，他们主要的焦虑集中在：对于学生在线学习成效不确定；自己在使用各种软件时遇到了困难与困惑；在家中要承担比平时更多的家务，还要照顾孩子的学习等。

针对这些情况，对第一类教师，我们提供了学生学习成效数据的专项解读，帮助他们更好地了解学生进程，减缓焦虑情绪；对第二类教师，我们提供了信息化工具使用与操作培训，让他们用起信息化工具更顺手，并建议学校发起年轻教师与年长教师结对等活动，保证每个教师都能比较熟练地使用工具；对第三类教师，我们建议学校工会给予关心。

事实证明，这些有针对性的方式收到了较好的效果，60%以上教师的焦虑情绪有了一定的缓解。

居家时期的全面育人，大数据中的"五育并举"

虽然大多数学校在疫情期间最为关注的是学习质量和特需学生，但其实，学习绝不是学校关心的唯一话题。比如，闸北田家炳小学在小思平台上为学生选择了"科学变变变""21天儿童诗""安全自救指南""电影文学鉴赏""巴菲特神秘俱乐部""荒野求生"等多门在线拓展课程，让学生在紧张的学习之余还能够参加自己感兴趣的拓展学习。

根据“小思徽章”综合素质评价的数据记录，从2月到4月，平台上的学生人均获得了教师58次关注与评价。如果我们对其中与“德智体美劳”五个方面相关的273万次评价数据进行分类的话（图7），可以发现：

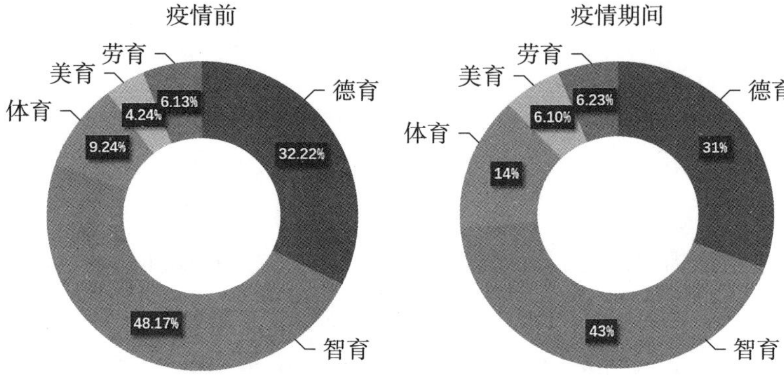

图7　小思徽章平台上教师对学生“五育”发展各方面的关注比例变化

疫情期间，教师对学生“智育”发展情况的关注比例是下降的，对“体育”的关注则明显上升。有趣的是，过去大多数的“体育”类活动的任务布置和评价都是由体育老师进行，而在这几个月中，超过70%的班主任也参与到了体锻任务的布置与评价中，全平台教师共发起了超过50万次的居家运动打卡活动。可见在许多教师心目中，“身体健康”比起“学习进步”是当下更需要重视的话题。

紧随“体育”之后受到关注的是“美育”，有不少学校成功激发了学生们居家创作和表现的热情，尤其是低年级的教师，组织了形式多样的艺术活动。在小思成长日记中，19.6%的一二年级学生上传了至少1件自己的艺术作品。有一位来自山西省太谷师范附属小学的“艺术小达人”在两个月中上传了多达53份艺术作品。教师们对于学生的创作热情也给予了积极的回应，疫情期间共有3 375份作品成为全平台“精品作业”。

4月18日，全球数百位明星在线上举办了“同一世界：团结在家”全球公益音乐会，盛况空前。而一些小学的Live秀也是人气十足，比如上海市实验小学就在疫情期间上线了“星辰音乐厅”，近30%的一年级学生变身Up主，上传了自己的表演节目。

疫情期间也是锻炼劳动技能的大好时机。恰逢3月26日中共中央、国务院印发《关于全面加强新时代大中小学劳动教育的意见》，劳动打卡成为“小思徽章”综合素质评价体系中的一大热点。4月，小思平台上有120所学校发起了家务劳动打卡活动，87%的学生积极参加，平均每人打卡10.1次，这一数字也明显高于往年的同期水平。

居家期间还是阅读的好时节。在小思平台上，疫情期间被小学生们标记“读完”的书达到了人均12本，30%左右的学生阅读量明显高于平时。

教师平时的活儿一个没落下，疫情期间更忙了

在线学习将学生们求学的距离缩短成了床与书桌的距离，让老师们也得以足不出户就可以教书育人。但是，教师们面临着和企业白领们一样的挑战——在线工作并没有让他们的付出减少，反而更加忙碌了。并且，由于线上平台大大提升了反馈的效率，本来隔天交的作业现在当天就可以上传并批改，这也让教师与学生的个性化互动变得更加频繁与紧凑。从“小思徽章”综合素质评价体系上教师们的活跃时间来看，教师在晚间与学生和家长的互动次数明显上升了（图8）。

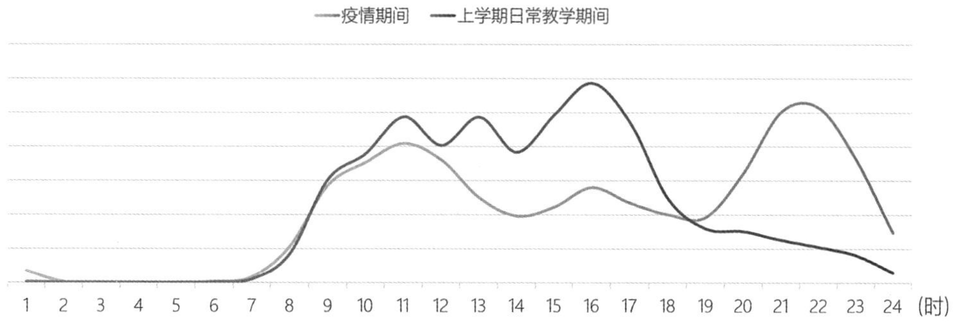

图8　疫情期间教师在小思平台上的活跃时间

疫情期间，教师除了常规的教育教学工作以外，还增加了很多额外的工作任务。在小思平台上，每天有数十万学生在“报平安”“报地点”。比如地处此次疫情中心的武汉市武昌实验寄宿小学，教师在疫情期间除了让学生申报健康状况之外，平均每天还与超过11名学生进行互动，了解学生的生活起居与心理状态。

有许多人认为，这次疫情期间幼儿园教师最为轻松。虽然说教师们在幼儿园看管孩子的保育工作确实减少了，但是我们发现，在我们平台上的大部分幼儿园仍然安排了教师和幼儿们的小组线上交流活动，教师对幼儿的观察评价也没有停止。我们跟踪了34所幼儿园的269位老师，他们每天与幼儿的互动达到了35.6人次，平均每个幼儿超过1次。比如上海芷江中路幼儿园瑞仕园的教师们，在疫情期间仍然通过与孩子的积极互动，制作了上千份幼儿成长报告。

从幼儿园教师设计的居家活动内容来看，虽然对互动性要求较高的领域的活动数量下降了，如语言和社会方面，但对于个体可以进行的活动，如艺术和科学方面，教师比平时给予了更多的关注。可见幼儿园教师在居家期间如何有效开展活动方面也是动足了脑筋。

后疫情时代，在线教育将何去何从

一场突如其来的疫情，让许许多多区域和学校的教育信息化被按下了“快进键”。千千万万的教师，不论之前的信息化基础是强是弱，都在“停课不停学”的号召下参加到了这场声势浩大的在线教育实验中。在几个月的全民实践中，各大平台的直播效果、师生互动、作业收发与反馈、家校合作等基础功能都像是被放在了放大镜之下被细细检视、比较。

这个过程充满了现实意义，因为人们在发现在线教育价值的同时，也充分了解了其局限性。这对于教育信息化行业的利好在于，学校和教育部门对教育信息化的许多天马行空的需求会大大减少。在未来的沟通中，甲乙双方更有可能在一个相对理性可行的框架里讨论信息化建设方案。而糟糕的地方在于，许多质疑者也犀利地指出：目前的在线教育，除了让教师工作时间进一步延长，家长被无奈地更深度卷入之外，实质效果似乎并不比“电视大学”时代来得高明许多。

所以，在线教育的进步只是让我们可以随时随地，可以通过更多尺寸的屏幕来收看精品课吗？

如果不同的人在手机上登录淘宝和天猫时看到的都是统一推荐的商品，那么淘宝和天猫对于传统商店的优势就仅仅是可以让人少走两步路。如果不同的人在今日头条上看到的都是一样的新闻列表，那么今日头条对于传统纸媒的优势也仅仅是节省了纸张，更环保了一些。

如果说今天在线教育带来的进步是学生终于足不出户就可以看到许许多多老师了，也终于可以不用纸质书和练习册了，那么这样的进步带来的好处，远远抵消不了师生当面互动被削弱后所造成的缺失。如果在线教育只有这“两把刷子”，那么全面复学以后，红极一时的平台们被束之高阁与遗忘几乎是必然的结局。

教育信息化最终必须证明的，是它能够深度弥补传统教育的不足，比如在师生比有限的情况下，教师对于学生的了解一定是不够深入、全面的。当许多教学行为线上化了以后，海量数据的沉淀与挖掘可以帮助教师发现每一个学生的真实需求，从而用“千人千面”的资源推送与收集来替代人工无法达成的“个性化”教育。从这个意义上说，大数据和精准评价将会带来教育信息化对传统教育的实质性超越。这也一直是思来氏的前进方向。

从人机协同到共创分享[1]
——疫情期间在线学习平台规模应用的启示

疫情期间，“停课不停学”触发了在线学习平台的规模应用，在线直播、视频会议等技术进入了千家万户，在教师、学生和家长中，一时无人不说“钉钉”“晓黑板”“腾讯课堂”。在疫情这一突发的偶然因素背后，在线学习平台的规模应用体现了智能时代教育信息化哪些发展趋势，是一个值得探讨的话题。

习近平总书记对智能时代的特征有一个高度的概括：“人工智能是引领新一轮科技革命和产业变革的重要驱动力，正深刻改变着人们的生产、生活、学习方式，推动人类社会迎来人机协同、跨界融合、共创分享的智能时代。”疫情期间在线学习平台的规模应用初步体现了智能时代的这一特征，使人们对技术的引领作用有了新的认识，那就是不仅关注技术自身的发展，更要关注智能技术驱动的“以人为中心”的教育信息化发展趋势，这也是“停课不停学”在线学习的长远意义所在。

从人机协同到共创分享

在未来学习型社会中，通过创建教师和学生的网络学习空间使整个世界变成了教室，除了面对面学习过程，大部分学习将在虚拟空间进行，网络学习平台提供了阅读、反思、创造和人际交互所需的工具，这些工具促进和重塑了我们的学习过程。

对钉钉、晓黑板、腾讯课堂等疫情期间广泛使用的在线学习平台的分析表明，其共同的特点是围绕停课不停学在线学习的直播（录播）教学、师生在线

---

① 本文作者：上海市教育科学研究院二级教授、博士生导师蒋鸣和。

互动和个别在线辅导三个主要教学环节，通过提供系列的数字工具、资源和空间构建了虚拟学习的环境，支持了在线的学习、协作和分享，特别体现在两点。

一是创建教师网络学习空间——创建虚拟班级，开展教学和交流；创建教师工作空间，创建课程、学习项目和其他学习活动；获取、组织和分享资源。

二是创建学生网络学习空间——在互联学习社区开展网络学习；发布和交流个性化学习体验；搜索、获取学习资源。

人们普遍认同在线学习平台规模化应用提升了师生的信息素养，其意义不仅仅是师生掌握了在线直播、视频会议、网络社区等具体技术的使用，更重要的是学会了如何应用工具在网络学习空间中实施教学、协同、交互和分享的能力，从而破解了网络学习空间应用推广的难题。尽管恢复常态后教学方式和流程都会发生变化，但教师在网络学习空间中实施教学能力的提升对于构建疫情后信息化教学的新常态具有可持续的意义。

专业知识民主化

国际权威的技术预测机构Gartner发布的《2020年十大战略科技发展趋势》提出了“专业知识民主化”（Democratization of Expertise）的概念。Gartner对专业知识民主化的解释是，通过极简的体验且在不需要接受大量成本高昂培训的前提下为人们提供专业技术知识或业务领域专业知识，使非IT专业人员通过使用工具和专家系统，应用超出自身具备的专业知识和受到的培训以外的专业技能。回顾疫情期间在线学习平台的规模应用历程，绝大多数教师正是通过这种极简的体验迅速地提升了技术应用的能力，以超常规的速度普及了在线教育，破解了多年未得到很好解决的技术应用常态化的难题。

在线学习平台的规模应用仅仅是专业知识民主化的第一步。展望未来，Gartner预测，从现在起到2023年，这一趋势的四个关键方面将加速发展，包括数据和分析的民主化、开发的民主化、设计的民主化以及知识的民主化，几乎涉及智能时代推进互联网+教育的所有领域。知识民主化不仅是疫情期间知识传播和分享的方式，而且为整体推进互联网+教育提供了一条实践路径。

跨界融合：教育信息化的机制创新

在“停课不停学”在线学习中，阿里、腾讯等国内IT大企业与教育IT企业的共同参与，把用户体验作为企业技术战略的核心，发挥了不可替代的重要作用，跨界融合对如何构建智能时代教育信息化服务体系有很大的启示。

长期以来，如何建设“专业引领—企业服务—学校应用”这一教育信息化服务链一直是一个短板，位于服务链上游的专业机构的研究成果不能顺畅地传递到企业，造成企业开发的教育平台、软件和资源在创新上很难突破，而服务链从中游到下游用户应用的转移，更需要通过跨界融合来协同实施。

上海已发布《上海市推进新型基础设施建设行动方案（2020—2022年）》，“新基建”是互联网经济、数字经济，其核心是在5G背景下大力发展大数据、云计算、人工智能、区块链、物联网对各行业的改造和提升。“新网络、新设施、新平台、新终端”建设对推进互联网+教育无疑是难得的机遇。如何在上海“新基建”框架下用跨界融合的思维重塑教育信息化服务体系，鼓励企业参与教育信息化，像自贸区建设那样用“负面清单”来变革市场准入机制，是一个值得探讨的课题。

面向未来的在线学习平台建设

（一）整体提升在线学习平台

通过对国际上有影响力的网络学习平台，例如美国在线学习平台StudyBlue、自适应学习的Newton学习系统进行比较分析，我们发现其共同特点是：智能技术驱动，移动跨屏，学习内容众包生产，开放式汇聚创新网络工具，强大的社交功能，基于标准的大数据支持。

澳大利亚昆士兰州是全球第一个全区域普及网络学习空间应用的地区，通过开放式汇聚，集成了9类网络工具开展教育云服务，有效地支持了在线学习、协同、交互和分享：

- 数字学习（eLearn）；
- 数字连接（iConnect）；
- 资源管理（Equella）；
- 博客（Staff and student blogs）；
- 教育工作室（edStudio）；
- 多媒体社区（edTube，multimedia）；
- 个人学习空间（My Learning Space）；
- 交互电视频道（One Channel）；
- 学习路径（Learning Pathways）。

对标国际一流水平，通过跨界融合建设具有上海国际大都市特点的在线教育大平台是面向未来整体推进互联网+教育的奠基性工程。

（二）数据驱动个性学习

如何应用大数据技术，跟踪监测教学全过程，开展学情分析和学习诊断，精准评估教学和学习效果，为每一位学生提供合适的学习内容和学习路径是提升在线学习平台的又一发展方向。“停课不停学”在线学习已积累了海量的学习行为数据，如何开展数据挖掘，例如用数据驱动分层练习和个性化辅导是当前可做的具有示范意义的工作。从长远发展看，在线学习平台要采集的是教学全过程的学习行为数据，从建设知识图谱和学生数字画像这两项基础性工作着手，形成“数据采集—数据挖掘—学习分析—教学改进”的系统解决方案，实现大规模的因材施教。

（三）支持深度学习

智能技术支撑的深度学习是将科技与互联网元素充分且有效地融入教育

目标的制订、师生互动与合作关系的建立、教学实践的设计与实施、学习质量测评的设计与执行，旨在最大限度地实现学生对知识的掌握、理解、分析、评价、应用和创新，促进学生潜能发挥和全方位素养的培育。

疫情期间“停课不停学”在线学习集中在基础课程的知识学习上，对这样的课程，线下课堂教学仍是主体，“线上教学”主要是在教学手段上，教学内容难以做到全盘更新与改造。而基于深度学习的在线拓展性学习则更能凸显线上教学超越时空的优势。

在疫情期间，部分学校和教师已开展了基于互联网资源的在线拓展性学习的试验，初步形成了学习模式的框架——

- 拓展学习是主题式、开放的探究学习；
- 用获取、筛选、重组和少量创建方式建设基于网络资源的主题资源包；
- 设计学程：背景—知识学习—深度学习—基于学习社区交互式学习；
- 用学习导引（学习任务书）来引导学习；
- 广义的“阅读”（文本与非文本阅读）是拓展学习的基础；
- 基于资源的学习要融于学生自主学习过程中，起到引导问题、激发思考和活跃讨论的作用。

如何基于拓展学习流程提供支持学习的网络工具？如何开展拓展学习行为数据采集和挖掘？如何建设相应的学习管理系统？解决这些问题，是在线学习平台发展的极具生命力的发展方向。

图书在版编目（CIP）数据

未来学习，你准备好了吗？：在线教学与教育新常态 / 陈骁，官芹芳，
徐星编著. — 上海:上海教育出版社, 2020.6
ISBN 978-7-5720-0111-6

Ⅰ. ①未… Ⅱ. ①陈… ②官… ③徐… Ⅲ. ①网络教育 - 教育研究
Ⅳ. ①G434

中国版本图书馆CIP数据核字(2020)第107685号

策　　划　刘　芳
责任编辑　邹　楠　戴燕玲
装帧设计　陆　弦

未来学习，你准备好了吗？：在线教学与教育新常态
陈　骁　官芹芳　徐　星　编著

出版发行　上海教育出版社有限公司
官　　网　www.seph.com.cn
地　　址　上海市永福路123号
邮　　编　200031
印　　刷　启东市人民印刷有限公司
开　　本　700 × 1000　1/16　印张 24.5
字　　数　347 千字
版　　次　2020年10月第1版
印　　次　2020年10月第1次印刷
书　　号　ISBN 978-7-5720-0111-6/G·0082
定　　价　68.00 元

如发现质量问题，读者可向本社调换　电话：021-64377165